国家社科基金后期资助项目
出版说明

后期资助项目是国家社科基金设立的一类重要项目，旨在鼓励广大社科研究者潜心治学，支持基础研究多出优秀成果。它是经过严格评审，从接近完成的科研成果中遴选立项的。为扩大后期资助项目的影响，更好地推动学术发展，促进成果转化，全国哲学社会科学工作办公室按照“统一设计、统一标识、统一版式、形成系列”的总体要求，组织出版国家社科基金后期资助项目成果。

全国哲学社会科学工作办公室

国家社科基金
GUOJIA SHEKE JIJIN HOUQI ZIZHU XIANGMU
后期资助项目

近代汉语词汇理据研究

A Study of Modern Chinese Vocabulary Motivation

王勇　著

上海三联书店

序　言

雷汉卿

词的理据，又叫词的内部形式，或者叫得名之由。张永言指出："所谓词的内部形式又称词的词源结构或词的理据，它指的是被用作命名依据的事物的特征在词里的表现形式，也就是以某种语音表示某种意义的理由或根据。"(《关于"词的内部形式"》)蒋绍愚说："词的内部形式，就是用作命名根据的事物的特征在词里的表现，又叫词的理据。简单地说，探求词的'内部形式'，就是要探求词的'得名之由'。"(《古汉语词汇纲要》)我国先秦诸子的著作中往往通过声训的方式解释词语的得名之由。东汉刘熙的《释名》从声训出发诠释单音词的理据，影响深远。清代学者在宋代"右文说"的基础之上建立了"音近义通"的理论和训诂条例，旨在以声音通训诂。从段玉裁《说文解字注》、王念孙《广雅疏证》、王引之《经义述闻》、翟灏《通俗编》，直到近代刘师培《物名溯源》《〈尔雅〉虫名今释》，章炳麟《文始叙例》，梁启超《国文语源解》，杨树达《字义同缘于语源同例证》，于敏《古汉语里的俚俗语源》等，对于古汉语词汇的理据不乏精彩的论断。但纵观以往的研究，关于汉语词语理据研究的不足仍显而易见：

一是注重单个字词的理据考察而忽视复合词的理据研究。先哲们揭示词汇理据主要是利用声训的方式以单音词释单音词，明清俗语辞书开始注重分析复合词的理据，但仍处于一鳞半爪的不自觉阶段。正如王艾录、司富珍所指出的："历来的汉语语源学、词源学、训诂学、词汇学等研究，大都是在单纯词的范围内进行的，而对于合成词的研究则显得相当薄弱。"(《汉语的词语理据》)从语文辞书释义来看，导致在词语解说时存在"双音词或多音词的解释含混，不能字字落实，不能说明结构关系"等问题(《论汉语词汇的核心义——兼谈词典编纂的义项统系方法》)，这些问题实际就是不明理据所导致的。

二是重视单个字词的理据考证，疏于理论和方法的归纳总结。历代关于汉语词语理据的研究已积累了丰硕的成果，这些成果散见于各类小学著作和注释类文献中,不乏精彩的"短论",由于古代语文学家重在以声音通训诂,旨在疏通并解决文献阅读的障碍,不善于或者说不屑于将其加以总结并上升为理论和方法。

鉴于以上问题,作者明确指出:"应当顺应从考释到解释、从零散到系统、从实践到理论的研究规律,在已有研究的基础上,对近代汉语词语理据进行细致深入的研究,力争得出对词语理据的新认识。"作者具有强烈的问题意识,鉴于汉语词汇理据研究的现状,以近代汉语词汇为材料,试图回答以下问题:1. 什么是词语的理据,理据可分为哪些类型? 2. 什么是词语的内部形式? 3. 词语的理据和内部形式的关系如何? 4. 阻碍近代汉语词语理据探求的因素有哪些? 5. 探求近代汉语词语理据的方法有哪些? 全书以《近代汉语词典》所收复合词为对象,围绕以上问题逐层展开,如剥茧抽丝,有条不紊,多有创获,具体表现在以下方面:

一、重新定义了"词语理据"这一概念。名不正则言不顺,目前关于词语理据的最新看法是:词的内部形式和理据有别;理据与内部形式是因果关系,理据是因,内部形式是果。作者在全面观察和分析近代汉语复合词的基础上,对于词语理据和内部形式的关系提出了自己的看法,认为词语理据是概念词化的理由和根据;词的内部形式是"词语意义在最初形成时反映对象特点所采取的形式"。词语的内部形式是对概念的焦点要素(对象特点)的反映,它与作为词化依据的概念要素相对应。因此,词语的内部形式也就是词语的概念要素理据的反映。词语的内部形式与理据确实存在一定的关系;但是,词语的内部形式不是词语理据的构成部分,更不等同于词语的理据。例如有学者基于以往的传统概念,对"肉松"一词的理据加以描述,但其重点在于揭示关于肉松这种物品的产生缘由,而作者认为"肉松"这个概念产生之前的因素不能看作"肉松"这个词的理据,并重新梳理了"肉松"一词的内部形式和理据,很有启发意义。

二、重新归纳词语理据的类型。英国语言学者史蒂芬·乌尔曼依据西方语言事实将词的理据分为语音理据(拟声理据)、形态理据和语义理据三种。国内有学者将汉语词的理据分为摹声、语源、特征、替代、典故、简缩、禁忌等七种基本类型(许光烈《汉语词的理据及其基本类型》)。作者在进一步研究的基础上认为,词语理据是概念词化的理由和根据,亦即词语产生过程中做出各种选择的依据,将词语的理据归纳为概念要素理据、认知理据、词法理据和文化理据四种类型。每一类型下面细分若干小类,辅之以近代汉语具体词例加以分析说明,纠正了一批因理据不明而导致释义错误的近代汉语复音词,同时揭示了一批近代汉语新词的理据。

三、总结并揭示了导致近代汉语词语理据难以索解的主要原因。作者认为，许多近代汉语词语含义不清楚的原因正在于理据不明。作者在全面分析近代汉语词汇语料的基础上，条分缕析，将导致近代汉语词语理据难明的主要原因总结为字形干扰、语素陌生化、词汇化、词义发展、特殊造词法、词语模影响、俗词源误导、结构变异等。这些因素导致词语形义关系疏离，从而增加了词义理解和理据探求的难度。从根本上清理和总结词语理据难以解读的原因，目的在于找到探寻词语理据的突破口或抓手，有利于解决双音词或多音词释义含混，结构关系说不清道不明的问题。

四、全面总结了近代汉语词汇理据探求的方法。截至目前的研究而言，具体探寻近代汉语词语理据的研究成果不断出现，但探究和总结近代汉语词汇理据探求方法的成果则不多见。作者指出，在历代训诂著作中探求理据(溯源)往往只是训诂方法之一，而且理据探求实践具体如何展开这一方法论问题，鲜有学者论及。作者总结、归纳并借鉴前人理据探求实践中的方法，结合词语考释的方法，针对近代汉语词汇的特点，通过释例的方式归纳探寻词语理据的方法为审辨形音、追溯源头、探求文化、同义词互证、反义词互证、类义词互证、同模词互证、同源词互证、词义系统参证等九种。这些方法对于近代汉语词汇的研究以及语文辞书的编纂和修订具有重要参考价值，同时也为词汇理据的探求做出了良好的示范。

2016 年，哈佛大学东亚系主任栗山茂久在复旦大学历史系开设了为期三天的“学术论文的写作与报告”工作坊，栗山茂久在接受访谈时谈到，好的学术研究的关键在于有无问题意识，好的研究不仅告诉人们一个“新信息”，还应给人新的“学术启发”，给人一个开启未来学术研究的“新图景”。本项研究成果作为系统研究近代汉语词语理据的第一部著作，具有发凡起例的作用，为将来的研究做出了示范，为词语理据的深入研究开拓了新的研究领域。

本书作者王勇博士长于思辨，善于发现问题，做学问能够巧拙结合，往往收到事半功倍的效果。这可能就是前贤所说的聪明人善做笨事吧。从 2012 年攻读博士学位开始，王勇对于近代汉语词语的理据便产生了浓厚兴趣，博士学位论文即以此为题。当时《近代汉语词典》还没有出版，他阅读了大量包括禅宗文献在内的近代汉语文献，广泛搜集例证，用功甚勤。毕业后继续从事教学和科研工作，他的研究得到了学界同仁的认可，个人的学术也得以可持续发展，令人欣慰！

正如作者所说，近代汉语合成词理据研究是一个庞大、繁复而又艰深的课题，本课题只是建立了一个简略的框架，大致展现了合成词理据研究的畛域，离全面、深入、细致的要求还有很大的距离，还有许多问题有待深入研究。这就意味着偏工易就，尽善难求，但只要方向正确，目标恒定，假以时日，笃定能够到达理想的彼岸。

2022 年 6 月 12 日

目　录

绪　论

第一节　研究对象、目标和语料

一、研究对象

本书的研究对象是近代汉语词汇。关于近代汉语的上限和下限，许多学者提出了自己的看法。目前各家说法仍有分歧，不过，已经逐渐趋于一致。[①] 这里，我们采用方一新的观点："近代汉语上限从晚唐五代开始，初唐、中唐是过渡期；下限到清代初期，清代中、晚期是过渡期。"[②]

近代汉语词汇主要是近代汉语时期古白话文献中反映口语的新兴词语。什么是新兴词语？这个问题没有一致的答案。这里，我们采用刘玉梅的定义：

> 新词语是指人们在一定时期内借助原有语言知识对生存空间中的新事物、新现象、新思想等进行范畴化和概念化，或对原有事物、现象或思想进行再范畴化和再概念化等认知加工，进而语符化创造出的具有新形式、新意义和(或)新用法、并有一定复现性的词汇新子集。[③]

更具体地说，我们的研究对象是近代汉语的"词位"。词的每一个义位都对应不同的概念，用一个词形表示若干有一定关系的义位，是认知活动作用的结果；多义词的每个形义结合体都应当看作不同的词。我们所说的"词"和"词义"指的就是词位和义位。

① 参方一新：《中古近代汉语词汇学》，商务印书馆 2010 年版，第 14—19 页。
② 同上，第 18 页。
③ 刘玉梅：《现代汉语新词语构造机理研究》，中国社会科学出版社 2015 年版，第 7 页。

二、研究目标

近代汉语词汇理据研究是一个既古老又年轻的课题。说它古老，是因为近代汉语词汇理据的探求实践古已有之。说它年轻，则是基于以下事实：(1)以近代汉语词汇为研究对象的词语理据专题研究尚未出现；(2)词语理据研究的专题性成果尚不多见，且诸如词语理据、内部形式等基本概念和基本问题还有进一步讨论的必要。

鉴于该领域的研究现状，我们以近代汉语词汇为材料，试图回答以下问题：(1)什么是词语的理据？它可分为哪些类型？(2)什么是词语的内部形式？(3)词语的理据和内部形式的关系如何？(4)阻碍近代汉语词汇理据探求的因素有哪些？(5)探求近代汉语词汇理据的方法有哪些？

三、语料简介

白维国主编的《近代汉语词典》(后称《近汉》)是本书的主要语料来源。一般认为，近代汉语的上限是唐五代，下限是清初。该词典收词的时代上限是唐初，下限是鸦片战争以前(即清代中叶)。这样的时间跨度比目前占主流位置的看法略大。分期的细微差别不影响词语理据的研究，因此本书将《近汉》确定为主要语料来源。

《近汉》收词 51000 余条，总字数超过 900 万字。该词典所收的词语都是近代汉语时期的新词语。词典《序言》中说："虽然唐宋以后是古白话成熟的时期，但其萌芽至少要上溯至魏晋；有些词语魏晋已见，本不该收，但其大量使用是在唐以后，为了体现历时的量变与质变，本词典也酌情少量收录了一些。"《凡例》中说："释义只解释近代汉语出现的新义，不罗列古义和今义。"这告诉我们，中古、上古已见的词语该词典不收，近代汉语时期的新词语则尽量收全。

此外，《近汉》还有以下几个特点：(1)收词以口语词为重点，以作为汉语词汇主干的常用词为主体，并努力体现词汇的历史系统性；(2)义项排列和释义体现词义演进的历史轨迹和规律；(3)引例提供多层面信息，力求能反映时代、地域、文体及其功能和用法。从这些特点可以看出，该词典是一部能反映近代汉语新词语产生和发展概貌的历史语文辞书，非常便于我们观察词位间的联系，从而对词语的理据做出符合语言事实的探求和描写。因此，该词典完全符合我们对语料的要求。

第二节　理论基础

近代汉语新词语是指近代汉语时期人们借助原有语言知识对概念进行语符化而创造出的具有新形式、新意义和(或)新用法,并有一定复现性的词汇新子集。简而言之,近代汉语新词语是近代汉语时期范畴或概念词化的产物。因此,我们拟以概念词化为切入点,结合范畴理论、概念隐转喻理论来认识和构建词语理据体系。

一、词化理论

词化,指将概念语符化的过程,即用语言符号将范畴或概念固定下来的过程。[①] 因此,词语可以看作是范畴或概念的名称。

词化过程的输入端是范畴或概念,产出端是词语。范畴是认知主体以主客观互动为基础对事物所作的归类;概念则是理性认识的基本形式之一,是思维形式的最基本单位,是人们进行判断和推理的基本要素。范畴和概念形成的基础是范畴化,二者是范畴化的结果。[②]

词化过程简示为:客观世界→范畴(化)、概念(化)→词汇化→词语。

二、范畴理论

词语是用来固定和表达范畴和概念的。要将概念语符化,就必须对概念进行理解和分析,了解其结构。范畴理论为我们分析概念结构提供了分析模式。

亚里士多德的范畴理论认为,事物有“实体”和“属性”两个基本范畴,属性以实体(第一性实体,即个别的事物,或种概念)为存在依据,对实体对象的说明要用“实体(第二性实体,即属概念)、数量、性质、关系、地点、实践、姿态、状况、活动、遭受”等十个属性范畴来进行。

张道新等认为,亚里士多德的范畴理论为我们研究词义提供了“实体—

---

① 有些学者用“词汇化”来指称这一过程,如王寅:“一个范畴概念或意义在一个语言中可用一个词语将其相对地固定下来,这可叫做范畴或概念的词汇化。”(参王寅:《认知语言学》,上海外语教育出版社 2007 年版,第 94 页)蒋绍愚认为,“词汇化”一般用以指某种语言形式的理据消失,结构凝固,最后变成一个词的过程。应与“词化”相区别。(参蒋绍愚:《汉语历史词汇学概要》,商务印书馆 2015 年版,第 128 页)

② 王寅:《认知语言学》,上海外语教育出版社 2007 年版,第 92 页。

属性”的逻辑模式。[①] 词可以按照意义分为若干范畴，每个词义都属于特定的范畴，而词义结构都是由不同范畴的属性意义构成的。根据这一理论，张道新等提出了词义结构的逻辑图示：

“对象”：{[主体]+[时间]+[空间]+[数量]+[运动]+[状态]+[性质]+[关系]+[客体]+[功能]+[类属]+[结构]+[评价]……}[②]

在此总结构之下，又具体描述了实体词（包括自然物实体词、人工物实体词、事件性实体词、精神性实体词）和属性词（包括运动属性词、性质属性词、数量属性词、状态属性词）的词义结构。例如，自然物实体词的词义结构模型为：

“自然物实体词”：{[时间]+[空间]+[运动]+[性质]+[数量]+[结构]+[状态]+[功能]+[关系]+[类属]+[评价]……}[③]

根据这一模型，“水”这个概念可分析为：

水：{[主体：?]+[时间：?]+[空间：?]+[运动：?]+[性质：化合物]+[数量：冰点 0℃；沸点 100℃；密度 1 克/毫升]+[结构：氢；氧]+[状态：无色；无味；无臭；液体]+[功能：?]+[关系：标准大气压（101325 帕）；4℃]+[类属：物质]+[评价：最简单]……}[④]

张道新等根据范畴理论设计以上模型，用以分析词义结构。因为词义的基础就是概念，一个词的意义几乎就等于它所表达的概念，所以我们借用来分析概念结构。[⑤]

---

① 张道新、董宏：《现代汉语词义范畴论》，中国社会科学出版社 2014 年版，前言。

② 同上，第 26 页。

③ 同上，第 98 页。

④ 同上，第 100 页。

⑤ 王寅指出：“概念和意义是语义（包括语言各层面上所表达的意义）的基础，人们自从有了语言之后就自然会将范畴化和概念化的结果相对固定于词语表达之中，所以概念和意义是用词语来表示的，是以语言符号为载体的。由于每个概念都有一个对应的范畴，因此大部分词和概念是用来指称范畴的，可见概念、意义、词语与范畴是密不可分的。”参王寅：《认知语言学》，上海外语教育出版社 2007 年版，第 94 页。

三、概念隐喻、转喻理论

认知语言学认为，人的认知方式在很大程度上影响着语言的表达与理解过程。概念隐喻和概念转喻作为人类重要的认知手段，在语言产出和理解中起相当重要的作用。因此，我们要借助概念隐喻和概念转喻理论来讨论概念词化过程中的认知理据，具体而言是讨论概念的焦点要素间接映射为语符的认知依据。

（一）概念隐喻

概念隐喻是借助对一个概念（隐喻的始源域）的已有知识来理解另一个概念（隐喻的目标域）。隐喻的始源域与目标域之间是相似性关系，这种相似性主要是语言使用者的心理相似性，语言使用者通过比较两域的共同属性，可以达到以始源域理解目标域的目的。以“思想”为例，乔治·莱考夫和马克·约翰逊认为，可以通过食物、人、植物、产品等隐喻的始源域来理解“思想”这个隐喻的目标域，产生“思想是食物”“思想是人”“思想是植物”“思想是产品”等概念隐喻，由此衍生出一系列的隐喻表达式。①

（二）概念转喻

隐喻的主要功能是理解，以概念间的心理相似性为基础；转喻的主要功能是指称，涉及整体和整体中的部分相互转指，转指涉及的两者之间是邻近性关系。转喻具体包括用整体替代部分、部分替代整体、部分替代部分三种情况，这种替代是在一个概念域内部进行的，替代实现的概念基础是替代双方的关系邻近度。

在概念词化的过程中，隐喻和转喻主要在两个层次上发挥作用：一是新词的产生，二是词义的衍生。以复合词“手脚”为例：用活动所凭借的工具“手”和“脚”转指活动“举动”，属于第一个层次的转喻；“手脚”由表示“举动”义拓展为表示“为了实现某种企图而暗中采取的行动”义，是第二个层次的转喻。这两个层次的隐喻和转喻都在我们的研究范围之内。

第三节　汉语词汇理据研究概况

词语理据是概念词化的理由和根据。词语理据是一个饶有趣味的话

---

① ［美］乔治·莱考夫、马克·约翰逊著，何文忠译：《我们赖以生存的隐喻》，浙江大学出版社2015年版，第44—45页。

题，在世界范围内均有十分悠久的研究历史。我国清代及以前的相关研究成果丰赡，但缺乏理论构建。我国现当代学者在研究词语理据时努力弥补古人的不足，但大多以现代汉语词汇的理据为研究对象。目前以近代汉语词汇理据为研究对象的专题研究仍付阙如，对词语理据探求方法的研究也还未问世。徐时仪 2009 年发表的《试论古白话词汇研究的新发展》[①]一文“意义的理据探讨”部分，仅提到江蓝生、郭芹纳、张联荣三位先生的文章各一篇，相关研究的匮乏可见一斑。

我国古代学者对汉语词语理据的研究绵延不绝，为我们留下了丰富的材料和宝贵的经验。方一新在《中古近代汉语词汇学》中对这些研究成果做了详细的介绍，此不赘述。我国现当代学者在汉语词汇理据研究领域取得的一些较为系统的成果，是本研究的重要基础。下面加以介绍。

一、汉语历史词汇论著中的词语理据研究

此类成果为数众多，这里仅就直接以“理据”(包括“语源”“探源”等相关说法)为论题的研究成果略作介绍。

曲彦斌《关于禅籍俗语源的民俗语源问题》指出从民俗形态、民俗事象或民俗要素三方面来追溯语源，考释其语义生衍流变和相关联的文化内涵，是一种应用较广的民俗语言学方法。在缺乏直接文献佐证的情况下，该方法是考溯民俗词语的民俗语源，从而正确把握其语义生衍流变和文化内涵的必要途径。[②] 该文对于近代汉语词汇理据研究有视角和方法两方面的意义。刘坚《联系文化和历史进行词语研究》一文也强调文化和历史等外部因素对词语考释的重要价值，并结合文化和历史解释了 12 个词语。[③]

张联荣《近代汉语词汇研究中的推源问题》指出：“对近代汉语的词汇作断代研究应该注意词语的推源工作：一是要注意词语的‘始现’时间，有些所谓近代汉语的词语实际上‘古’已有之。二是要注意从声音入手进行分析，有些词尽管形式(语音的、文字的)不同，但来源却是一个。三是要注意词义的引申关系。”[④]张先生所指出的三点，既照顾到溯源工作的两个方面，

---

① 徐时仪：《试论古白话词汇研究的新发展》，《语言历史论丛》(第三辑)，巴蜀书社 2007 年版。

② 曲彦斌：《关于禅籍俗语源的民俗语源问题》，《俗语言研究》(创刊号)，(日本)禅文化研究所 1994 年版。

③ 刘坚：《联系文化和历史进行词语研究》，《中国语言学报》(第 8 期)，北京语言文化大学出版社 1997 年版。

④ 张联荣：《近代汉语词汇研究中的推源问题》，《北京大学学报》(哲学社会科学版)1995 年第 5 期。

又注意了近代汉语词汇自身的特点。

王宁《训诂学与汉语双音词的结构和意义》提出了运用训诂学原理来解释汉语双音词形成的原因以及它们的构词理据的想法，并归纳出以下几种方法：通过训诂材料探求双音词语素的古义，通过训诂材料探寻双音词语素凝结的语义和文化原因，通过训诂材料探寻双音词语素结合的原始语法模式。①

曾良《词语考源疏解八则》强调了理据探求的重要意义，他说："训诂学一项重要的工作，就是探求词语的语源。我们阅读古书的过程中，有些词语虽能根据上下文推断出它的语义，但如果不能溯其源流，往往会影响对词语的透彻理解，甚至造成一些偏差。"②文章通过探寻语素义、词语所出之典、合璧词的语素义、记音字的本字等方法而对已有的解释做出了补正，充分显示了理据探求的重要作用。文章虽未做理论上的阐述，但总结了研究方法并做了很好的示范。

江蓝生《近代汉语探源》一书共收"探源"文章21篇，分为语法和词汇两部分，其中，词汇部分有对具体词语的考释，也有探讨词义考释方法和词义演变规律的。③其中《演绎法与近代汉语词语考释》和《相关语词的类同引申》两篇文章指出应该以已有词义理论为工具，采取演绎的方法考释近代汉语词语，为合成词理据的探求提供了新的思路。两篇文章都提到"类同引申"，而引申正是导致词语理据损耗的重要原因之一。合成词往往本义或者源义明而理据明，因此江先生的理论对合成词理据的探求有很大的借鉴意义。《变形重叠与元杂剧中的四字格状态形容词》一文对元杂剧中四字格状态形容词的构词理据做了理论上的探索，揭示了变形重叠理论在词语理据探求方面的价值。《说语音羡余词》一文从连读音变、合音叠加、分音裂变三个方面举例说明了各类语音羡余词的来源、结构特点。这两篇文章也为合成词的理据探求提供了新的思路。此外，《语词探源的路径——以"埋单"为例》④一文将演绎法和类化构词、类同引申的规律运用到词语理据的探寻实践当中，再次证明演绎法普遍适用于词源考求。

徐时仪《古白话词汇研究论稿》⑤第八章《词源考探与常用词演变》分三部分介绍古白话词汇的理据问题。第一部分阐述了词语音义关系的约定性

① 王宁：《训诂学与汉语双音词的结构和意义》，《语言教学与研究》1997年第4期。

② 曾良：《词语考源疏解八则》，《厦门大学学报》(哲学社会科学版)1998年第4期。

③ 江蓝生：《近代汉语探源》，商务印书馆2000年版。

④ 江蓝生：《语词探源的路径——以"埋单"为例》，《中国语文》2010年第4期。

⑤ 徐时仪：《古白话词汇研究论稿》，上海教育出版社2000年版。

及理据性，介绍了为数不多的有关古白话词汇理据的理论性研究成果，同时指出俗语源造成的词义误释现象。第二部分讨论复音合成词的词源。主要阐述了复音合成词理据探讨的必要性，复合词的意义与各语素义的关系，以及造成复合词理据不明的原因等问题。第三部分讨论外来词的词源，介绍了张永言、张清常、刘正琰等先生的研究成果。这一章涉及古白话词汇理据研究的诸多重要问题，是近代汉语词汇理据研究的重要参考。

王锳《近代汉语词汇研究与中古汉语》一文中有《关于构词理据的分析》一节。王先生指出近代汉语词汇理据的探索须联系中古汉语的情况来分析，才能获得正确的答案。并以“合作”一词为例，说明该词的理据必须结合中古汉语中“合”的新用法、新义项才能迎刃而解。[①] 这说明追溯源头是理据考求的重要方法。

王绍峰《初唐佛典词汇研究》第四章第一节《初唐佛典词汇的构词理据与考源》认为：“为了准确地解释词汇的历史，弄清楚它的源头和命意的依据就显得格外重要。”[②]王先生强调，探求词语的理据时应当先根据其词义系统来考察其意义引申，不可滥言假借。在探求词语理据时，王先生常常用换素同义词和同素逆序词来提示理据信息。

许威汉在《训诂学读本》中指出：“合成词的词义理据相当复杂，但探讨合成词的词义理据有两条基本途径，这就是通过分析其构成语素的意义和有无修辞用法，去把握词义，并从知其然进而知其所以然。”[③]许先生的上述结论是探求词语理据的总原则，但不是具体的方法。

以上介绍的仅仅是众多成果当中的一小部分。他们在某一个或多个方面为词语理据研究提供了视角和方法，特别是归纳出一些理据探求方法，为近代汉语词汇理据研究打下了坚实的基础。

二、现代汉语词汇论著中的词语理据研究

张永言《关于词的“内部形式”》一文开现代汉语词汇理据研究的先河[④]，是极为重要的一篇理论性文章。文章首先认为“除了一些‘原始名称’外，语言里的词往往有可能考出其内部形式或者理据”，接着指出在语言的发展过程中，词的内部形式变得模糊的事实以及理据探求的意义。他说：“内部形式的消逝会使本来互相关联的词失去联系，那么内部形式的再现自然就意

---

① 王锳：《近代汉语词汇研究与中古汉语》，《贵州大学学报》（社会科学版）2003 年第 4 期。

② 王绍峰：《初唐佛典词汇研究》，安徽教育出版社 2004 年版，第 238 页。

③ 许威汉：《训诂学读本》，上海交通大学出版社 2010 年版，第 232 页。

④ 张永言：《关于词的“内部形式”》，《语言研究》1981 年创刊号。

味着这些词之间的联系的重新恢复。显然这对我们认识语言词汇的系统性以及词汇和语义的发展都是很有裨益的。”在研究方法方面，他指出：“借助于历史语言学和历史比较语言学的研究方法，诸如古音的重建、音变规律的确立、同根词或同族词的比勘、亲属语言里同源词的证合，这类词的已经消失或趋于消失的内部形式往往还是可以重新探明的。”“探索联绵词的内部形式及其语源义的主要方法是：以上下字的声纽为链锁，广泛系联音近义通的同根词或同族词，归纳出一个个模式，进而追溯其语源，阐释其理据。”最后，文章指出：“历史上民间词源对语文演变有不小的影响，值得语言学者给予适当的注意。”张先生的另一篇重要文章《语源探索三例》通过考查“浑脱”“沐猴”和“淯”三个词的历史①，提出探索汉语词源的三种途径：(1)分析词的“内部形式”，就汉语自身求解，而不必牵附外族语为说；(2)就汉语自身不能说明词的语源时，应当借助亲属语言或邻近语言的材料，相互比勘，求得正解；(3)结合同义词群和同族词，把汉语词放到广大的语族、语系的背景上，追溯其渊源及演变轨迹。张先生的研究从理论探索到探源实践，再到方法提炼，全面、深入而通贯，为词语理据研究奠定了良好的基础。

张志毅《词的理据》探讨了词语理据透明度降低的原因，并归纳出五种理据探求方法：(1)语素与语义结构分析法；(2)同根词比较法；(3)语音探源法；(4)探求词的典故历史源头；(5)从造词法探求词的理据。② 这五种方法或宏观，或具体，在词语理据探求的工作中有不同层次的运用价值。

张绍麒《词语符号结构探索》是目前所见的首部专论词语内部形式的著作。张先生对“内部形式”的界定比一般的看法宽泛，他说：“词语的内部形式是词语符号结构要素之一，它与词语的外部形式一起组成词语符号的能指。……一般说来，词语内部形式是由内部语音形式、内部语义形式和内部组合形式组成的。从发生学角度看，内部语义形式是词语内部形式的基础，进一步说，内部语义形式也是词语能指形成的基础。”③张先生所说的“内部语义形式”与一般学者所谓的“内部形式”相当。他说：“词语内部语义形式是词语产生过程中被选来代表词语所指的思想片段的内容，它一般来自概念形成时人们对所指事物或者与所指事物有关的其他事物的理解。”④张先生还对词语内部语义形式的形成规律做了初步探讨，为该问题的深入研究指明了一些路径。此外，他还讨论了词语内部语义形式的共时替换、历时变

① 张永言：《语源探索三例》，《中国语言学报》1988 年第 3 期。

② 张志毅：《词的理据》，《语言教学与研究》1990 年第 3 期。

③ 张绍麒：《词语符号结构探索》，山东教育出版社 1992 年版，第 78 页。

④ 同上。

异等重要问题。该著作理论性强，论点集中，观点清晰，当推为词语理据研究的经典力作。

王艾录、司富珍长期致力于现代汉语复音词的理据探究，先后出版了《汉语的词语理据》《语言理据研究》《汉语理据词典》《复合词内部形式探索——汉语词语游戏规则》《现代汉语词名探源词典》《汉语内部形式研究》等著作，其中《汉语的词语理据》和《语言理据研究》是重要的现代汉语词语理据研究专著。[①]《汉语的词语理据》一书提出增补义项、让语素义与词义挂钩、让内部形式与词义挂钩三种理据探求途径。第一种为探寻陌生的语素义，第二种是探明词语产生的历史文化背景，第三种即探明内部形式。两位先生通过长期的探索推动了汉语词语理据研究，使词语理据研究有了新的起点。两位先生的具体论断，我们将在后文涉及时加以评述，此处从略。

刘瑞明《刘瑞明文史述林》第一部分《谐音造词法论集》围绕"谐音趋难"这一特殊的语言现象做了诸多有益的探索[②]，方法方面有可借鉴之处：(1)注意系统性，系联相关方言与古语；(2)密切联系民族文化与民俗；(3)抓住关键语素。[③] 但有些词的理据探求过程显得过于曲折，有些词(字)语音上需要三转甚至四转才能找到其本源，削弱了所得结论的可信度。

俞理明《汉语词汇中的非理复合词——一种特殊的词汇结构类型：既非单纯词又非合成词》[④]将"汉语词汇在历史发展中，一些来源于多个语素却又不能按一般语义结构规则分析的词"称为"非理复合词"，探讨了非理复合词的四个来源。[⑤] 该文对词语理据研究有重要的借鉴意义，首先，对非理复合词来源的探讨本身就是对其理据的探求；其次，文章所论与造词相关，而这些特殊的造词法正是导致非理复合词理据难明的原因。文章所展现出的四个来源让我们对这一问题有了更为清晰深入的认识。

---

① 曾昭聪、李二占等先生的书评对两书的价值有很好的掘发。参曾昭聪：《理据——语言研究的新课题》，《中国图书评论》2006 年第 5 期；李二占、苏军锋：《一部研究语言微系统的专著——〈复合词内部形式探索——汉语词语游戏规则〉》，《中国社会科学报》2010 年 3 月 9 日；李二占：《探幽发微　别有洞天——评〈复合词内部形式探索〉》，《盐城师范学院学报》(人文社会科学版)2010 年第 5 期。

② 刘瑞明：《刘瑞明文史述林》，甘肃人民出版社 2012 年版。

③ 刘玉红、曾昭聪：《方言词理据探究刍议——以刘瑞明先生的相关研究为例》，《辞书研究》2011 年第 6 期。

④ 俞理明：《汉语词汇中的非理复合词——一种特殊的词汇结构类型：既非单纯词又非合成词》，《四川大学学报》(哲学社会科学版)2003 年第 4 期。

⑤ 即两个不同层次的成分长期相邻使用，形成跨层次凝合词；从一个常用词语中选取部分音素或音节组合成等义的新形式，形成缩略词；从一个熟习的词语中略去所要表达的词，让剩余部分表示被略去词的意义，是隐缺词；用不对应成分替换一个词的部分，造成一个与原词整体意义对应的词，产生非理仿词。

赵宏《英汉词汇理据对比研究》对语言理据的定义、类型、研究意义、研究方法等重要理论问题的探讨对词语理据研究具有重要的参考价值。他在前言中指出:“语言理据的研究,必须跨越语言系统内外,兼顾共时历时视角,包容中学西学传统,融会科学人文方法。”①这一论述高屋建瓴,对词语理据研究具有重要指导意义。

最后,我们介绍一下伍铁平提出的“比较词源研究”,即对不同系属语言的词源进行比较研究。该研究的理论基础是意义的跨语言类同发展,即不同语言中同一概念的演变拥有共同的理据。伍先生指出:“不同语系的语言(如印欧语和汉语)在词源方面有时可能产生吻合现象,这是因为人类有共同的思维方式,在生活方式方面也有共同的一面。……在词的语义的形成和演变方面是可以广泛引证非亲属语言材料的。”②在比较词源研究的启发下,出现了后来的比较词义学,二者遵循同样的原理,扩展了理据研究的视野。③

除了以上引介的成果外,此方面的研究还为数众多,此不备述。

三、本研究的空间

前修时彦在词语理据研究上已取得了许多重要成就,但仍给本研究留下了较大的空间。主要体现为两方面:

(一)合成词理据研究不够

传统的词语理据研究大多将目光聚焦于单纯词,对合成词则少有措意。早在汉代就有单纯词理据研究的专著——刘熙的《释名》问世,单纯词理据研究也一直作为训诂学的重要组成部分延续至今。章太炎的《文始》、高本汉的《汉语词族》以及王力的《同源字典》等都是这一领域的经典之作。④ 合成词理据的探寻虽肇端甚早,几乎与合成词的产生同时,但较为零散,谈不上研究。⑤ 王艾录、司富珍指出:“历来的汉语语源学、词源学、训诂学、词汇学等研究,大都是在单纯词的范围内进行的,而对于合成词的研究则显得相当薄弱。”⑥这一看法符合合成词理据研究的现状。目前仍无以近代汉语词

---

① 赵宏:《英汉词汇理据对比研究》,上海外语教育出版社 2013 年版。

② 伍铁平:《比较词源研究》,上海外语教育出版社 2011 年版,第 24 页。

③ 伍先生还专文讨论了比较词源研究在语言教学上的意义,他指出:“比较词源学涉及的是许多语言共有的造词理据,因此词源的研究对于在汉字和汉语的教学中帮助学生理解词义有很大的实践意义。”参伍铁平:《比较词源研究》,上海外语教育出版社 2011 年版,第 96 页。

④ 殷寄明著《汉语同源词大典》(复旦大学出版社 2018 年版)是单纯词理据研究的集大成之作。

⑤ 参曾昭聪:《魏晋南北朝隋唐五代词源研究史略》,语文出版社 2010 年版。

⑥ 王艾录、司富珍:《汉语的词语理据》,商务印书馆 2001 年版,第 16 页。

汇理据为对象的专题研究，相关研究也极为匮乏。

我们所讨论的近代汉语词汇是近代汉语时期所产生的新词语，都是有理据的。[①] 不少近代汉语时期行用的词语沿用至今，但理据已部分消失或完全消失。周祖谟曾说：

> 语言中的双音词，有很大一部分是容易解释的，可是有一部分词不易解释。虽然在词典里给出了整个词的词义，而没有点到其中有必要解释的语素的意义，如“企图”的“企”，“情绪”的“绪”，“简慢”的“简”，“黎明”的“黎”，“籍贯”的“贯”，“领略”的“略”，“盘费”的“盘”等等。在编者可能认为没有必要，也许觉得那样做会支离破碎，过于繁琐，不符合一般词典的体例。不过，我觉得要真正理解一个词的词义所包含的内容就应当有所说明。当然，有些词的词素意义很不好解释，这就要调查研究，找出典型，创通类型，寻出解释的途径。[②]

周先生直观地说明了双音词理据探求的必要性，同时指出需要“找出典型，创通类型，寻出解释的途径”，对研究方法提出了具体要求，值得我们重视。周先生所举的例词均选自现代汉语，现代汉语的词语尚且如此，近代汉语词汇则更甚。王云路曾指出，目前词典编纂存在“双音词或多音词的解释含混，不能字字落实，不能说明结构关系”的问题[③]，这也就是不明理据的问题。因此，近代汉语词汇理据研究工作亟待开展。

（二）理论、方法归纳总结不够

汉语词语理据的探求业已取得了一些重要成就，但仍较为零散，未能总结理论，抽绎方法。[④] 特别是以古代汉语词汇为研究对象的学者，几乎一致默认“词语理据”已经是一个不需要再加以研究界定的术语，大家的研究都

① 王学奇、王静竹认为：“盖方言土语，本无定字，各就乡音而笔之于书，无义理可寻。”（《宋金元明清曲辞通释》，语文出版社 2002 年版，第 22 页）这种观点需要谨慎对待，方言土语虽理据隐奥，但并非“无义理可寻”，而是大多有理据可寻，但有易寻与难寻的差别，且多数属于难寻的一类。

② 周祖谟：《现代汉语词汇的研究》，《语文研究》1982 年第 2 期。

③ 王云路：《论汉语词汇的核心义——兼谈词典编纂的义项统系方法》，何大安等编：《山高水长：丁邦新先生七秩寿庆论文集》，（台湾）“中央研究院”语言学研究所 2006 年版。

④ 蒋冀骋曾指出近代汉语词汇研究的发展趋势是：（1）由单个零碎的词语考释走向同体裁书籍语辞和断代语辞的研究；（2）由具体的考释开始走向理论的归纳、规律的探求；（3）进一步加强溯源探流，特别注意与现代汉语词汇做比较研究。从蒋先生的观点中，我们不难看出以往的研究失于零碎、具体、平面。参蒋冀骋：《近代汉语词汇研究》（增订本），商务印书馆 2019 年版，第 9 页。

以探求词语的理据为目标，但对“什么是词语理据”的问题不太关心。

我们认为，应当顺应从考释到解释、从零散到系统、从实践到理论的研究规律，在已有研究的基础上，对近代汉语词汇的理据进行细致深入的研究，力争得出对词语理据的新认识。

想要做好理据探求实践，必须有切实可行、行之有效的方法。在此方面，我们欲通过挖掘、吸收已有成果，细致分析近代汉语词汇的特点，探明词语理据的类型，详尽发掘词语理据难明的原因，从而有针对性地归纳、抽绎出一套行之有效的近代汉语词汇理据探求的方法。

第四节 近代汉语词汇理据研究的价值

词语理据，是当代语义学的内容之一，是传统词源学的内容之一，也是造词法和名称法的内容之一。① 具体而言，近代汉语词汇理据研究有明晰词义、辅助校勘、规范词形、丰富理论、促进教学等方面的价值。

词语理据研究本身是一个理论问题，其理论价值是不言而喻的。此处仅选取辞书编纂、文献整理和语言教学等能直观体现该研究应用价值的三个方面略做陈述。

一、辞书编纂

词语理据研究的首要目标和直接结果是准确释义，这正是辞书编纂的基础和重点。王云路指出：“现代词典解释词语，不应满足于解释意思，更要推究何以有这个意思，这才是理想的词典。”②近代汉语词汇理据探求的成果有利于语文辞书的编纂。

词语的理据明而词义明，探明词语理据对切词、释义、纠误、补缺等方面均有积极意义。

（一）匡正切词之误

【参礼】

参礼透朝云暮雨情如纸，戒得断酒病花愁气似丝。（元佚名《一枝

① 张志毅：《词的理据》，《语言教学与研究》1990 年第 3 期。

② 王云路：《“按(案)”词义考》，《语言研究》2013 年第 3 期。

花·张道姑》）

《近汉》将上例中的“参礼”立为词条，释为：“思考领会”。我们认为，切词有误。首先，“礼”与“思考领会”义无关；其次，例句中前后两句对偶，“礼”与“得”相对，二者同义。“参透”“戒断”都是动补结构，“得”是结构助词，在动词后引出可能、结果等补语，“礼”的功能应当与之相同。

我们认为，“礼”通“得”或“的”。“的”用法同“得”，如元明《水浒传》三回：“去那小二脸上只一掌，打的那店小二口中吐血。”二者在近代汉语中常不加区别，如“巴不得＝巴不的”“办得＝办的”等等。① 在近代汉语口语中“的”应当存在与“里”相近的读音，所以“八下里”（八方，引申指所有地方、各个方面）又作“八下的”，如元高安道《哨遍·嗓淡行院》：“凹了也难收救，四边厢土糁，八下里砖彫。”②清《歧路灯》六四回：“他近日光景也比不得从前，况且才行殡事，八下的亏空。”现代汉语方言中，用作结构助词的“得”或“的”有不少地方读作“li”，例如中原官话（河南郑州、山东东平）、晋语（山西和顺）、徽语（安徽歙县）、闽语（广东揭阳）等。③ 此外，近代汉语中连接状语和中心语的结构助词同样可作与“礼”同音的“裡（里）”，如明《型世言》三七：“吕达想道：‘……我今日不管他是男是女，捉一个醉鱼罢，苦苦裡掗他酒。’那李良雨早已沉醉要睡。”④“裡”是“裡（里）”的讹字⑤，在这里是结构助词，相当于“得”。

根据以上分析，我们可以确定“礼”是结构助词“得”或“的”的方言记音字，“参礼”不成词。

诸如此类的情况还很多，都是因为不明理据或不求理据而导致的失误。⑥

---

① 又如《元曲选·黄粱梦》一折：“我巴不的选场中去哩。”《元曲选·墙头马上》二折：“巴不得天晚了也，我如今与小姐赴期去来。”宋《朱子语类》卷一一：“而今人只办得十日读书，下着头不与闲事，管取便别。”元王和卿《蓦山溪·闺情》：“问着时节只办的摆手，骂着时节永不开口。”

② 隋树森编：《全元散曲》，中华书局 1964 年版，第 1111 页。

③ 许宝华、［日］宫田一郎主编：《汉语方言大词典》，中华书局 1999 年版，第 4799 页。

④ “掗”义为“强行给予”。参陈源源：《汉语史视角下的明清吴语方言字研究》，浙江大学出版社 2017 年版，第 63—68 页。

⑤ 《中华字海·衤部》“裡”条：“‘裡’的讹字。字见《龙龛》。”

⑥ 再如明《金瓶梅词话》二五回：“早是奴没生下儿长下女，若是生下儿长下女，教贼奴才杨条着好听。”张惠英以“儿长下女”立目，释为“大儿小女的意思。泛指儿女。”不确。“生下儿长下女”是较为固定的短语。见张惠英：《金瓶梅俚俗难词解》，社会科学文献出版社 1993 年版，第 133 页。

(二) 匡正立目之误

近代汉语中有大量异形词,辞书在立目时应以一组异形词中能体现词语理据的词形作为主条,其他词形为参见条。这一工作必须建立在正确认识词语理据的基础上。不探明词语的理据,或者不关心词形是否为有理形式,常常导致立目的失误。① 例如:

【撮哺】【撮补】

(1) 这厮好说着不听,后生们撮哺着,我将他抢出去。(《元曲选·伍员吹箫》三折)

(2) 兄弟,你撮哺着,我拿那奸夫奸妇去也!(同上《灰阑记》三折)

撮哺,《近汉》释为"❶帮助;协助"。从语境判断,释义可取,但我们还需要探求它的理据来加以验证。

前语素"撮"有"扶持;簇拥"义,如元《三国志平话》卷中:"曹操得命,西北而走,至江岸,众人撮曹公上马。"清《红楼梦》一四回:"凤姐下了车,一手扶着丰儿,两个媳妇执着手把灯照着,撮拥凤姐进来。"②该义与"帮助;协助"义相关。但是后语素"哺"却无法与"撮哺"的意义挂钩。

"撮哺"又作"撮补",《近汉》释为"同'撮哺❶'",书证如下:

(3) 二更一点了也,你不下手等甚?我撮补你。(《孤本元明杂剧·开诏救忠》四折)

(4) 亏了我们撮补你也,请我们一请,怕做甚么?(同上《五龙朝圣》三折)

据此我们知道该词的后语素"哺"又写作"补"。"补"有"扶助"义,因此与其他语素复合成"帮助"义的"帮补""补助"等。例如清《红楼梦》一〇六回:"如今丈人抄了家,不但不来瞧看帮补,倒赶忙的来要银子。"清李渔《怜香伴》八出:"〔外〕还该仗药饵补助才是。〔副净〕只不过盘供苜蓿,那里讨芪

---

① 立目问题其实是一个词形规范的问题。表意明确是词汇规范的一个重要原则。要达到这一要求,一是要符合词语的构成规则,二是要有较为充分的理据(即应当是"可解释"的)。

② "聚拢"义与"帮助"义相关,"搊"(借作"凑")有上述二义。如明《拍案惊奇》卷一〇:"朝奉搊着眉道:'如今事体急了。'"明顾起元《客座赘语·诠俗》:"善迎人之意而助长之,曰搊。"参《近代汉语词典》"搊"条。

术参苓?”

以上分析说明“撮补”是同义复词,义为“帮助;协助”;词典应当以“撮补”为主条,以“撮哺”为参见条,释为“同‘撮补’”。

【撮哺】【啜哺】

(1) 我将你怀儿中撮哺似心肝儿般敬,眼前觑当似在手掌儿上擎。(《元曲选·神奴儿》二折)

上例的“撮哺”《近汉》释为“哺育;照料”。后语素“哺”与该词的整体意义关系清晰,前语素“撮”则无法与其整体意义联系起来。该词典又收“啜哺”,释为“饮食;吃喝”,书证为例(2)。我们认为,“撮哺”是“啜哺”的异写形式,“撮”是“啜”的记音字;“哺育;照料”是“饮食;吃喝”的引申义。“啜哺”有“哺育;照料”义,如例(3)。

(2) 醉醒迷啜哺,衣裳辨颠倒。(唐李绅《忆东郭居》)

(3) 嗟此劳苦告瘁之民,即我皇上捐赈啜哺之民也。(清许承宣《赋差关税四弊疏》)[①]

“啜”与“哺”同为“饮;喝”义,因此“啜哺”也可倒序作“哺啜”,如《元曲选外编·西厢记》二本三折:“小生非图哺啜而来,此事果若不谐,小生即当告退。”近代汉语中还有“哺餟”“餔餟”等写法,如《太平广记》卷三二三引《述异记》:“见瓯器自运,盛饮斟羹,罗列案上,闻哺餟之声。”《平山冷燕》第一〇回:“小弟虽贫,决不图贵家餔餟。”中古汉语时期作“哺歠”,如《南史·王彧传》:“景文非但风流可悦,乃哺歠亦复可观。”上古汉语时期作“餔啜”,如《孟子·离娄上》:“孟子谓乐正子曰:‘子之从于子敖来,徒餔啜也。’”

以上分析说明,在表达“哺育;照料”义时,“哺啜”是有理形式,《近汉》应当以“啜哺”为主条,以“撮哺”为参见条。《近汉》将它们都立为主条,显然未注意到两个词形间的关系,这正是没有探求词语理据的结果。

(三) 匡正释义之误

近代汉语词汇理据研究最突出的价值,是准确解释词语的意义。理据

① 冀东、村夫主编:《中国历代奏章选》,山西人民出版社1995年版,第615页。

是构成词的三要素之一。认识、了解义位的理据,有利于掌握义位。[1] 词语理据研究的结论可以为词语考释的结论提供证据,能使词语的释义更加明晰,做到知其然且知其所以然。

目前对合成词的考释仍以排比归纳法为主,但该方法的不足是显而易见的。如蒋绍愚指出:"排比归纳法一要材料丰富,二要运用得当,否则是会产生以偏概全甚至望文生训的毛病的。"[2]

探明词语的理据,就是探明词形和词义之间的联系。掌握理据的程度越高,对词的理解的透明度就越高。[3] 因此,理据研究可以在一定程度上弥补排比归纳法的不足。例如:

【承当】【承领】

(1) 僧问云门:"宗门中事如何承当?"师云:"须是其中人。""如何是其中人?"师云:"我自住此山来,未曾遇见其中人。"僧云:"今时无其中人,和尚遇古人时如何承当?"师云:"不展手。"(《祖堂集》卷八)

(2) 只如当时分付二祖,是个甚么意旨?二祖于达摩边承领个甚摩事?(同上卷一三)

《禅宗大词典》释例(1)的"承当"为"承受机缘,领悟禅法",释例(2)的"承领"为"承受(机缘),领会(禅旨)"。

我们认为,以上释义不确。"承当""承领"由同为"承受"义的"承"与"当""领"复合而成,本为"承受"义,在禅宗语境中引申出"领悟"义,引申之后二词词汇化程度进一步提高,两个语素的意义已浑融为一,不可再分训。

表达"承受"义的词常可以引申出"领悟"义。除"承当""承领"外还有"当荷""负荷",例如:

(3) 汝若是个人,闻说道什么处有老宿出世,便好蓦面唾污我耳目。汝若不是个脚手,才闻人举便当荷得,早落第二机也。(宋《景德传

① 张志毅、张庆云:《词汇语义学》(第三版),商务印书馆2012年版,第171页。

② 蒋绍愚:《古汉语词汇纲要》,商务印书馆2005年版,第243页。

③ 参张志毅:《词的理据》,《语言教学与研究》1990年第3期。董志翘在《也论中古汉语词汇研究中的推源问题》[《汉语史研究集刊》(第一辑　上),巴蜀书社1998年版]、《汉文佛典文献语言研究与训诂学》[《汉语史研究集刊》(第八辑),巴蜀书社2005年版]两篇文章中指出了排比归纳法的不足,强调"我们应该将更多的精力放在对用例的分析上,放在词形、词义演变的探源寻流及生成原因的探究工作上"。

灯录》卷一九)

(4) 圣谛第一义,高不可仰,深不可窥。无上妙觉心,大包天地,细入无间。诸佛亲证而无所得,百姓日用而不知。金鸡啼处露堂堂,青凤舞时明历历。向这里负荷得去,灵山一会,总在目前。堪报不报之恩,共助无为之化。(宋《剑关禅师语录》)

(5) 者僧可谓具大信力,才闻举着便乃直下承当,得大受用去也。(元《天如惟则禅师语录》卷三)

例(3)中"当荷"与例(5)中"承当"出现的语境相似,都义为"领会"。"才闻人举便当荷得",意谓才听别人提起话头就当下领悟。例(4)中"向这里负荷得去",意谓在这里(前面的话中)领悟佛法。"负荷"同样由"承受"义引申为"领悟"义。

"承当""承领""当荷""负荷"等词都是由表"承受"义的语素复合而成的,它们均发展出"领悟"义,可见"承受"义与"领悟"义间的密切关系,并知《禅宗大词典》的释义不甚妥帖。

(四) 匡正理据之误

词语的理据是理想的词典应该包含的内容,且词典中所给出的理据必须正确。探明词语的理据,既可以为词典提供正确的理据,也可以与词典中的理据相互证发,发现词典中理据解释的错误,为大型语文辞书的编纂或修订打好基础。例如:

【鼻孔辽天】

(1) 师于普请处谓众云:"今日困,有解问话底置将一问来。若不问,向后鼻孔辽天,莫道我瞒你。"(唐《云门广录》卷三)

该词《汉语大词典》释为"仰起头来鼻孔朝天。形容高傲自大"。雷汉卿释为"鼻孔朝(向)天,形容唯我独尊,傲视一切"。[1]《禅宗大词典》释为"意谓省悟禅法、超然脱世。辽天:冲向天际,飞向天空"。[2] 以上三家对该词的整

① 雷汉卿:《禅籍方俗词研究》,巴蜀书社2010年版,第294页。

② 袁宾、康健主编:《禅宗大词典》,崇文书局2010年版,第20页。

体释义可取，但“辽”的意义还有进一步讨论的必要。[①]

该词又作“鼻孔撩天”，例如：

(2) 上堂云：“遇人即鼻孔撩天。”便下座。（唐《云门广录》卷二）[②]

(3) 师或云：“天堂地狱镬汤炉炭盖却尔头，三世诸佛总在尔脚跟下。三十年后鼻孔撩天。”（同上）[③]

(4) 火焰腾辉说最亲，无边诸佛近前闻。谁知更有旁观者，鼻孔撩天不喜君。（宋《白云守端禅师语录》卷二）

“辽”与“撩”同音，《广韵》中同属“聊”小韵（落萧切），二者可相通假。例如“撩乱”[④]又作“辽乱”，《王梵志诗》〇一九首：“人人百岁乃有一，纵令长命七十稀。□□□□期却半，欲似流星光暂时。中途少少辽乱死，亦有初生婴孩儿。”禅籍中还有更多二者相通的证据。例如“辽天鹘”“辽天俊鹘”（指迅疾的机锋或机用杰出的禅师）的“辽”可作“撩”：

(5) 不是心，不是佛，不是物，钻天鹞子辽天鹘。（宋《五灯会元》卷一八）

(6) “如何是七同得失？”师云：“金弹打下撩天鹘。”（清《天岸升禅师语录》卷一二）

(7) 平田浅草里，露出焦尾大虫；太虚寥廓中，放出辽天俊鹘。（宋《五灯会元》卷二〇）

(8) 非风非幡无处着，是风是幡无着处。撩天俊鹘悉迷踪，踞地金毛还失措。（明《指月录》卷五）

在以上用例中，“撩”是本字，“辽”是借字。“撩”有“挑弄；拨弄”义，如韩愈《次同冠峡》：“无心思岭北，猿鸟莫相撩。”“挑弄；拨弄”蕴含“触碰”义，“鼻孔撩天”的“撩”正是这个意思，整个结构的意思是“鼻孔碰到天”。

---

① 崔山佳同样认为“撩天”“辽天”当释为“朝天”，但“辽”“撩”为何义，未加考索。参崔山佳：《“辽天”补义》，《辞书研究》1995年第2期。

② 《大正藏》本作“辽”，校勘记云：“辽＝撩㊞㊙。”

③ 《大正藏》本作“辽”，校勘记云：“辽＝撩㊞。”

④ 《王梵志诗》〇〇九首：“撩乱失精神，无由见家里。妻是他人妻，儿被后翁使。”

语素“撩”常被“摩”替换而产生换素同义词，如“鼻孔撩天”义同“鼻孔摩霄”[1]，“撩天俊鹘”义同“摩天俊鹘”。例如：

(9) 无虑无忧即爽神，一毫不假自然真。豁开顶眼奇男子，鼻孔摩霄能几人？（明《大方禅师禅灯语录》卷四）

(10) 即心即佛，铁牛无骨。戏海狞龙，摩天俊鹘。（宋《嘉泰普灯录》卷二七）

“撩”与“摩”存在替换关系。“摩”有“迫近”义，例如《淮南子·人间训》：“背负青天，膺摩赤霄，翱翔乎忽荒之上，析惕乎虹蜺之间。”迫近而致接触，则发展为“触碰”义。“摩”与“触”在例(11)中连言，为“触碰”义无疑。

(11) 老僧向他道：“髑髅常干世界，鼻孔摩触家风。”（宋《圆悟录》卷七）

同样的意思，还可以用“捎”“拂”等表示“掠过；轻轻擦过”义的词表达。如宋《圆悟录》卷一六：“如快鹰俊鹞戛戛腾空，迷风曜日，捎玉兔、拂金鸡。”“捎玉兔、拂金鸡”即轻轻擦过月亮和太阳。“掠过；轻轻擦过”常常要接触参照物的表面，因此“拂”有“触到；接近”的意思，如《汉书·司马相如传上》：“下摩兰蕙，上拂羽盖。”类似的表达还有“贴天”，如明《金瓶梅词话》一二回：“常言道：家鸡打的团团转，野鸡打的贴天飞。你就把奴打死了，也只在这屋里，敢往那里去？”“贴天”的“贴”是“切近；挨近”的意思，可以做“撩天”的“撩”的注脚。

综上所述，“撩”与“摩”“捎”“拂”“贴”等词都蕴含“接触”义，“鼻孔撩天”形容头颅高昂，鼻子像要碰到青天一般。人的鼻孔当然无法碰到天空，“鼻孔撩天”只不过是夸张的说法，以此来形容人目空一切。禅师们又用以形容“领悟佛法之后自信超然、自由无碍之态”，该词又获得了正面含义。

二、文献整理

运用各种训诂方法探得词语的意义，且“揆之本文而协，验之他卷而

---

① 又有同义短语“鼻孔摩青天”。例如明《布水台集》卷一九：“着着逢人要占先，低垂鼻孔摩青天。”

通”，若不进一步探寻它们的理据，解释词义的任务就到此结束了。但若进一步探求理据，字字落实，或许会发现许多文献整理上的问题。文献整理工作往往要指出误字、借字、本字等用字现象，以还原文本或帮助读者理解文意。探求理据有利于发现和解决上面这些问题。例如：

【搏量】

该词《禅宗大词典》释为“以俗情世念去揣摩、思量”。用例如下：

(1) 似地擎山，如石含玉。透得过者，尽在无尽藏中。透不过者，未免搏量。(宋《圆悟录》卷八)

(2) 为高庵悟和尚挂真。……且道，高庵老人本来面目何在？还委悉么？生佛未具，世界未形，直是眉目分明，十分显露。有人向这里识得，便与此老把手共行，不向幪子上搏量名貌。(宋《大慧录》卷四)

(3) 但是意识，于中搏量，是青是黄，是赤是白？意识不起，根境湛然。(元《楚石梵琦禅师语录》卷九)

“量”有“思量”义，毋庸赘言。那么，“搏”取何义？我们认为，“搏”是“抟(摶)”的讹字。[①] 请看下面的例证：

(4) 又有一种，才闻知识说如是事，又将心意识抟量卜度，云：“若如此，则莫落空否？”(宋《大慧录》卷二一)

(5) 是故示三玄三要、四料简四主宾、金刚王宝剑、踞地师子、一喝不作一喝用、探竿影草、一喝分宾主、照用一时行，许多落索多少学家抟量注解。(宋《圆悟录》卷一五)

“抟”单用可表“揣摩；思量”义，如宋《大慧语录》卷二八《答汪状元》：“而今学者往往以仁义礼智信为学，以格物忠恕一以贯之之类为道，只管如抟谜子相似。又如众盲摸象。”参蒋冀骋、陈明娥、徐时仪都认为“抟”是“揣”的借

① 《大正藏》本《圆悟录》卷八作“搏量”，卷十四、十五作“抟量”；《大慧录》卷二一至二四、二八至二九作“抟量”，卷九、十九、二十、二七作“搏量”。

字。[1] 我们认为,“抟”“团”同源,都有“使物圆转”的意思,由此义引申为“揣摩”义。

《说文·手部》:“抟,以手圜之也。”段注:“以手圜之者,此篆之本义。如《礼经》云‘抟黍’、《曲礼》云‘抟饭’是也。因而凡物之圜者曰抟。……俗字作团。”将材料捏聚成圆形需要反复抟搓,思考问题需要反复进行,两个概念有相似之处。因此,“抟”由“抟搓”义引申出“揣摩”义。“抟”“团”都有“猜度;估量”义。“抟”的用例前文已见,“团”的用例如唐韩愈《南山》诗:“团辞试提携,挂一念万漏。”宋《朱子语类》卷一二〇:“如有十个事物,团九个不着,那一个便着,则九个不着底,也不是枉思量。”

连通“抟搓”义和“揣摩”义的纽带是“动作的反复进行”。“琢磨”一词由“雕刻和磨治玉、石”义发展出“思索;考虑”义,同样符合这一规律。前一义的用例如《荀子·大略》:“人之于文学也,犹玉之于琢磨也。”该词发展出“思索;考虑”义的时代较晚,如老舍《赵子曰》一四章:“好极了,你算把古人的举动态度琢磨透了!”“琢磨”之所以能产生上述引申现象,其原因正在于将玉、石雕琢成器不可能一蹴而就,而是需要极具耐心和技巧地反复敲击雕磨,正如思考问题要反复斟酌探求。“揩磨”(又作“揩摩”)一词也有“思索;考虑”义,如清无名氏《四元记》三二[解三酲]:“念微臣洛阳愚懦,叨中了会状巍科,未娴政体羞寮佐,欲归家仔细揩摩。”[2]“思索;考虑”义由“拭抹;擦拭”义引申,后者的用例如宋范成大《念奴娇》词:“揩摩愁眼,雾中相对依约。”[3]“拭抹;擦拭”同样含有“反复”的语义特征。

“揣”的“思量”义由其本义“度量”引申。《说文》:“揣,量也,度高曰揣。”“度量”义引申出“思量”义是较为普遍的规律,“揣”“测”“度”“量”等同义语素都有“度量”义,又都可以表达“思量”义,可为明证。

“抟”“揣”都可引申出“思量”义,但二者的引申依据不同,可谓殊途同归。因此,“搏”是“抟(摶)”的形误字,“搏量”当作“抟量”。“抟”可以由“抟搓”义引申出“思量”义,不必借作“揣”。[4]《禅宗大词典》立“搏量”这一错误

---

① 参蒋冀骋:《近代汉语词汇研究》(增订本),商务印书馆 2019 年版,第 372 页;陈明娥:《朱熹口语文献词汇研究》,厦门大学出版社 2011 年版,第 60 页;徐时仪:《〈朱子语类〉词汇研究》,上海古籍出版社 2013 年版,第 374 页。

② [清]李渔:《笠翁阅定传奇八种》(下),浙江古籍出版社 1992 年版,第 176 页。

③ 王学奇、王静竹认为“打磨;揩拭”与“揣摩;考虑”两个意义都含有“往返;反复”义。我们同意这一看法。参王学奇、王静竹:《宋金元明清曲辞通释》,语文出版社 2002 年版,第 597 页。

④ 当然,“揣”“抟”常可互借。慧琳《一切经音义》卷二二“揣食”条:“‘揣食’字正宜作抟,音徒鸾反,字从专声,非从耑韵。流俗不能别兹两形,遂谬用揣字,音初委反,此乃揣量之字也。”

形式为词目，而不收正确形式“抟量”，正是不探求该词理据的结果。

三、语言教学与使用

理论研究应该服务于实践。乔治·莱考夫曾指出：

> 理据是认知的核心问题，其原因是：掌握有理据的东西，要比掌握任意的东西更容易；对有理据的知识进行记忆和使用，也要比任意的知识来得容易。①

研究词语理据可以使概念的得名之由得到揭示，使词语的内部结构更为明晰，有助于学习者对词语的掌握。弄清词语理据，则能在语言教学或学习中以简驭繁，事半功倍。相反，不明理据则会因理解不透彻而出现误用现象。例如“既然这样”（字面意思是“已经这样这样”）、“凯旋归来”（胜利归来归来）等羡余形式都是词语理据不明所导致的结果。要想避免上述问题，就必须重视词语的理据。

① 转引自赵宏：《英汉词汇理据对比研究》，上海外语教育出版社2013年版，第56页。

第一章　词语理据与内部形式

第一节　词语的理据

学者们已经给“词语理据”下过许多定义，如王艾录、司富珍认为：“所谓语词理据，是指语言自组织过程中语词发生、发展的动因。”[①]我们认为，词语的理据就蕴藏在词语形成的各个环节中。因此，想要认清词语理据，就要从“词语的产生”入手。

一、词语的产生

张道新、董宏认为，从知识到词义（词义的形成）经历了“存在→对象化→属性化→范畴化→焦点化→符号化”的过程。[②] 这是对词语产生过程的完整描述，比一般的描述——“客观世界→概念化→词化”更为细致，更便于深入观察词语产生过程中的一些细节。下面我们截取其中与词义形成和词语产生直接相关的“属性化→范畴化→焦点化→符号化”部分，来呈现词语的产生过程。

（一）属性化[③]

属性化，是指对实体的属性表征的认识活动，包括感性认识和理性认识两个方面。“感性认识局限于对实体对象的某个特征的认识，如颜色、形状、大小、质感等，这些特征实质上属于实体的某些属性而且是较为直观的部分。理性认识则是在感性认识的基础上的科学升华，有两个方面：一是将一个对象的离散的属性特征系统化，建立起各种属性意义之间的逻辑关系；二是在不同对象之间建立相互关系，给一个对象在宇宙的关系之网中打上

① 王艾录、司富珍：《语言理据研究》，中国社会科学出版社 2002 年版，第 3 页。

② 张道新、董宏：《现代汉语词义范畴论》，中国社会科学出版社 2014 年版，第 12—14 页。

③ 对象的属性与概念的要素相对应，概念形成之后，对象的属性便成为概念的要素。

一个纽结，确定此对象与彼对象的关系。”①

例如“板壁”是分隔房间的木板墙。② 这一对象有许多属性，这些属性分属于不同的范畴，如主体、时间、空间、性质、数量、结构、状态、功能、材料、方式、类属、评价等。根据我们所储备的关于“板壁”的知识，可以列出以下属性表：

［主体：木匠］
［时间：唐代至当代］
［空间：房间］
［结构：木板；拼合］
［状态：笔直］
［功能：间隔］
［方式：切割；刨光；粉刷；拼接……］
［类属：墙篱　栅栏］③
……

以上列表中的内容不是“板壁”的全部属性，我们无法也无必要将其穷尽，但我们可以根据已知的突显属性将“板壁”范畴化。

（二）范畴化

范畴化，指的是人们对事物进行分类的过程，即根据对象的属性的异同进行分类，将对象归入不同范畴的过程。范畴化的结果是形成范畴和概念。

仍以“板壁”为例。根据结构属性“木板”、功能属性“间隔”等，古人将“分隔房间的木板墙”分为一类，产生了新的范畴——板壁，同时产生一个新的概念——板壁。

（三）焦点化

概念形成以后，需要将其用语言符号固定下来，以便交流，这一过程即“词化”。具体而言，词化的过程又可细分为焦点化和语符化。

焦点化，是指选择性地提取认知对象的概念要素这一过程。任何一个对象的要素都具有无限性，与之相应，任何一个概念的要素都是无限多的。我们可以用自然语言将其陈述出来，但要将所有的要素都语符化形成一个

① 张道新、董宏：《现代汉语词义范畴论》，中国社会科学出版社 2014 年版，第 12 页。
② 例如唐康骈《剧谈录》卷下：“僧乃自开一房，其间设施幡像，有板壁，遮以旧幕。”
③ 苏新春主编：《现代汉语分类词典》，商务印书馆 2017 年版，第 63 页。

词汇单位却是不可能的事情。① 因此我们只能选择概念结构中的某个或某些突显要素，而不是全部。② 这一过程就是焦点化。

例如“板壁”的要素众多，我们只能选取其中的极少数来代表这一概念结构，并作为语符化的依据。而这“其中的极少数”不是任意的，必须是突显要素。正如人们从“板壁”的众多概念要素中仅选取了结构属性“木板”和类属属性“墙篱”作为其概念结构的代表。

从上面的分析可以看出，焦点化的结果是产生概念结构的代表，这是一个以部分代整体的转喻过程。

(四) 语符化

语符化，是指将焦点化的结果，即已选定的概念要素映射为语言符号，形成词语的过程。

在焦点化过程中，人们从“板壁”的众多概念要素中选取了结构属性“木板”和类属属性“墙篱”。接下来就要将这两个属性映射为语言符号。古人将“木板”映射为“板”，将“墙篱”映射为“壁”，从而产生“板壁”这个复合词。

概念“板壁”词化的概略过程可图示如下：

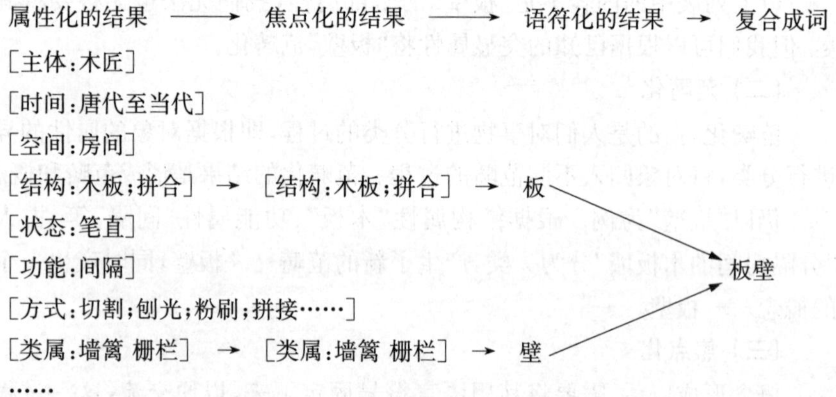

图 2-1 “板壁”词化的过程

---

① 小品《流浪地球》中把“花生”叫作“表皮坑坑洼洼剥开有俩偶尔有仨豆”，反映了“花生”较多的要素，但这样的名称显然违反了经济原则，也不符合汉语的构词法，无法通行。

② 吕叔湘曾用一个比喻说明语言表达的这个特点，他说：“语言不可避免地要有概括作用或抽象作用。外界事物呈现无穷的细节，都可以反映到人的脑子里来，可是语言没法儿丝毫不漏地把它们全都表现出来，不可能不保留一部分，放弃一部分。……像‘谢幕’那样的字眼，就放弃了很多东西，只抓住两点，‘谢’和‘幕’。说是‘放弃’，并不是不要，而是不明白说出来，只隐含在里边。……语言的表达意义，一部分是显示，一部分是暗示，有点儿像打仗，占据一点，控制一片。”参吕叔湘：《语文常谈》，《吕叔湘文集》(第五卷)，商务印书馆 1993 年版，第 53—54 页。

二、词语的理据

大体而言，词语理据是词语产生、发展的动因。因此，理据是在词语的形成(词化)和发展过程中产生作用，从而潜藏于这一过程中的各类因素。前文对词化过程进行了原理性描述，接下来我们结合近代汉语的实例，看看词语的理据由哪些因素构成。

(一)概念要素理据

概念要素理据是焦点化过程中被选来代表或概括全部属性，并作为语符化依据的概念要素。

无论哪个概念，我们都可以列出它的许多属性，形成无限长的清单。因为经验有别，不同的人所形成的清单内容并不完全相同。而这些概念要素不可能全部映射为语言符号，因此就要对概念结构进行焦点化操作，选择性提取概念要素。那些被选中的概念要素成为概念结构的代表，是概念语符化的基础，是词语理据最为根本的组成部分。

例如“抓周”，是一种风俗，婴儿周岁时，父母摆上各种物品任其抓取，用来试探婴儿将来的志向、爱好等。古人在将这个概念词化的过程中，选取了“抓取”和“周岁”两个概念要素作为概念结构的代表，并将它们分别映射为“抓”和“周”，并复合产生“抓周”这个新的语言符号。“抓取”和“周岁”这两个概念要素就是“抓周”的概念要素理据。

(二)词法理据

焦点化的规则有哪些，目前尚不完全清楚，但认知规律和词法此时已经发挥作用。这里所谓的“词法”指构词法，即由语素构成词的方式，主要包括音律结构、语义结构和词法结构。

1. 音律结构

在焦点化阶段，词语的音律结构，即音节数量发挥了重要作用。根据刘玉梅的统计，现代汉语新词语的音节特征表现出如下态势：2＞3＞4＞5＞6＞1＞7＞8＞9＞10[①]；我们统计《近汉》所得出的态势是：2(81.1%)＞3(9.4%)＞4(4.9%)＞1＞(4.4%)，与刘氏的结论一致。以上态势反映出，在近代和现代汉语时期人们选取概念要素时在音节数量方面的总体趋势：优先选择两个，其次是三个，再次是四个。如“抓周”这个概念，人们选择了“抓取”和“周岁”这两个要素作为概念结构的代表，它们共同构成概念的符号(焦点要素代指概念结构)，同时也是词语的内部形式所表达的内容。

---

① 参刘玉梅：《现代汉语新词语构造机理研究》，中国社会科学出版社2015年版，第93页。

需要强调的是，语素或音节的数量一般情况下与人们所选取的概念要素的数量相同，但是也存在概念要素的数量少于语素或音节数量的情况，大量的同义复词就是如此。例如“做造”，有“制造”的意思，比如宋辛弃疾《唐河传·效花间体》：“晚云做造些儿雨，折花去，岸上谁家女。”语素“做”和“造”表达同一个概念要素，即运动属性“生产”。

2. 语义结构

焦点化过程中，所选概念要素的数量由音律结构决定，至于选择哪些属性，一般由语义结构决定。不同范畴的概念在语义结构方面有一定的倾向性，语义结构和词法结构常常有倾向性的对应关系。例如董秀芳讨论了名词性复合词的主要语义模式，认为“提示特征＋事物类”是定中式复合词的强势语义模式。[①] “板壁”正是受到了这一语义结构的制约：“板”提示了“壁”的结构特征，借此可以给“壁”分类。

3. 词法结构

焦点化的结果是选出概念要素，形成焦点概念要素；接下来就是将焦点概念要素映射为外部形式（词形），固定为词语。例如“抓周”的概念要素“抓取”映射为语素“抓”，“周岁”映射为语素“周”。完成这一步之后，还需要考虑语素“抓”和“周”排序的问题。在这一问题上，词法结构发挥了重要作用。古人将它的外部形式确定为“抓周”，而非“周抓”，当是近代汉语构词法影响的结果。近代汉语中“动作行为＋时间”的词法模式为该词提供了参照。同样结构的词还有“拜岁”“拜年”“洗三”“伴宿（守灵）”“鞭春”“祭丁（仲春、仲秋上旬丁日祭祀孔子的仪式）”等。

由此可见，在词化过程中，词法为人们所选取概念要素的数量、类型，以及概念要素所映射的语符的排列顺序提供了一个可供参考的等级序列。

（三）认知理据

“板壁”“抓周”等概念的焦点要素映射为外部形式时，选取可直接映射焦点概念要素的语素，进而复合为词的外部形式，这一过程可称为直接映射。但是，并非所有词语的形成过程都是如此，还存在另外一种映射形式——曲折映射。

所谓曲折映射，即不直接选取可以直接映射焦点概念要素的语素，而是用表达其他相关或相似概念的语素来表达，进而复合为词的外部形式。包括隐喻和转喻两种情况。

---

① 董秀芳：《汉语的词库与词法》，北京大学出版社2004年版，第133页。

1. 隐喻

隐喻分为两种情况：一是局部隐喻，即部分概念要素通过概念隐喻的方式映射为语素，进而复合成词；二是整体隐喻，即全部概念要素通过概念隐喻的方式映射为词语。

局部隐喻如“板齿”（门牙）[①]。古人选取了“板齿”的形态属性“扁平”和类属属性“牙齿”两个概念要素，可以表达“扁平”的语素有“扁”“平”等，可以表达“牙齿”的语素有“牙”“齿”等。但在符号化过程中，古人并未选取与“扁平”直接对应的语素“扁”“平”等，造出“扁牙”“平牙”“扁齿”“平齿”等词语；而是通过隐喻的手段用含有“扁平”这一属性的概念“板”来将其形象化，从而用语素“板”来曲折表达，创造出“板齿”一词。过程如下：

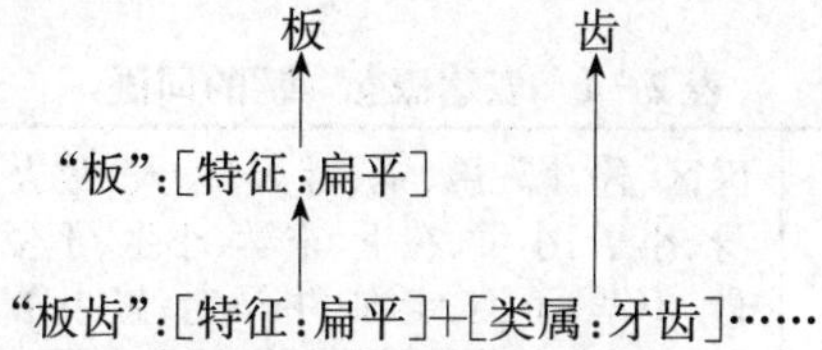

图 2－2　局部隐喻示例

整体隐喻如“气窗$_{2}$”（蠹虫蛀的穴孔）。[②] 古人提取了该概念的“中空”等焦点概念要素，“气窗$_{1}$”（通气的窗）也有这些属性，两个概念相似，因此古人使用“气窗$_{1}$”来概念化“气窗$_{2}$”，用表达“气窗$_{1}$”的词形“气窗”将概念“气窗$_{2}$”语符化。

2. 转喻

转喻同样分为两种情况：一是局部转喻，即部分概念要素通过概念转喻的方式映射为语素，进而复合成词；二是整体转喻，即全部概念要素通过概念转喻的方式映射为词语。[③]

局部转喻如“半灶”（负责下厨但厨艺不高的仆妇）。[④] 古人选取“（厨艺）不高”和“厨师”两个焦点概念要素，将“（厨艺）不高”映射为语素“半”，但未将“厨师”直接映射为可以表达这一要素的“厨”“庖”等语素，而是用与主体相关的事物“灶”来转指，从而将“厨师”曲折映射为“灶”，创造出“半灶”这

① 例如唐杜甫《戏赠友》：“一朝被马踏，唇裂板齿无。”

② 例如宋欧阳修《洛阳牡丹记》：“其旁又有小穴如针孔，乃虫所藏处，花工谓之气窗。”

③ 张辉、卢卫中指出：“从形态学的角度，转喻构词至少可以分为两大类，即纯转喻词和由‘转喻词素＋类别词素’构成的转喻词。”这和我们所讨论的内容实质相同，不过我们是从词化的角度做的正向分析，张辉等是从词出发做的溯因分析。参张辉、卢卫中：《认知转喻》，上海外语教育出版社 2010 年版，第 70 页。

④ 例如清《续金瓶梅》一〇回：“厨上略会些饮食，京师有半灶之称。”

个词。

整体转喻如“案房$_2$”(衙署中掌文案的办事房中的办事人员)。① 古人提取了这个概念的突显要素,即办事人员的工作场所“案房$_1$”(衙署中掌文案的办事房)②,把它作为将“案房$_2$”语符化的依据,然后用“案房$_1$”转指“案房$_2$”(场所—实物转喻),进而用表达“案房$_1$”的词形“案房”来表达“案房$_2$”。

在概念要素的曲折映射中,我们看到认知(主要是隐喻和转喻)的重要作用。因此认知是词语理据的重要组成部分。

(四) 文化理据

除了以上因素外,人们的文化背景也会对概念的词化产生影响。例如“我”这个概念,从古至今,汉语中产生了百余个不同的词。见下表③:

表 2-1　表达概念“我”的词语

社会地位	谦称	区区、仆、鄙、愚、走、鄙人、卑人、敝人、鄙夫、鄙躯、鄙愚、贫身、小子、小可、在下、末学、小生、不佞、不才、不材、小材、不肖、不孝、不类、走狗、牛马走、愚小子、鄙生、贫生、学生、后学、晚生、晚学、后生晚学、予末小子、予小子、余小子
	见长官自称	职、卑职、下官、臣、臣子、小臣、鄙臣、愚臣、奴婢、奴才、小人、老奴、小的、小底
	见平级自称	愚兄、为兄、小弟、兄弟、愚弟、哥们
	见下级自称	爷们、老子、大老子、你老子、乃公
	皇上自称	朕、孤、孤王、孤家、寡人、不穀
职业	和尚、道士	贫道、小道、贫僧、贫衲、不慧、小僧、野僧、老衲、老僧
年龄		老朽、老拙、老夫、愚老、老叟、小老、小老儿、老汉、老可、老躯、老仆、老物、朽人、老我、老骨头

上表中的词都表示“我”这个概念。除“朕”“哥们”“爷们”等少数词外,都是谦辞。它们得以产生的推动力之一是“礼”的制度文化,以及由此产生的“谦敬”的文化心理。

既然文化因素影响了概念的词化,那么它就是词语理据的组成部分。我们称之为文化理据。

至此,我们可以给“词语理据”下一个定义:

---

① 例如清《国子监志》卷二九:“典簿厅二名案房,管本厅文案。”

② 例如《元曲选·鲁斋郎》一折:“则俺这令史当权,案房里面,关文卷。”

③ 参王寅:《语言哲学研究》,北京大学出版社 2014 年版,第 575 页。

词语理据，是概念词化的理由和根据，亦即词语产生过程中做出各种选择的依据，包括概念要素、焦点要素选取、焦点要素映射以及语素组合的规则等。具体分为概念要素理据、词法理据、认知理据和文化理据。简而言之，就是指概念以某种语言形式被编码的依据，也可通俗地表述为事物获得名称的依据。

各类理据的具体内容，我们将在下一章中详细介绍。

第二节 词语的内部形式及其与理据的关系

目前国内学者对什么是内部形式，什么是理据，以及二者之间的关系如何等问题的看法不尽一致。然而这是词语理据研究的基本问题，有厘清的必要。前文已经解释了"词语理据"，这里接着解释"内部形式"，并说明二者之间的关系。

一、词语的内部形式

"内部形式"这个概念是 19 世纪德国著名语言学家洪堡特在《论爪哇岛上的卡维语》一书的导论《论人类语言结构的差异及其对人类精神的影响》中提出来的。

国内学者大多将"内部形式"等同于理据，例如张永言认为："所谓词的内部形式又称词的词源结构或词的理据，它指的是被用作命名依据的事物的特征在词里的表现形式，也就是以某种语音表示某种意义的理由或根据。"[①]蒋绍愚也持相同的看法，他说："词的内部形式，就是用作命名根据的事物的特征在词里的表现，又叫词的理据。简单地说，探求词的'内部形式'，就是要探求词的'得名之由'。"[②]

王艾录、司富珍对以上占主要地位的看法提出批评，他们认为洪堡特的"内部形式"是指"语言的语法结构和语义结构的总和"[③]。然而这一看法又遭到了王吉辉的批评，他说："将语法结构纳入内部形式并作为其有机的一个组成部分，作为一种研究和探讨，当然没有什么可指摘的，只是，与这种内

---

① 张永言：《关于词的"内部形式"》，《语言研究》1981 年创刊号。
② 蒋绍愚：《古汉语词汇纲要》，北京大学出版社 1989 年版，第 264 页。
③ 王艾录、司富珍：《语言理据研究》，中国社会科学出版社 2002 年版，第 27 页。

部语法结构形式相对的外部语法结构形式会是什么呢?”[①]我们同意王吉辉的看法,将语法结构排除在内部形式之外。

所以我们认为刘叔新给“内部形式”所下的定义要为可取,他说:

> 词的内部形式是词义(一个意义,下同)的表现方式,用词表达概念的方式。说得更明白准确些,词的内部形式是词义最初形成时反映事物对象的特点所采取的形式,它为词形所制约和固定。比如“木耳”的意义虽然反映了这种蕈类植物的多种性质特点,可是表现出来却只是最初所着重反映的“木头上(长)”和“耳朵形”这样两个特点,即整个意义以“木头上(长)”+“耳朵形”作为展现自身的方式;这种表现形式为词形 mù'ěr 所制约和固定,它就是“木耳”一词的内部形式。[②]

根据这一定义,我们不难发现,词的内部形式是焦点概念要素映射的结果,它与作为词化依据的焦点概念要素相对应。例如“木耳”是菌的一种,生长在腐朽的树干上,形状如人耳,黑褐色,胶质,外面密生柔软的短毛,可供食用。古人选取“木头上”和“人耳形”两个概念要素来作为整个概念结构的代表,从而产生了相应的内部形式“木头+耳朵”,又分别映射为语素“木”和“耳”,从而产生与内部形式相对应的外部形式——“mù'ěr(木耳)”。

单纯词有没有内部形式呢?王艾录、司富珍认为内部形式是存在于语言之中的结构实体,是语法结构和语义结构的结合物;只有合成词有内部形式,而单纯词没有。他们认为:“语言中的单纯符号既是一种无句段关系因而是不可分割的独体性符号,那么它就不可能存在语法结构及语义结构,因而无内部形式可言,可称之为‘零内部形式符号’。”[③]刘叔新认为单纯词有内部形式,他说:“单纯词绝大多数在现代已难看出其内部形式;派生词的内部形式,一般或者十分简单(如‘编者、商人’),或者难以看出来(如‘样子、甜头’)。只有复合词的内部形式复杂多样,而且复合词占了词的大多数。”[④]

以上分歧是对内部形式的不同认识所导致的必然结果。我们同意刘叔新的看法。词的内部形式既然与作为词化依据的概念要素相对应,那么单纯词也应该有内部形式,因为单纯词也有其作为词化依据的概念要素。例

---

① 王吉辉:《现代汉语词语内部形式研究》,光明日报出版社 2019 年版,第 15 页。

② 刘叔新:《汉语复合词内部形式的特点与类别》,《中国语文》1985 年第 3 期。

③ 王艾录、司富珍:《语言理据研究》,中国社会科学出版社 2002 年版,第 30 页。

④ 刘叔新:《汉语复合词内部形式的特点与类别》,《中国语文》1985 年第 3 期。

如“佑”（扶助、保护）突显其工具属性“右手”，因此内部形式是“右手”，映射为外部形式“* ɢʷɯs”（书写形式为“右”，后作“佑”）①。又如“浓”（水厚）、“脓”（汁厚）、“醲”（酒厚）、“襛”（衣厚）、“秾”（花木厚）等概念都突显其数量属性“浓厚”，因此内部形式是“浓厚”，映射为外部形式“noŋ”（语音形式相同，而书写形式有异）。

二、内部形式和理据

关于“内部形式”和“理据”，国内学者大多将二者等而视之。这一看法在今天仍有广泛影响，比如周荐在《词汇论》中说：“词的内部形式，说的是词被造出时当初的样貌，其所以构成的理据。”②

王艾录、司富珍较早对这种看法提出了不同意见：“理据则是一个既与内部形式有密切关系又有根本不同的术语，它指语言符号从发生到发展、从无序到有序的自组织规律运行的最根本动因。内部形式是微观的，而理据是宏观的，内部形式是形式和内容的结合体，而理据则既非形式又非内容，他只是形式和内容结合的动因。”③“理据与内部形式的关系是因果关系，理据是因，内部形式是果。”④

> 例如“肉松”，其理据的语言表述是：晚清太仓人倪鸿顺在江苏常熟当厨师，一次在烧肉时不慎把汤汁烧干，使肉肥瘦分离，他把肥肉取开，再把瘦肉煮搅成松绒毛状，尝之别有风味。在这一理据的促动下，产生了“肉松”一词的内部形式：主谓/肉如松绒毛。作为果，内部形式是存在于语言之中的结构实体——既为结构实体，它就必然是形式和意义（语法结构和语义结构）的结合物；而作为因，理据既非形式又非内容，它只是形式和内容结合的动因。内部形式像化石，像年轮，直接地或间接地蕴藏着合成符号理据的全部信息。理据和内部形式既有千丝万缕的联系，又有质的差异⑤。

根据两位先生的论述，我们可以将“肉松”这个词的内部形式和理据整

---

① 本书标音依据为林连通、郑张尚芳总编：《汉字字音演变大字典》，江西教育出版社 2012 年版。

② 周荐：《词汇论》，商务印书馆 2016 年版，第 53 页。类似表述还可参王艾录、司富珍：《语言理据研究》，中国社会科学出版社 2002 年版，第 28 页。

③ 王艾录、司富珍：《语言理据研究》，中国社会科学出版社 2002 年版，第 27—28 页。

④ 同上，第 32 页。

⑤ 同上。

理为下表：

表 2-1 “肉松”的内部形式和理据(王艾录、司富珍的看法)

词例	内部形式		理据
	语法结构	语义结构	
肉松	主谓	肉如松绒毛	晚清太仓人倪鸿顺在江苏常熟当厨师，一次在烧肉时不慎把汤汁烧干，使肉肥瘦分离，他把肥肉取开，再把瘦肉煮搅成松绒毛状，尝之别有风味。

我们部分同意王艾录、司富珍的看法：第一，词的内部形式和理据有别；第二，理据与内部形式是因果关系，理据是因，内部形式是果。不过在二者关系的具体细节上，我们有不同的看法。

我们认为，词语理据是概念词化的理由和根据，词的内部形式是“词语意义在最初形成时反映对象特点所采取的形式”[①]。词语的内部形式是对概念的焦点要素(对象特点)的反映，它与作为词化依据的概念要素相对应。因此，词语的内部形式也就是对词语的概念要素理据的反映。从这里我们可以看到，词语的内部形式与理据确实存在一定的关系；但是，词语的内部形式不是词语理据的构成部分，更不等同于词语的理据。

我们对词的理据的研究以概念为开端，概念形成之前的因素不在我们的研究范围之内。王艾录、司富珍两位先生对“肉松”的理据的描述，完全是关于“肉松”这种物品的产生缘由的，因此存在于“肉松”这个概念产生之前，不能看作“肉松”这个词的理据。

基于我们的认识，可以重新整理“肉松”这个词的内部形式和理据为下表：

表 2-2 “肉松”的内部形式和理据(本书的看法)

词例	内部形式	理据		
		认知理据	词法理据	概念要素理据
肉松	肉+松软		音律结构：双音 词法结构：主谓	[类属：肉] [性状：松软][②]

① 王吉辉：《现代汉语词语内部形式研究》，光明日报出版社 2019 年版，第 1 页。

② 《现代汉语词典》(第 7 版)“肉松”条的释义是：“用牛、猪等的瘦肉加工制成的绒状或碎末状的食品，干而松散。”据此，我们认为语素“松”所表现的概念要素是“松软”，而非“像松绒毛”。

第二章　近代汉语词汇理据的类型及描写

乌尔曼(S. Ullmann)将词的理据分为声音理据、意义理据、词法理据三种。声音理据是对声音的模拟；意义理据是在意义相似性、相关性基础上，以多义方式所做的命名；词法理据是基于形式的屈折或语素的合成，以词法方式进行的命名。[①] 之后，理据类型的划分基本上都以此为基础展开。

研究者对理据的认识不同，出发点和着眼点不同，对理据类型的分类也就不同。例如王艾录和司富珍[②]、严辰松[③]、赵宏[④]等均将词语的理据划分为外部理据和内部理据两大类，但次类则互有参差。

我们认为，词语理据是概念词化的理由和根据，亦即词语产生过程中做出各种选择的依据。根据这一认识，我们将词语的理据分为四类：概念要素理据、认知理据、词法理据和文化理据。

下面我们分别探讨各类理据在近代汉语词汇中的具体表现。

第一节　概念要素理据

概念要素即概念的构成成分，与词的语义成分相对应。概念要素理据作为最重要的词化依据，是最根本的理据类型。

概念要素可归纳为各种范畴，范畴的多少、广狭因研究者的视角和目的而异。比如张道新、董宏首先分为实体、属性和标记三个范畴，进而分实体

---

① 参马清华：《系统原理下的语言问题》，上海人民出版社 2012 年版，第 2 页。

② 王艾录、司富珍：《汉语的词语理据》，商务印书馆 2001 年版。

③ 严辰松将语言的理据分为外部理据和内部理据，从而将理据研究的范围从对语言自身(包括语法、形式、语义)的研究扩展到语言符号外部世界。参严辰松：《语言理据研究》，《解放军外国语学院学报》2000 年第 6 期。

④ 赵宏：《英汉词汇理据对比研究》，上海外语教育出版社 2013 年版。

范畴为物质性实体、精神性实体和事件性实体三个范畴；分属性范畴为时间、空间、运动、性质、形态、数量、功能、结构、程度、方式、关系、范围、结果、尺度等 14 个次范畴①。各次范畴之下又再细分。又如亢世勇主编的《新编同义词词林》共分出 15 个大类，203 个中类，1477 个小类。② 苏新春主编的《现代汉语分类词典》分为“生物”“具体物”“抽象事物”等九个一级类，62 个二级类，层层细分至五级，则达 12659 个类别。③

本节依据张道新等设计的基于词义范畴理论的词义结构分析模式分析概念结构（词义结构），将概念要素理据分为实体范畴概念要素和属性范畴概念要素两大类。

一、实体范畴概念要素

实体范畴包括物质性实体、精神性实体和事件性实体三个次范畴。属于这三个次范畴的概念要素都可以成为概念词化的依据。

（一）物质性实体

物质性实体包括自然物和人工物两大类。例如：

【唤娇娘】走街卖闺房杂货者所用的响器名。柄上悬小铜锣，摇转，系在左右两端绳上的小槌击打锣面作声。也有用拨浪鼓的。清《珍珠舶》一八回：“赵诚甫背了线篓，手内摇响唤娇娘，只在城内大小街巷，假以卖线为由，处处察探。”（《近汉》814 页）

【黄钱】一种钱币。明清时指黄边钱。唐戴孚《广异记》：“女以黄钱五千与之，少年与漆背金花镜。”（《近汉》818 页）

“唤娇娘”的内部形式是“唤＋娇娘”，其中“娇娘”是自然物。“黄钱”的内部形式是“黄＋钱”，其中“钱”是人工物。

声音是物质性实体的一个次类，它在概念词化的过程中占有较为重要的位置，学者们一般将其独立为声音理据。因此，这里着重介绍。拟声词、音译词、谐音词、切脚词和合音词等类型的词的理据当中都包含声音要素。

---

① 张道新、董宏：《现代汉语词义范畴论》，中国社会科学出版社 2014 年版。本书中有关概念范畴的分类主要参考张道新、董宏的观点。

② 亢世勇主编：《新编同义词词林》，上海辞书出版社 2015 年版。

③ 苏新春主编：《现代汉语分类词典》，商务印书馆 2017 年版。

1. 拟声词[①]

拟声词，也叫“象声词”，是模拟事物声音的词。例如：

【吧】说。清《聊斋俚曲·翻魇殃》：“院里官问他实有多少钱，他只是信口吧，说是收着几千万。”（《近汉》25 页）[②]

【梆】说；讲。清《醒世姻缘传》八四回：“你姑父这话梆下道儿去了。”（《近汉》51 页）

【刀刀】唠叨。[③]《祖堂集》卷九《云盖和尚》：“僧曰：‘古人为什摩道直得上上者，亦须击发？’云：‘灼然，撩着便去，谁有你刀刀！’”（《近汉》349 页）

上面三个词都是对说话的声音的模拟。“吧”“梆”在以上用例中义为“说”，是用动作伴随的声音转指动作本身。“刀刀”是对人说话时持续发出的声音的模拟，用以表示“啰啰嗦嗦话说个不停”[④]。

2. 音译词

音译词，指在吸收外来词时采用本族语翻译原词读音的方法吸收的外来词。例如来自女真语的“阿妈”（女真语 ama 的音译，父亲），来自蒙古语的“乌喇”（蒙古语 ula 的音译，鞋），来自梵语的“贝多”（梵语 pattra 的音译，多罗树叶）等。又如：

【答剌孙】酒。蒙语音译。《元曲选外编·哭存孝》一折：“撒因答剌

① 近代汉语中拟声词非常丰富。根据赵爱武的统计，唐诗宋词中有拟声词 293 个，元曲中有 327 个，《水浒传》等较有代表性的明清小说中有 617 个。参赵爱武：《近代汉语象声词研究》，中国社会科学出版社 2019 年版，第 26、31、38 页。

② “吧”也用以模拟人进食时发出的声音，进而转指进食这个事件。例如清蒲松龄《东郭箫鼓儿词》：“见了肉来恨不能拿来大口吧。”拟声词“吧”还可重叠作“巴巴”“吧吧”，如宋陆游《大慧禅师真赞》：“平生嫌遮老子，说法口巴巴地。”宋《景德传灯录》卷三〇《魏府华严长老》：“口子吧吧地，眼子眨眨地。”“巴巴”“吧吧”是对人说话时持续发出的声音的模拟，是口齿流利的表现，因此可表示“口齿流利貌”。“梆”也可以重叠，有“梆梆”“邦邦”“帮帮”“掷掷”等多种写法，清《醒世姻缘传》六回：“我的强娘娘，知不到什么，少要梆梆。”又一〇回：“替他说公道话，临了还要邦邦，不是大爷教人砍出来，他还不知有多少话淘哩！”又二三回：“那里这山根子底下的杭杭子也来到这城里帮帮！”清《红楼梦》二二回：“你婆婆也不敢和我强嘴，你和我掷掷的！”“梆梆”“邦邦”等也是对人说话时持续发出的声音的模拟，转指说话或斗嘴。

③ 《近汉》中释义为“同‘××’”的，在本书中则注明正字条（所同字条）的释义。后同。

④ 也作“切切”“叨叨”，如宋欧阳修《与韩忠献王稚圭》：“南北辽远，音信难频。辄此切切，以烦视听。”金《刘知远诸宫调》一二：“李洪信，叨叨地，何曾住口。”后来省作“叨”，如清《醒世姻缘传》五八回：“这天多昝了？还不家去？在人家攮血刀子叨瞎话！”

孙，见了抢着吃。”（《近汉》299页）①

【火不思】突厥语 qobuz 的音译。波斯、阿拉伯古拨弦乐器，宋元时传入我国。又译作胡拨、琥珀词、浑不似等。元佚名《水仙子》：“番鼓儿劈晦扑桶擂，火不思必留不剌扑。”（《近汉》847页）

这些音译词都是以外来词的读音为依据而产生的，因此含有声音理据。

3. 谐音词

“谐音”是指字或词的读音相同或相近。利用谐音关系造出的词就是谐音词。例如：

【嘈心】本指胃里难受，利用谐音指“操心”。明《金瓶梅词话》二〇回：“卖罗卜的跟着盐担子走，好个闲嘈心的小肉儿。”（《近汉》159页）

【桑虫】在丧事中帮闲蹭饭的人。清褚人获《坚瓠十集》卷一：“元末，吴人呼秀才为米虫。近呼执丧事者为‘桑虫’，以‘丧’‘桑’同音也。”②

4. 切脚词

运用切音的原理，用反切上下字代替本字而造的词是切脚词。③ 例如：

【洪沟】“侯”字的切口。五代何光远《鉴诫录》卷三：“刘仁遇尝与梁太祖叶戏。一日或遇顽盆，仁遇行伍出身，语多方拙，谓太祖曰：‘得则洪沟。’”（《近汉》784页）

【胡阑】“环”字的切口。元睢景臣《哨遍·高祖还乡》：“一面旗白胡阑套住个迎霜兔，一面旗红曲连打着个毕月乌。”（《近汉》795页）

【曲连】“圈”的切脚语。元睢景臣《哨遍·高祖还乡》：“一面旗白胡阑套住个迎霜兔，一面旗红曲连打着个毕月乌。”（《近汉》1768页）

“洪沟”是“侯”的切脚词，洪沟 ɤuŋ kəu→侯 ɤəu。“胡阑”是“环”的切脚

① 也译作“答剌苏”，如元一分儿《沉醉东风》：“答剌苏频斟入礼厮麻，不醉呵休扶上马。”也省译作“答剌”。如明《词林摘艳》卷三：“奥剌朱独盘中堆着米哈，奥剌鸡读壶中放着答剌。”

② 引例未标注出处的则表示不是《近汉》中的例子。后同。

③ 古人早已关注到这一现象，如宋洪迈《容斋三笔》卷十六“切脚语”：“世人语音，有以切脚而称者，亦间见之于书史中，如以蓬为勃笼，槃为勃阑、铎为突落、叵为不可、团为突栾、钲为丁宁。”

词，胡阑 xu lan→环 xuan。“曲连”是“圈”的切脚词，曲连 khiu liɛn→圈 khiuɛn。

5. 重叠词

这里所说的重叠词主要指“变形重叠词”，包括“变声重叠”（pa＞pala）和“变韵重叠”（pa＞pipa）两种类型。例如：

【团圞】圆貌。唐张志和《空洞歌》：“廓然悫然，其形团圞。”（《近汉》2179 页）

【曲录】弯曲貌；屈曲貌。五代欧阳炯《贯休应梦罗汉画歌》：“曲录腰身长欲动，看经子弟拟闻声。”（《近汉》1768 页）

“团圞”是“团”的变形重叠形式，团 duan＞团圞 duan luan。“曲录”是“曲”是变形重叠形式，曲 khĭwok＞曲录 khĭwok lĭwok。

6. 合音词

两个音节及其所表达的意思合在一起用一个音节来表示，便形成合音词。例如“之于”合成“诸”，音节上由两个缩减成一个，两个音节表达的意思也浓缩在了一个音节上。“诸”就是“之于”的合音词。① 近代汉语的例子如：

【沙/唦】

“沙/唦”在近代汉语中有语助词的用法，主要用于表示测度和祈使语气。例如：

(1) 我只得亲上渔船，把机关暗展。若不沙，那势剑金牌如何得免？（《元曲选·望江亭》四折）

(2) 若不沙，则我这双儿鹘鸰也似眼中睛，应不瞑。（同上《陈州粜米》一折）

(3) 为甚春归早，既不沙，可怎生蝶翅舞飘飘？（同上《黄粱梦》三折）

(4) 你只想马大浑家做永远妻，送的我有去无归。既不唦，你两个赶到中途有何意？（同上《灰阑记》四折）

上面四例中“若不沙”“既不沙/唦”同义，指“要不然；否则”。“沙/唦”都是语气词。近代汉语中还有“既不是”“既不阿”“既不呵”等同义形式。

---

① 王吉辉：《现代汉语词语内部形式研究》，光明日报出版社 2019 年版，第 70 页。

例如：

(5) 多应他意重我情薄，既不是，可怎生雁贴鱼缄音信杳。(元杨景贤《二郎神·怨别》)[1]

(6) 我觑了这般世杀，不法(发)闲病，决定风魔。既不阿，便恁末，人行赸剁。(《元曲选外编·紫云庭》三折)

(7) 写时管情泪如丝。既不呵，怎生泪点儿封皮上渍？(同上《西厢记》五本二折)

根据上面这些形式，我们推测“沙/哕”是“是阿/呵”的合音，即“是阿 ʃɨ ʔɑ/hɑ＞沙/哕 ʃa”。这一推测可以得到文献的支撑，元曲中有“若不是呵”“既不是呵”的用例。例如：

(8) 可知道为兄妹之情，两次三番，在公厅上胡言乱语的，若不是呵，就把铜铡来切了这个驴头。(《元曲选·灰阑记》四折)

(9) 张千，三个小厮是打死人的，那婆子是甚么人？必定是证见人。若不是呵，敢与这小厮关亲？(同上《蝴蝶梦》二折)

(10) 若是暗暗的回来，必定做下不公的勾当。既不是呵，怎生一个大将军回来，可没一个人来报知，也不差人迎接？(同上《黄粱梦》二折)

“沙/哕”应产生于元代，清李调元在《雨村词话》中说：“又如别词中奚落、忔憎、哕、嗽等字，皆俗俳语也，元人曲有之，皆不宜入词。”到了明代，人们已不知道它的来源，于是又出现“既不是沙”这一叠床架屋的说法。例如明朱有炖《黑旋风仗义疏财》：“〈二末唱〉既不是沙，却怎地唤您黑爹爹不住程！”

(二) 精神性实体

精神性实体，指的是反映精神现象的范畴，所指对象主要包括感知、知识、欲望等三大类。

【纲矩】纲纪规矩。清《女仙外史》二三回：“虽小小山寨，纲矩严束，胜似管子治国。”(《近汉》583页)

---

[1] 《近汉》认为，“既不是”的“是”是语气助词。我们认为这种看法不正确，“是”应是系词。

【活计】生存；生活。唐段成式《酉阳杂俎》卷三："有百姓起店十余间，义师忽运斤坏其檐，禁之不止。其人素知其神，礼曰：'弟子活计赖此。'"(《近汉》844页)

【火发】情欲高涨。明孟称舜《娇红记》三四出："蓦然见个多娇貌，般般生得真波俏。大爷一见火发，心头强难熬。"(《近汉》848页)

"纲矩"的内部形式是"纲纪＋规矩"，"纲"和"矩"同义，表达的都是知识要素。"活计"的内部形式是"生活＋计策"，"计"表达的概念要素"计策"属于知识要素。"火发"的内部形式是"情欲＋产生"，"火"表达的概念要素"情欲"属于欲望要素。

（三）事件性实体

事件性实体要素是指反映自然和社会事件的概念要素。例如：

【荒亲】父母将丧时娶亲，或指这时举行的婚礼。明郎瑛《七修类稿》卷一六："吾杭有荒亲之礼，询之四方皆同。盖以父母死不得成亲，而于垂死之日，即讲亲迎之礼。"(《近汉》815页)

"荒亲"的"亲"所表达的是社会事件"婚礼"。①

二、属性范畴概念要素

（一）时间属性

时间有时点和时段之分，都可以作为概念词化的理据。例如：

【午后】下午。唐[日]圆仁《入唐求法巡礼行记》卷一："潮逆风横，暂行即停。午后又发。"(《近汉》2254页)

【赶门】赶在城门关闭之前进城。宋韩淲《十四日》："空多冶游者，扶醉赶门归。"(《近汉》571页)

"午后"的"午"表达的是时间要素"午时"。"赶门"的内部形式是"追赶＋城门"，"门"表达的是时间要素"城门关闭的时间"("门"转指与之相关的"城门关闭的时间")。"午"和"城门关闭的时间"都是时点概念。

---

① "荒"表达的是事件的性质要素"缺少礼数"。

【回九】婚后第九日新娘偕丈夫返回娘家作客。清《红楼梦》九八回："那时宝钗尚未回九，所以每每见了人倒有些含羞之意。"(《近汉》825页)

【百年】指人的一生。唐王梵志《知识相伴侣》："朝夕乞暂时，百年谁肯保。"(《近汉》36页)

"回九"的"九"表达的是时间要素"九天"。"百年"的"年"表达的是时间要素"年"。"九天"和"年"都是时段概念。

(二) 空间属性

空间属性通常表现为物体的存在位置、方向以及所占空间量的大小，包括处所、方向和空间量三个次范畴。例如：

【并刀】古并州(今河北保定与山西太原一带)所产剪刀，以锋利著称。宋郭祥正《奉和运判吴翼道题石室》："长丝千结盘雕梅，簌簌并刀脍赪鲤。"(《近汉》91页)

【北羊】绵羊。宋洪皓《松漠纪闻》卷二："北羊皆长面多髯，有角者百无二三。"(《近汉》63页)

【蜗居】谦称自己的居所。宋郭印《次韵杜安行见寄》之五："蜗居营盖了，一色草茅新。"(《近汉》2239页)

"并刀"是并州所产的剪刀，"并"表达的是地点属性"并州"。绵羊多产于北方，故称"北羊"。"北羊"的内部形式是"北方＋羊"，"北"表达的是方向属性"北方"。"蜗居"的内部形式是"蜗牛＋居所"，其中"蜗"表达的是空间量属性"小空间"。

(三) 运动属性

运动，是物质的存在形式和固有属性，包括宇宙中所发生的一切变化和过程。运动属性包含状态型运动属性和关系型运动属性两种基本形态。

1. 状态型运动属性

状态型运动说明运动主体的状态，不涉及客体。例如：

【块坐】独自静坐。宋刘克庄《鹊桥仙·足痛》词："有时块坐，有时扶起，门外草深三尺。"(《近汉》1125页)

【朗笑】大声地笑。唐李白《早春于江夏送蔡十还家云梦序》："一见夫子，冥心道存。穷朝晚以作宴，驱烟霞以辅赏。朗笑明月，时眠落花。"(《近汉》1151页)

【高涨】(水位、价格、声望等)猛升。宋《朱子语类》卷七一:"今泽水高涨,乃至浸没了木。"(《近汉》591页)

以上三个词中的"坐""笑""涨"表达的都是相应概念的状态型运动属性,依次属于"动作""心理活动""量变"范畴。

2. 关系型运动属性

关系型运动说明主体和客体间的运动关系。例如:

【挨捕】通缉。元施惠《幽闺记》六出:"只走了陀满兴福一人,奉上司明文,遍张文榜,画影图形,十家为甲,排门粉壁,各处挨捕。"(《近汉》6页)

【挨查】逐一查找;逐户盘查。元《三遂平妖传》一一回:"茶坊酒店铺内略有些叉色的人,即便去挨查审问。"(《近汉》6页)

【煮酒】烫酒;熬酒。宋欧阳修《寄谢晏尚书二绝》之一:"红泥煮酒尝青杏,犹向临流藉落花。"(《近汉》2706页)

【讲唇】讲说;闲聊。清《何典》二回:"你且去探探他的口气,方好讲唇。"(《近汉》925页)

【隐蔽】隐瞒。五代杜光庭《东西女学洞记》:"大都此山有人触犯,即立致雷雹,伤损苗稼。由是乡里多隐蔽踪迹,难于寻访。"(《近汉》2496页)

上面五个词中的"捕""查""煮""讲""隐"表达的都是相应概念的关系型运动属性,依次属于"施为运动""认知活动""生产活动""表达活动""隐现运动"范畴。

(四)性质属性

性质,是一种事物区别于其他事物的根本属性。有自然性质和社会性质两个次范畴。

1. 自然性质属性①

自然性质属性是自然赋予的性质,是此物之为此物、彼物之为彼物的内在因素和外在表征。例如:

---

① 如盐和碱、红色和绿色、动物和植物、雄性和雌性、正极和负极等,它们的差异被认为是自然性质的差异,并且可借助外在特征加以区分。

【荒银】成色不纯的银。多用作谦词。明周履靖《锦笺记》三五出："荒银五两,聊充路费。"(《近汉》816页)

【薄脆】一种面食。将白面和白糖、清油一起拌和,擀成薄片,撒上去皮的芝麻,放进炉内烤熟。宋高似孙《纬略》卷四:"似孙昔奉祀攒陵,得牙盘食,有所谓薄饵,状如薄脆,而甘脆特甚。"(《近汉》100页)

【坚固子】舍利。宋《四明尊者教行录》卷七:"世所谓坚固子者,或青或黄或红或白,滋生于骨上。"(《近汉》897页)

"荒银"的内部形式是"不纯+银子","荒"表达的是自然性质"不纯"。"薄脆"的"薄"和"脆"表达的是自然性质"薄"和"脆"。"坚固子"的"坚固"表达的是自然性质"坚固"。例如:

2. 社会性质属性

社会性质是社会赋予的性质,是事物在社会范畴而非自然范畴中相互区分的内在因素和外在表征。

【善会】佛寺举行的法会。明《西游记》二九回:"感冥君放送回生,广陈善会,修建度亡道场。"(《近汉》1880页)

【凶报】噩耗;死讯。明《型世言》一回:"不期过了几时,凶报到来,果然是他死节。"(《近汉》2349页)

"善会"的内部形式是"吉祥;美好+法会","善"表达的是社会性质"吉祥;美好"。"凶报"的内部形式是"祸殃;不吉利+消息","凶"表达的是社会性质"祸殃;不吉利"。

(五)形态属性

形态,是形状和状态的总和。

1. 形状属性

形状,是借助视觉感知到的外表尤其是轮廓的平面或立体的几何图形,可分为几何图形和物形两个次范畴。几何图形,表示一维、二维、三维几何图形。物形,表示复杂的几何图形。例如:

【转弯】拐弯。元明《水浒传》四三回:"休从小路去,只从大朴树转弯投东大路。"(《近汉》2717页)

【灯球】圆形灯笼。宋刘辰翁《鹧鸪天》:"旧日桃符管送迎,灯球爆竹斗先赢。"(《近汉》361页)

【鞍桥】马鞍，形状像桥。唐张鷟《朝野佥载》卷六："一手捉鞍桥，双足直上捺蜻蜓，走马二十里。"（《近汉》14页）①

"转弯"的"弯"表达的是形状属性"弯曲"。"灯球"的"球"表达的是形状属性"圆形"。"鞍桥"的"桥"表达的是形状属性"拱形"。

2. 状态属性

状态，是借助多种感官感知到的事物呈现出来的各种表象。如，物质的聚合态（固态、液态、气态）、温度、湿度、强度、光滑度、亮度和声音状况等。状态属性又有物态（聚合态义、颜色义、声音义、温度义等）、心态、事态、动态和情态等次范畴。例如：

【黄缁】指僧道。道士黄冠，僧人缁衣。唐郑嵎《津阳门诗》："会昌御宇斥内典，去留二教分黄缁。"（《近汉》818页）

【寒魄】指月亮。唐方干《中秋月》："泉澄寒魄莹，露滴冷光浮。"（《近汉》742页）

【慌乱】张皇混乱。元明《三国志通俗演义》卷六："曹公见军慌乱，请谋士求计。"（《近汉》816页）

"黄缁"的内部形式是"黄色＋黑色"，"黄"和"缁"所表达的分别是物态属性"黄色"和"黑色"②。"寒魄"的内部形式是"寒冷＋月光"③，"寒"表达的是物态属性"寒冷"。"慌乱"的内部形式是"慌张＋混乱"，"慌"表达的是心态属性"慌张"，"乱"表达的是事态属性"混乱"。

近代汉语当中有一类比较特殊的词，它们的词形中包含用来喻指物体形状的汉字符号，因此它们的理据当中包含形态理据。例如：

---

① 按：鞍桥，马鞍，形状像桥。作"桥"可体现该词的理据。也作"鞍乔"，如金《刘知远诸宫调》一二："展猿臂手拈玉带，提离马鞍乔。""乔"是记音字。还作"鞍鞒"，如《太平广记》卷二五七引《抒情诗》："不知元在鞍鞒里，将谓空驮席帽归。""鞒"是受"鞍"的影响而产生的类化字。"乔""鞒"不能直观体现该词的理据。

② "黄色"是道冠的颜色，这里转指"道冠"；"黑色"是僧衣的颜色，这里转指"僧衣"。"道冠"又进一步转指"道士"，"僧衣"进一步转指"僧人"。

③ "魄"是月初出或将没时的微光（一说指月初生或圆而始缺时不明亮处）。"寒魄"一词是用月亮发出的寒光转指月亮。与之内部结构相同的"寒光"一词可以作为参照。月亮还被称为"皓魄"，例如五代齐己《中秋月》："还许分明吟皓魄，肯教幽暗取丹枝。"它的内部形式是"明亮＋月光"，"皓"体现月光的状态属性"明亮"。

【打之绕】像"之"字形样绕来绕去,禅宗多用以指斥参禅者不能直接悟入。宋《大慧语录》卷一一:"昧却直截事,外边打之绕。"(《近汉》321 页)

"打之绕"即"打绕"。① "之"的功能在于通过其曲绕的字形将"绕"的意义形象化,它表达的是形状属性"曲折线"。

(六) 数量属性

"数量"这个概念的基本含义有二:一是对同类个体的计算结果,如"五匹马、三天";二是决定对象性质的构成元素数量的属性,如物质的分子量的差异,枪与炮口径的区别等。有些概念词化的依据包含数量属性,例如:

【百丈】拉船用的纤。唐杜甫《十二月一日》:"一声何处送书雁,百丈谁家上濑船。"(《近汉》37 页)

【百脚】蜈蚣。明《西游记》九五回:"他这山,名为百脚山。近来说有蜈蚣成精,黑夜伤人。"(《近汉》36 页)

【半臂】短袖或无袖上衣。《太平广记》卷二七八引《宣室志》:"尝一夕梦德宗召对于便殿,问以经国之务。上喜,因以锦半臂赐之。"(《近汉》46 页)

"百丈"是数量词,表达"纤"的数量属性"长"。"百脚"的"百"表示"多",用以表达蜈蚣的脚的数量属性"多"。"半臂"的"半"表达短袖袖子的数量属性"二分之一"。

程度,是事物变化所达到的状况,是数量范畴在特定领域的表征。② 因此,我们将程度归并到数量范畴当中。有些概念词化的依据包含程度属性,例如:

【变暴】变故;急遽的变化。明朱橚《普济方》卷一一〇:"夫乌癞,初

① 将"打之绕"替换为"打绕",意义不变。如清《南海宝象林慧弓调禅师宗门拈古》卷四:"云居道处可谓周遮有余,但未免教人向外打绕。"

② 将事物的变化过程进行阶段性切分,并形成等级序列,"程度"就是对等级序列中某个阶段状况的定位性说明,或是事物变化过程中某个阶段所呈现的表征。李宇明指出:"程度也含有'量'的意义,是量范畴的一种。在现实生活和科学研究等领域,程度虽然并不见得都能用一定的数量来标定,但是也确实有许多可以量化为一定的精确的数量。"参李宇明:《汉语量范畴研究》,华中师范大学出版社 2000 年版,第 283 页。

觉皮肉变暴，肌腠之间，淫淫跃跃如虫行动。”(《近汉》81 页)

【捕快】衙门里捕人的差役。明《醒世恒言》卷二〇：“众捕快将一应细软，都搜括出来，只拣银两衣饰，各自溜过，其余打起几个大包，连店中布匹，尽情收拾。”(《近汉》109 页)

【漆黑】颜色极黑。唐韩愈《殿中少监马君墓志铭》：“眉眼如画，发漆黑，肌肉玉雪可念。”(《近汉》1596 页)

“变暴”的内部形式是“变化＋急遽”，“暴”表达的是程度属性“急遽”。“捕快”的内部形式是“拘捕＋速度高”，“快”表达的是程度属性“速度高”。“漆黑”的内部形式是“用漆树枝制成的涂料＋黑色”，“漆”表达的是程度属性“色度高”。又如：

【火热】形容温度高；炎热。宋洪迈《夷坚志》甲卷六：“少顷，足底火热，炎上彻心。”(《近汉》850 页)

【火急】急速；赶紧。唐王梵志《善劝诸贵等》：“火急造桥梁，运度身得过。”(《近汉》849 页)

“火热”的内部形式是“火＋热”，“火”表达的是程度属性“温度高”。“火急”的内部形式是“火＋急”，“火”表达的是程度属性“情况严重”。

（七）功能属性

“功能”是相对于人的利益需要而言的对象属性，主要体现为人所认识并当作功能载体加以利用的自然物的性质，以及人工物被赋予的功能。功能属性有自然物的功能、人工物的功能、人的功能以及社会事物的功能四个次范畴。有些概念词化的依据包含功能属性，例如：

【火草】用于引火或点燃照明的草束。宋苏轼《物类相感志》：“釜底煤可代火草引火。”(《近汉》847 页)

【火镜】取火用的凸透镜。唐韦端符《卫公故物记》：“火镜二，大觿一，小觿一，笇囊二，椰杯一。盖常佩于玉带环者十三物，亡其五。”(《近汉》849 页)

【火夫】专司烧火的役夫或用人。唐李炎《上尊号赦文》：“其小铺所由、主人、牙郎、火夫、牛户，父兄子弟并在，任州县依例使例，所冀劳逸稍均，疲人苏息。”(《近汉》848 页)

【乐局】即教坊，管理音乐、舞蹈、戏曲演出的机构。宋汪元量《湖州歌》之七七："诸行百戏都呈艺，乐局伶官叫点名。"

"火草"的"火"表达的是自然物(火草)的功能属性"引火;燃烧";"火镜"的"火"表达的是人工物(火镜)的功能属性"取火";"火夫"的"火"表达的是人(火夫)的功能属性"烧火";"乐局"的"乐"表达的是社会事物(乐局)的功能属性"管理音乐等"。

(八) 结构属性

"结构"是构成实体对象的各个元素以及元素之间排列组合关系的情况。结构性是实体对象的基本特征，其要素有二：一是构成元素，二是构成元素之间的排列组合关系。有些概念词化的依据包含结构属性，例如：

【身干】身躯或树干。宋晁说之《邢惇夫墓表》："惇夫身干如寻常男子，而广颡大口，眸子炯然。"(《近汉》1915 页)

【身壳】躯壳。元明《水浒传》一一五回："见哥哥张横，在大江里，来借哥哥身壳，飞奔上岸，跟到五云山脚下，杀了这贼。"(《近汉》1916 页)

"身干"的"干"和"身壳"的"壳"表达的都是身体的固定构件"躯干"。

结构属性还有机械动能、工具部件、食物成分、材料、原理等次范畴。例如：

【水磨】用水力带动的磨。宋刘挚《论川蜀茶法疏》："伏望圣慈早赐出自睿断，罢水磨茶场，以通商贾。"(《近汉》2003 页)

【帆船】张挂布篷，利用风力行使的船。唐韩愈《祭河南张署员外文》："帆船箭激，南上湘水。"(《近汉》458 页)

【肉饳】肉饼。明《警世通言》卷二一："赶进一步，举棒往脑后劈下，打做个肉饳。"(《近汉》1835 页)

【官楮】纸币;钞票。宋吴自牧《梦粱录》卷二〇："更有媒氏媒箱，段匹、盘盏、官楮、花红礼合惠之。"(《近汉》689 页)

"水磨"的"水"表达的是动能属性"水能"。"帆船"的"帆"表达的是部件属性"船帆"。"肉饳"的"肉"表达的是成分属性"供食用的动物肉"。"官楮"的"楮"表达的是材料属性"纸"。

(九) 方式属性

"方式"是人在进行语言表达和处置事物等行为时所采用的策略方法和

外观形式。有策略和工具两个次范畴。有些概念词化的依据包含方式属性，例如：

【压派】用压制手段强行加给。清《红楼梦》三一回："我多早晚闹着要去了？饶生了气，还拿话压派我。"（《近汉》2376页）

【夹帮】从旁帮助。明《型世言》二二回："那官儿雷也似大吼一声，一手持刀，一手持桌脚，赶将出来，道：'避我者生，当我者死！'那校尉也挺着刀，夹帮着。"（《近汉》883页）

【枷责】用枷刑责罚。明孙传庭《纠参婪赃刑官疏》："视民命如草菅，枷责立毙。"（《近汉》882页）

"压派"的"压"表达的是策略属性"压制"。"夹帮"的"夹"表达的是策略属性"从旁边"。"枷责"的"枷"表达的是工具属性"施枷刑"。

（十）结果属性

结果，指的是事物运动在特定的阶段中所达到的最后状态和出现的产物。一切作为结果的状态和产物，都必有其原因和条件，当我们看到结果时，原因与条件是可以或需要逆推出来的。因此结果当中蕴含原因和条件。有些概念词化的依据包含结果属性，例如：

【旱歉】因旱而歉收。唐刘肃《大唐新语》卷四："属时旱歉，劝县令开仓赈恤贫馁。"（《近汉》745页）

【减薄】降低；减轻。五代王定保《唐摭言》卷一〇："无何，溥奏诸将各领一麾。凝古获濡润而不之谢，溥因兹减薄。"（《近汉》907页）

"旱歉"的"旱"表达的是原因属性"干旱"，"歉"表达的是结果属性"歉收"。"减薄"的"减"表达的是原因属性"削减"，"薄"表达的是结果属性"数量少"。

目的和结果密切相关，结果是实现了的目的。因此我们把目的属性归入结果范畴。有些概念词化的依据包含目的属性，例如：

【鞭耻】鞭打有过者，使感羞耻。唐王梵志《奴人赐酒食》："宁肯出头坐，谁肯被鞭耻。"（《近汉》80页）

【辨白】辨明；辨别。宋梅尧臣《十九日出曹门见水牛拽车》："一一夜眠头向南，越鸟心肠谁辨白。"（《近汉》84页）

【荐福】祭献神佛以求福。唐白居易《大唐故贤妃京兆韦氏墓志铭》:"执匪懈之心,视奠于灵座;修无上之道,荐福于崇陵。"(《近汉》916页)

"鞭耻"的内部形式是"鞭打+羞耻","使被鞭打的人感到羞耻"是目的。"辨白"的内部形式是"分辨+明白","明白"是分辨的目的。"荐福"的内部形式是"举办宗教活动+福","求福"是举办宗教活动的目的。

第二节　认知理据

认知,心理学上指个体经由意识活动而对事物产生认识与理解的心理历程。认知贯穿于概念形成及其词化的全过程中。隐喻和转喻作为人类重要的认知手段,在概念词化特别是焦点要素映射为语言形式时常发挥重要作用,从而使由此产生的词语获得认知理据。

一、隐喻

隐喻的本质就是通过另一种事物来理解和体验当前的事物。[①] 近代汉语词汇中有许多词语的形成都有赖于隐喻的作用。

相似性是隐喻赖以成立的基本要素,这是大家一致的看法。但是关于相似性的类别,以及相似性的分析描述方法等,学界尚未建立起统一的框架。束定芳从形状相似、功能相似、心理相似和创造性相似四个方面讨论了相似性的主要特征。[②] 但这四个方面是相似性的类型,而不是具体成员(相似点)。

我们认为,概念间的相似点可以从属性范畴的角度加以分析。也就是说,不同概念可以在上一节提到的十个属性范畴的某一个范畴或多个范畴

① [美]乔治·莱考夫、马克·约翰逊著,何文忠译:《我们赖以生存的隐喻》,浙江大学出版社2015年版,第3页。

② 束定芳认为,"心理相似性指的是一种非物理意义上的相似,即一种心理感受上的相似,一些常见的方向性隐喻往往利用的就是某些事物的物理基础与某些心理体验之间的相似。"如隐喻"HAPPY IS UP; SAD IS DOWN(幸福为向上;伤心为向下)"的依据就是心理相似。"有时,事物之间并不存在以上所提到的相似性,而是说话者想象出来的,或者是刻意'寻找'出来的。这样的隐喻因此也被称为创造相似性的隐喻。"参束定芳:《认知语义学》,上海外语教育出版社2008年版,第168—171页。

上存在相似点。这里以近代汉语词语为例，对其中比较常见的几个相似点加以介绍。

(一) 空间相似

以空间相似为依据的隐喻如：

【耳房】正房两边的小房。《元曲选外编·西厢记》一本二折："靠着西厢，近主廊，过耳房，都皆停当。"(《近汉》438 页)

【鼻翅】鼻翼，鼻尖两旁的部分。清《红楼梦》八四回："脸皮趣青，眉梢鼻翅微有动意。"(《近汉》72 页)

"耳房"的"耳"和"鼻翅"的"翅"表达的都是概念的空间属性"在主体的两边"。耳房相对于主体建筑的空间位置和耳朵相对于脑袋的空间位置相似，鼻翼相对于鼻梁的空间位置和翅膀相对于鸟的身躯的空间位置相似，因此用耳朵、翅膀来喻指它们。

(二) 性质相似

以性质相似为依据的隐喻如：

【火酒】烧酒；高度数白酒。可燃。明方以智《物理小识》卷八："书浥水不开者，火酒烧过，含其剩水，喷之即开。"(《近汉》849 页)

【龟背】形容路光滑似龟背。元明《水浒传》四二回："宋江行着，觉道两边松树，香坞两行，夹种着都是合抱不交的大松树，中间平坦一条龟背大街。"(《近汉》708 页)

"火"和"高度白酒"都有灼热的性质，因此用火喻酒，称之为"火酒"。"龟背"本指乌龟的背。龟背和光滑的路有相同的性质属性"光滑"，因此用前者喻指后者。

(三) 形态相似

以形态相似为依据的隐喻最为常见，近代汉语中的例子十分丰富。例如：

【帆叶】船帆。唐皎然《送简栖上人之建州觐使君舅》："毵花新雨净，帆叶好风轻。"(《近汉》458 页)

【绑剪】将手臂交叉在背后捆绑。明《西游记》一九回："行者又拔了一根毫毛，吹口仙气，叫：'变！'即变做一条三股麻绳，走过来，把手背绑

剪了。”(《近汉》52页)

“帆叶”指船帆,船帆形状与树叶相似,因此用树叶喻指船帆。“绑剪”指将手臂交叉在背后捆绑,手臂交叉的形状与剪刀相似,因此用剪刀喻指交叉的手臂。又如:

【钴鉧】大口锅。《大唐三藏取经诗话》一七则:“家中有一钴鉧,可令痴那入内坐上,将三十斤铁盖盖定,下面烧起猛火烧煮,岂愁不死。”(《近汉》662页)

【钴鉧】熨斗。宋范成大《骖鸾录》:“溪上愚亭,以祠子厚。路傍有钴鉧潭,钴鉧,熨斗也。”明李时珍《本草纲目》卷八:“铜钴鉧,一作钴鏻,熨斗也。”(同上)

“钴鏻”指大口锅。古人所使用的熨斗和大口锅形状相似,因此用“大口锅”喻指“熨斗”,从而用表达前者的词形“钴鏻”表达后者。也就是说,原本表达“大口锅”的“钴鏻”产生了新义——“熨斗”①。

(四)数量相似

以数量相似为依据的隐喻如:

【半瓶醋$_1$】比喻一知半解,技艺不精。脉望馆本《司马相如题桥记》:“如今那街市上常人,粗读几句书,咬文嚼字,人叫他做半瓶醋。”(《近汉》47页)

“半瓶醋”本是偏正短语,它所表达的意思就是半瓶子的醋。“半瓶醋”含有“主体:醋”“数量:总量的一半;不足总量的一半”等属性。“半瓶醋$_1$”含有“主体:知识;技能”“数量:总量的一半;不足总量的一半”等属性。二者拥有相同的数量属性,因此用“半瓶醋”喻指“半瓶醋$_1$”,从而用表达前者的形式“半瓶醋”表达后者。

(五)功能相似

以功能相似为依据的隐喻如:

---

① “钴鉧”是“钴鏻”的异写,“鉧”“鏻”音近。还可以写作“钴镆”,如宋姚宽《西溪丛语》卷下:“《宜都山水记》:‘佷山溪有釜滩,其石大者如釜,小者如钴镆。’”

【管榻】笔架。宋欧阳修《圣俞惠赠宣州笔戏书》:“京师诸笔工,牌榜自称述,……但能装管榻,有表曾无实。”(《近汉》699页)

“管榻”指笔架,“榻”本指狭长而矮的坐卧用具,它的功能是供人坐卧,笔架的功能是搁笔,二者在功能上有相似性,因此用“榻”喻指“笔架”。又如:

【火种$_1$】引火物。宋《三朝北盟会编》卷二三五:“潜领民兵孙彦等二十人,各将带火种……径赴州仓发火。”(《近汉》852页)

【火种$_2$】比喻祸端。明《型世言》二九回:“起根都只为一个圆静奸了田有获的妾,做了火种,又加妙智、法明拐妇人做了衅端。”(同上)

【架儿$_1$】用于支撑或搁置东西的用具。宋吴自牧《梦粱录》卷一三:“又有经纪人,担瑜石钉铰金装架儿,共十架,在孝仁坊红杈子卖皂儿膏、澄沙团子。”(《近汉》893页)

【架儿$_2$】出入妓院为嫖客、妓女跑腿拉关系的人。清《续金瓶梅》四五回:“你替我做牵头,我替你做架儿,好一路养汉。”(同上)

“火种$_1$”的功能是“引火”,“火种$_2$”的功能是“引祸”,二者功能相似,因此用前者喻指后者,进而用表达前者的词形“火种”表达后者。“架儿$_1$”和“架儿$_2$”功能相同,都有支撑作用,因此用前者喻指后者,进而用表达前者的词形“架儿”表达后者。

(六)方式相似

以方式相似为依据的隐喻如:

【划$_1$】割;切。唐顾况《险竿歌》:“忽雷掣断流星尾,矐睒划破蚩尤旗。”(《近汉》809页)

【划$_2$】涂写;刻画。唐白居易《新昌新居书事》:“浮荣水划字,真谛火生莲。”(同上)

【划$_3$】插上销子拉动。清《红楼梦》五一回:“你把那穿衣镜的套子放下来,上头的划子划上。”(同上)

“划$_1$”指用尖锐的东西把别的东西分开或在表面上刻过去、擦过去。这个事件中包含一个位移事件,动体是尖锐的东西,背景是被划刻的事物的表面,路径是直线(或曲线)。“划$_2$”“划$_3$”同样包含一个位移事件,“划$_2$”的动体是笔，背景是纸张等平面，路径是直线（或曲线）；“划$_3$”的动体是销子（划子），背景是插销所附着的平面，路径是直线。“划$_1$”“划$_2$”“划$_3$”在方式上相似，因此用“划$_1$”喻指“划$_2$”“划$_3$”，从而用表达前者的词“划”来表达后二者。

（七）结果相似

以结果相似为依据的隐喻如：

【拂拭$_1$】赏识；提拔。唐李白《驾去温泉宫后赠杨山人》：“一朝君王垂拂拭，剖心输月雪胸臆。”（《近汉》539页）

“拂拭”本指“掸掉或擦掉（尘土）”，其结果是本来被污染的物体变得光洁；“拂拭$_1$”义为“赏识；提拔”，其结果是本来被埋没的人被显露出来。二者的结果有相似性，因此用“拂拭”喻指“拂拭$_1$”，从而用表达前者的词形“拂拭”表达后者。

二、转喻

转喻是用一个实体指代另一个与之相关的实体。[①] 相关性是转喻赖以成立的基本要素。

转喻是概念词化的一般机制。对此，王寅解释说：

因为一个对象会有很多特征，人们只能择其一来命名它，而不可能穷其所有特征并集中在一个名称中将它们全部体现出来，常循之路为：用描写某一特征的名称来称呼整体事物，这就是我们所说的“转喻”，以部分代替整体。要想将一个事物的全部特征纳入到一个名称之下，是办不到的，因为一个名称的容量是有限的，而且也没有必要，因为“以偏概全”是通用的命名规律。[②]

概念间的相关性有多少种表现，不同的学者有不同的看法。蒋绍愚归纳为工具—动作、原料—器物、动作—对象、行为—行为者、性质和作用—事物、原因—结果、部分—全体、相反、相邻、相因、其他等十一类。[③] 这里我们

---

① [美]乔治·莱考夫、马克·约翰逊著，何文忠译：《我们赖以生存的隐喻》，浙江大学出版社2015年版，第32页。

② 王寅：《语言哲学研究——21世纪中国后语言哲学沉思录》（下），北京大学出版社2014年版，第576页。

③ 蒋绍愚：《汉语历史词汇学概要》，商务印书馆2015年版，第179页。

以蒋先生的分类为依据，略作调整，逐类加以介绍。

（一）工具—活动

工具和凭借工具所做的事在人们的心里相邻，因此常用工具转指活动。例如：

【篙舟】撑船。唐韩愈《宿曾江口示侄孙湘》之一："篙舟入其家，暝闻屋中唏。"（《近汉》593页）

【肩】用肩膀扛或背。唐卢肇《汉堤》："背囊肩杵，奔走蹈舞。"（《近汉》897页）

【枷杻】戴上枷杻。《唐律疏议》卷二九："狱官令禁囚死罪枷杻，妇人及流以下去杻。"（《近汉》881页）

"篙舟"指撑船，"篙"是撑船的工具，转指"撑（船）"的活动。"肩"本指"肩膀"，转指"用肩膀扛或背"的活动[①]。"枷杻"本指"枷和杻（手铐）"两种刑具，转指"戴上枷杻"的活动。都属于工具转指活动的概念转喻。

（二）工具—产品

工具和凭借工具完成的产品在人们的心里也相邻，因此可用工具转指产品。例如：

【乩笔】扶乩所得的批语。明王世贞《题文昌祠投词后》："独所谓七十二化，及主文昌福禄，乃至上拟佛天尊号，则皆托之乩笔，或吃菜事魔人附会之。"（《近汉》859页）

"乩笔"的内部形式是"扶乩＋书画作品"，"笔"本指"书画工具"，书画作品需要用笔完成，因此用"书画工具"转指"书画作品"，从而用表达前者的词形"笔"来表达后者。

（三）原料—产品

所有的器物都是用一定的材料制成的，因此可以用原料转指产品。例如：

【告麻】宣读诏书。《新唐书·崔沆传》："昕旦告麻，大雾塞廷中，百僚就班修庆，大风雨雹，时谓不祥。"（《近汉》598页）

---

① "肩贩"（挑担经营，也指行街的小贩）、"肩夫"（挑夫或轿夫）中的"肩"与此相同。

【宣麻】唐宋拜相命将，用白麻纸写诏书公布于朝，称为“宣麻”。后遂以为诏拜将相之称。唐郑谷《壬戌西幸后》：“夜来梦到宣麻处，草没龙墀不见人。”（《近汉》2361 页）

【笺札】指书信。五代孙光宪《北梦琐言》卷三：“其先人讳景，本连州人，少为汉南郑司徒掌笺札。”（《近汉》902 页）

“告麻”“宣麻”都指宣读诏书。唐宋时诏书用白、黄麻纸写成，因此用“麻”转指“诏书”。“笺札”的内部形式是“（书写用的）小竹片＋（书写用的）小木片”，它们都是书写的材料，因此用它们转指“书信”。这些都是材料转指产品的概念转喻。

（四）动作—对象

当某种行为所涉及的对象较为固定时，便可用该动作转指对象。例如：

【诨裹】一种教坊、杂剧伎人戴的头巾。宋耐得翁《都城纪胜》：“杂剧部又戴诨裹，其余只是帽子幞头。”（《近汉》838 页）

“诨裹”的内部形式是“伶官；乐工＋缠裹”，头巾需要裹缠在头上，因此用动作“裹”转指对象“头巾”。又如：

【割】指菜肴。宋元《清平山堂话本·李翠莲》：“烧卖匾食有何难，三汤两割我也会。”（《近汉》607 页）

【割切】指菜肴。明《金瓶梅词话》五八回：“下边就是汤饭割切，一道添换拿上来。”（《近汉》608 页）

“割”和“割切”都指筵席上，厨役亲自割切讨赏的那一道主菜，它们的内部形式是“切割”。因为由厨役亲自割切，因此用动作“切割”转指切割的对象“菜肴”。

（五）活动—活动者

活动是某类人或动物较为固定或特有的行为，因此可以用活动转指活动者。例如：

【帮泥】龟的代称。明《西游记》四二回：“根源出处号帮泥，水底增光独显威。”（《近汉》51 页）

【货卖】店伙或商贩。元施惠《幽闺记》二二出：“且喜兵火已平，民

安盗息，不免叫货卖出来，分付他仍旧开张铺面。”(《近汉》854 页)

【监酒】行酒令时监察罚酒的人。元明《三国演义》四五回：“公可佩我剑作监酒。今日宴饮，但叙朋友交情，如有提起曹操与东吴军旅之事者，即斩之！”(《近汉》901 页)

“帮泥”是动宾短语，传说大禹治水时，龟曾帮着运泥，因此用“帮泥”转指“乌龟”。[①] “货卖”的本义是“售卖”，售货是店伙和商贩的主要工作，因此用“售货”转指“店伙；商贩”。“监酒”本指“酒宴上监察行酒礼仪”，监酒是监酒人的工作，因此用“监酒”转指“监酒人”。[②] 这些都是活动转指活动者的概念转喻。

(六) 性质、作用—事物

事物都具有一定的性质和功能，因此可以用性质或功能转指事物。例如：

【赶热】巴结权势。明康海《中山狼》四折：“稍觉冷落，却便别处去趋炎赶热，把那穷交故友，撇在脑后。”(《近汉》571 页)

“赶热”的内部形式是“追逐＋权势”，“热”是地位显赫、有权势的人的性质，因此用人物的性质“热”转指这类人。又如：

【护领】保护衣领的衬纸或衬布。明李诩《戒庵老人漫笔》卷一：“宫女衣皆以纸为护领，一日一换，欲其洁也。”(《近汉》801 页)

【护书】盛放书帖或零星随身物品的扁匣。清《姑妄言》五回：“夹着一个描金护书，说是外国狮子皮做的，里面放着许多洒金朱砂笺拜帖。”(同上)

【护膝】上系于膝，下垂脚面，状似袜勒，用以遮足蔽尘。《元曲选·百花亭》三折：“细麻鞋紧绷轻护膝，白苎衫花手巾宽系着腰围。”(同上)

“护领”的内部形式是“保护＋衣领”，这是“护领”的功能，因此用功能转指具有这种功能的事物。“护书”“护膝”等同样是用功能转指具有这种功能的事物。

---

① 短语“帮泥”也因此词汇化为词，指“乌龟”。

② 同理的例子又如“监令”，本指“监察酒令”，转指“监令人”。

(七)处所—人、物

某些人或物常处于较为固定的处所内,因此可以用处所转指人或物。例如:

【号房】①挂号房;官衙公府中登记文簿的办事房。清《绿野仙踪》四三回:"打听杜大老爷闲时,方才将手本投入号房。"②指该房的办事人员。清《二度梅》二回:"再吩咐号房,凡有一应送礼之人,一概拿我的名帖璧谢。"(《近汉》758页)

【监】①监狱;牢房。宋元《警世通言》卷一六:"将我打一顿毒棒,拘禁在监。"②指狱官或狱卒。清《聊斋志异·成仙》:"黄亦骇,谋杀周,因赂监,绝其饮食。"(《近汉》900页)

"号房"本指官衙公府中登记文簿的办事房,编号排序是登记文簿的程序之一,因此用"编号"转指"登记文簿"(部分转指整体),称为"号"。"号房"是该房办事人员的办事场所,因此用"办事房"转指"办事员"。"监"有"监狱"的意思。监狱是狱官和狱卒的工作场所,因此用"监狱"转指"狱官或狱卒"。① 这些都是用处所转指人的概念转喻。又如:

【回盘】女方(或男方)接受男方(或女方)的订婚礼品后回送的礼品。明《拍案惊奇》卷一〇:"见他礼不丰厚,虽然不甚喜欢,为是点绣女头里,只得收了,回盘甚是整齐。"(《近汉》826页)

【家橐】家中盛钱物的囊袋,代指家资。宋韩琦《故客省使张公墓志铭》:"公帑不充,则倾家橐以济之。"(《近汉》888页)

"回盘"的内部形式是"回送+礼盘",回送的东西实际上是礼品,而不是礼盘。因为聘礼及回礼用托盘盛摆,"盘"是礼物所处的处所,所以用"盘"转指"礼品"。"家橐"的内部形式是"家+袋子",袋子是用来装钱物的工具,这里转指它所容纳的钱物,即用"袋子"转指"钱物"。以上都是用处所转指物体的概念转喻。

(八)原因—结果

原因和结果关系密切,二者可以互相转指。用原因转指结果的例如:

① 同理的例子如"柬房",本指"办事房",转指"办事员";"监牢",本指"监狱",转指"狱吏"。

【罕】惊奇。清《红楼梦》二回:“怪道我这女学生言语举止另是一样,不与近日女子相同,度其母必不凡,方得其女。今知为荣府之孙,又不足罕矣。”(《近汉》742 页)

【艰】①缺乏;欠缺。宋洪迈《夷坚志》丁卷一一:“方谷贵艰食,吾家五口难以偕生。”②紧俏。清《歧路灯》六八回:“异日回去,咱省城房子颇艰,亦可出赁他人。”(《近汉》898 页)

【稽】延误;耽搁;推迟。《敦煌变文校注》卷一《王昭君变文》:“灵仪好日须安厝,葬事临时不敢稽。”(《近汉》863 页)

【功夫】①用功;下功夫;付出劳动。唐不空译《菩提场所说一字顶轮王经》卷四:“所问皆指示,念诵极功夫。”②功业;功绩。宋邵雍《观书》:“唐虞事业谁能继,汤武功夫世莫传。”(《近汉》628 页)

“罕”本指“稀少”,稀少的事物往往让人感到惊奇,因此用“稀少”转指“惊奇”。[1] “艰”可指“缺乏;欠缺”,物以稀为贵,因此用“缺乏;欠缺”转指“紧俏”。“稽”本指“停留”,事情停滞则会耽搁,因此用“停留”转指“耽搁”。“功夫”本是动词,指“用功”,长期在某一方面下功夫,往往会有所成就,因此用“用功”转指“功业”。这些都是原因转指结果的概念转喻。

用结果转指原因的例如:

【坏】弄死;杀害。宋洪迈《夷坚志》丁卷一:“郎君性命几为此鬼坏了。”(《近汉》813 页)

【定】辨识。《五家正宗赞》卷四《雪窦明觉禅师》:“无定古今眼,被韩太伯苍鹰当路生擒;立分儒释尊,使李殿院老虎通身汗出。”(《近汉》392 页)

“坏”本是“败坏;衰亡”的意思,用以形容人时,可表示“人死亡”。上例中“坏”是“弄死;杀害”的意思,这是用结果“人死亡”转指原因“弄死;杀害”。“定”有“确定”的意思,这里转指“辨识”,“确定”是“辨识”的结果。

目的和结果关系密切,有时二者难以区分。如上面分析的“定”,其“确定”义也可以看成“辨识”的目的。因此在此处一起讨论。又如:

【隔】筛。清《红楼梦》二八回:“我没法儿,把两枝珠花儿现拆了给他。

---

① 表现这一转喻关系的词还有“罕希”“罕异”等,它们都由“稀少”义引申出“诧异;惊奇”义。

还要了一块三尺上用大红纱去，乳钵乳了，隔面子呢。”(《近汉》611页)

“隔”义为“筛”，筛的目的是将所需的事物和杂质隔开，因此用“隔”转指“筛”。这是用目的转指活动的概念转喻。

(九) 活动—时空

任何活动都是在一定的时空中进行的，因此可以用活动转指时间和空间。活动转指时间的例子如：

【贱诞】谦称自己和家人的生日。明柯丹邱《荆钗记》三出：“今日是老夫贱诞，聊备蔬酒。”(《近汉》918页)

【贱降】谦称自己或家人的生日。《元曲选·儿女团圆》一折：“今日腊月十五日，是我那二嫂贱降之日。”(同上)

【贱生】谦称自己或家人的生日。明孙传皋《答施嵊县》：“值贱生，则于牛首峰头一面自寿。”(《近汉》919页)

上面三个词当中的“诞”“降”“生”都是“出生”的意思，都转指“生日”。活动转指空间的例子如：

【监】①关押；被关押。宋文天祥《官籍监诗序》：“予监一室，颇潇洒。”②监狱；牢房。宋元《警世通言》卷一六：“将我打一顿毒棒，拘禁在监。”(《近汉》900页)

“监”有“关押”义，关押活动一般发生在监狱中，因此用“关押”转指“监狱”。①

(十) 部分—整体

部分和整体关系密切，可以互相转指，不过由部分转指整体更为自然，也更为常见。

1. 部分转指整体

部分转指整体可以细分为三种情况：

(1) 用范畴中突显度较高的成员转指整个范畴，例如：

【钗梳】泛指首饰。唐王建《宫词》之五四：“私缝黄帔舍钗梳，欲得

① 同理的例子如“监禁”，本指“关押”，转指“监狱”。

金仙观里居。”(《近汉》176 页)

【活人书】宋代朱肱著的医书名，后泛指医书。宋叶适《吉州刺史蔡直之挽词》之一：“谅惟医国手，果验活人书。”(《近汉》845 页)

“钗梳”的内部形式是“钗子＋梳子”，钗子和梳子是首饰当中突显度较高的两种，因此用它们转指“首饰”这个范畴。“活人书”本是宋代朱肱著的医书，该书在当时或后代影响或许较大，因此用“医书”这个范畴里突显度较高的成员“《活人书》”来转指整个范畴。

(2) 用物体中突显度较高的部分转指整个物体。例如：

【长耳】驴的别称。五代王定保《唐摭言》卷一五：“咸通中，上以进士车服僭差，不许乘马。时场中不减千人，虽势可热手，亦皆跨长耳。”(《近汉》184 页)

【黄冠】道士冠色，代称道士。唐护国《逢灵道士》：“浮丘山上见黄冠，松柏森森登古坛。”(《近汉》817 页)

耳朵比较长是驴区别于其他家畜的突显特征，因此用“长耳”转指“驴”。道士所戴的黄色帽子是他们区别于其他人群的突显特征，因此用“黄冠”转指“道士”。

(3) 用事件中突显度较高的子事件转指整个事件。例如：

【盖】焖。明《金瓶梅词话》九〇回：“一丈青盖了一锡锅热饭。”(《近汉》558 页)

【换帖】指结拜。结拜须交换庚帖。也指结拜所形成的关系。清《绿野仙踪》二回：“若蒙不弃，你我今日换帖做一盟弟兄何如？”(《近汉》814 页)

“盖”本表示“由上而下地遮掩；蒙上”，在上面的例子中表达的是“焖”这个概念。“焖”是一个由多个简单事件，如“盖锅盖”“点火”“煮”等构成的复杂事件。因此用“焖”这个事件中突显度较高的子事件“盖”转指“焖”这个整体事件。“结拜”是一个由“换帖”“叩拜”“盟誓”等子事件构成的复杂事件，用“换帖”转指“结拜”是用子事件转指整个事件的概念转喻。

2. 整体转指部分

近代汉语中整体转指部分的例子较少，例如：

【歌郎】旧时专为丧家唱挽歌的男青年;也泛指男青年歌手。《五灯会元》卷三《盘山宝积禅师》:"又一日出门,见人舁丧,歌郎振铃云:"红轮决定沉西去,未委魂灵往那方。"(《近汉》607页)

【歌者】谓歌妓、妓女。《元曲选·对玉梳》一折:"此间有个歌者顾玉香,我有心与他作伴,夜来见了那妈妈,今日使着个梅香来请,事必谐矣。"(同上)

"歌郎"的字面意思是"男青年歌手",在第一例中指"专为丧家唱挽歌的男青年",它所表达的两个概念之间的关系是一般与个别的关系。同样,"歌者"的字面意思是"唱歌的人",在第二例中转指其中的一类——歌妓、妓女。

此外,近代汉语中有几类特殊的词语也是经过转喻而产生的:

1. 缩略词

缩略词包括两类:一是由原形式缩合而成的缩合词语,二是由原形式节略而来的节略词。两种形式都是用词的构成部分代替整个词,是用部分转指整体。

"缩合词语以原形式作为基础,通过选取不同意义段的有关成分组合而成,留在缩合词语中的成分由此而只同对应着的原形式发生关系并依赖于原形式,从而形成别具特殊性的内容——这种内容很难用所在成分的一般性意义做出解释——'语素义'实际上是所代表单位意义的浓缩,一个'语素'代表的是一个合成词或者是更大的单位。"[①]比如:

【瓜花】清林苏门《邗江三百吟》卷九:"木瓜、百花,此二种酒也。二而一之,故名'瓜花'。亦有以瓜子花生合成一碟,亦曰'瓜花'。"

"瓜花"是一个清代的方言词,它是"木瓜"和"百花"两种酒名或"瓜子"和"花生"两种零食名的缩合。

节略词是节略截取原词形的一部分,用来代表原来的词形。比如:

【福】指妇女行的一种敬礼。两手松松抱拳在右侧腰间上下移动,同时上身稍前倾,口中道"万福"。明田艺蘅《留青日札》卷四:"是古时妇人皆肃拜也,今则但微曲其膝而躬不曲,其名曰起曰福。"(《近汉》542页)

① 王吉辉:《现代汉语词语内部形式研究》,光明日报出版社2019年版,第138页。

"万福"本是妇女行礼时口中所说的话，后来转指妇女行礼这一行为。上例中的"福"和动词用法的"万福"同义，是"万福"的节略。又如"花子"（乞丐）是"叫花子"（"教化子"的音讹）的节略。

2. 语义支点词

在将内部形式符号化时，未必刚好能找到用来表达内部要素的语素，在这种情况下，往往会直接截取一个现成的词，并用截取的成分来表达被截取词的整个意义。这代表了整个词的意义的成分就是"语义支点"[①]。含有语义支点的词我们称之为语义支点词。这类词用词的构成部分代替整个词，属于部分转指整体。例如：

【含类】佛教用语，即众生。唐李世民《大唐三藏圣教序》："于是微言广被，拯含类于三途；遗训遐宣，导群生于十地。"（《近汉》739 页）

"含类"是佛教用语，即众生。"含$_1$"有六个义项：①置物于口中，既不咽下，也不吐出。②容纳。③包括。④忍受；宽容。⑤怀而不露；隐藏在内。⑥显现；带着。"含$_2$"有两个义项：①古代放在死者口中的珠、玉、米、贝等物。②指把琀放入死者口中。[②] 这些意义都无法和"类"合成"众生"义，想要弄清"含"的含义，必须找到它所代表的词——含识。"含识"是佛教用语，谓有意识、有感情的生物，即众生。例如南朝梁简文帝《马宝颂》："愍含识，资惠命，引苍生，归法性。"因此，"含类"的内部形式是"含识＋类"，"含"转指"含识"。[③] 又如：

【蒿歌】挽歌。明沈周《送许贞葬》："蒿歌引往绋，言出郭南门。"（《近汉》748 页）

"蒿歌"指挽歌。"蒿$_1$"有六个义项：①菊科蒿属植物。②远望。③通"耗"。消耗；枯竭。④通"歊"。气蒸出貌。⑤春秋齐邑名。在今山东省新泰市西北。⑥姓。"蒿$_2$"同"槀"，谷类的茎秆。[④] 以上这些意义都无法和

---

① "语义支点"的说法由王艾录、司富珍提出，他们将这种现象描述为："有的复合词（AB）的首语素（A），并未使用词典上列出的或者没有列出的某一义项，而是使用了以该语素为构成成员的另外一个复合词（AX）的词义，此时 A 成为 AX 的'意义支点'，即：AB＝AX＋B。"参王艾录、司富珍：《汉语的词语理据》，商务印书馆 2001 年版，第 28 页。

② 以上义项以《汉语大词典》为依据。

③ 丁福保《佛学大辞典》"含类"条释为："含识之众类。谓诸有情也。"

④ 以上义项以《汉语大字典》（第二版）"蒿"字条为依据。

"歌"合成"挽歌"义，想要弄清"蒿"的含义，必须找到它所代表的词——蒿里。"蒿里"本为山名，相传在泰山之南，是埋葬死者的地方；因而用来泛指"墓地；阴间"。《汉书·广陵厉王刘胥传》："蒿里召兮郭门阅，死不得取代庸，身自逝。"颜师古注："蒿里，死人里。"后来有人创作了名为"蒿里"的挽歌，晋崔豹《古今注·音乐》中记载："《薤露》《蒿里》，并丧歌也。……谓人死魂魄归于蒿里。……《蒿里》送士大夫庶人，使挽柩者歌之，世呼为挽歌。"因此，"蒿歌"的内部形式是"蒿里＋歌"，"蒿"转指"蒿里"。

此类词语还有很多。再如"诰花"（诰敕）的"花"转指"五花纸"，诰用五花纸书写，因此用"五花纸"转指"告敕"。"花界"（佛地；佛寺）的"花"转指"莲花"，"莲花"是佛教的象征。

3. 偏义复词

把两个意义相对、相反、相关的字连用时，只取其中一个字的含义，叫偏义复词。例如"好歹"在元代指"好与不好"，同时又用作偏义复词，偏指"歹"，义为"不好的结果；意外变故"。从认知的角度分析就是整体转指部分（好歹→歹）。"迟疾"上古汉语中已见，表示"或快或慢；快慢"，近代汉语时期偏指"迟"（迟疾→迟），如元《七国春秋平话》卷上："叵耐子之将吾囚于狱，吾命在旦夕。汝可速来救我；如迟疾，则父子不能相见矣。"或者偏指"疾"（迟疾→疾），如《元曲选·秋胡戏妻》二折："常言道媳妇是墙上泥皮，则愿的白头娘早晚迟疾可。"

4. 隐缺词

隐缺词包括"藏头"词和"歇后"词两种，它们得以产生的认知理据是部分代部分的转喻。这些词都是割裂一个相对固定的表达，用前面部分代替后面部分（歇后），或用后面部分代替前面部分（藏头）而成。例如"盖老（丈夫）"的"盖"是"天灵盖"的藏头说法，丈夫为妻之天，因指丈夫。"老"是名词词缀。"狗头狗"是"狗头狗脑"的歇后（狗头狗→脑），又以"脑"谐"恼"，义为恼怒。"二十四"是"二十四节气"的歇后（二十四→气），"气"指生气。"吃盐米"是俗语"人吃盐和米，讲的情和理"的歇后（吃盐米→讲情理），义为"通情达理"。

（十一）相邻

世间的事物都是普遍联系的，每一种事物都有与之相邻或相伴的其他事物，因此可以用某事物转指与之相邻存在或相伴出现的事物。例如：

【挨牌$_1$】盾牌的一种。明佚名《黄莺儿·嘲村妇》："大花鞋，不宽不窄，堪可做挨牌。"（《近汉》6 页）

【挨牌$_2$】持捱牌的人。元佚名《保越录》："总管倪昶以甲士迎敌奋击，斩其挨牌八人。"（同上）

"挨牌$_1$"是一种盾牌，"挨牌$_2$"是拿这种盾牌的士兵，用"盾牌"转指"士兵"，属于所有物转指所有者的概念转喻。

上面是相邻事物之间转指的例子。相邻的事件也可以相互转指，例如：

【吃粥】分娩的婉词。明《朴通事谚解》卷上："你姐姐曾几时吃粥来？恰三日也。小厮儿那女孩儿？一个俊小厮。"（《近汉》218 页）

【盖棺】指死亡。唐杜甫《自京赴奉先县咏怀五百字》："盖棺事则已，此志常觊豁。"（《近汉》558 页）

"吃粥"本指食用粥，女性在分娩后往往只能食用粥等流食，因此用"吃粥"转指"分娩"。"盖棺"本指盖上棺材，这个具体的事件发生在人死亡、装殓完毕之后，"死亡"和"盖棺"是前后相续的事件，后者蕴含前者，因此用后者转指前者。

第三节　词法理据

词法包括构词法和造词法，这里讨论的是构词法。构词法是对词的结构的分析，研究的是词语产生所必须遵循的结构法则。

《近汉》所收释的都是近代汉语时期产生的新词语和新意义。[①] 新词语的产生是以原有语言知识为前提的，其中就包括词法。徐时仪指出："任何一种造词方法创造的词语，只要有词形，存在于一定的系统之中，就会具有一定的结构形式，其结构就必须遵循一定的结构法则。"[②]中古汉语的构词法为近代汉语词汇的创造提供了结构法则，这些被遵循的结构法则便成为词法理据。

词法可以从韵律结构、词法结构和语义模式三个维度进行分析。

一、韵律结构

语音是语言的物质外壳，音节是语音的基本结构单位。单音节、双音

① 《近汉·凡例》："释义只解释近代汉语出现的新义，不罗列古义和今义。"

② 徐时仪：《近代汉语词汇学》，暨南大学出版社 2013 年版，第 142 页。

节、多音节，便是词的韵律结构。上古汉语词汇以单音节为主，中古、近代汉语则以双音节为主，中古汉语词汇的韵律结构给近代汉语词汇提供了结构法则。

复音化是汉语词汇发展的总体趋势。中古汉语时期，复音词数量迅速增长，改变了汉语词汇以单音词为主的状况；近代汉语延续中古汉语的发展趋势，复音词进一步发展。已有研究展现了这一趋势：

表 3-1　中古时期复音词数的部分研究成果①

书名	总词数(个)	复音词数(个)	复音词所占比例(%)
《论衡》②	3366	1589	47.2
《三国志》③	17363	14650	84.4
《世说新语》④	4698	2448	52.1
《撰集百缘经》⑤	3594	2239	62.3
《洛阳伽蓝记》⑥	4050	2450	60.5

表 3-2　近代汉语复音词的发展趋势表⑦

	唐传奇	《朱子语类》	元杂剧	《水浒传》	《红楼梦》
总词数	8415	5072	11045	10849	11119
单音词	2942	1817	2392	2244	2374
	35.0%	35.8%	21.7%	20.7%	21.4%
复音词	5473	3255	8653	8605	8745
	65.0%	64.2%	78.3%	79.3%	78.6%

近代汉语中各音节的词比率如何？我们统计《近汉》所得出的态势是：2(81.1%)>3(9.4%)>4(4.9%)>1>(4.4%)。以上态势反映出，近代汉语时期人们选取概念要素时在数量方面的总体趋势：优先选择两个，其次

---

① 参张赪主编：《汉语简史》，北京语言大学出版社 2016 年版，第 133—134 页。原表数据在百分比四舍五入过程中有误，本书已修正。

② 参李仕春：《汉语构词法和造词法专题研究》，南京大学 2007 年博士学位论文。

③ 参阎玉文：《〈三国志〉复音词专题研究》，复旦大学 2003 年博士学位论文。

④ 参李仕春：《汉语构词法和造词法专题研究》，南京大学 2007 年博士学位论文。

⑤ 罗晓林：《〈撰集百缘经〉词汇研究》，湖南师范大学 2005 年硕士学位论文。

⑥ 化振红：《〈洛阳伽蓝记〉词汇研究》，四川大学 2001 年博士学位论文。

⑦ 参张赪主编：《汉语简史》，北京语言大学出版社 2016 年版，第 137—138 页。

是三个，再次是四个。

二、词法结构

近代汉语词汇由单纯词和合成词构成。合成词包括复合式、附加式和重叠式三种主要类型。

复合词可以分为“句法式”“半句法式”和“非句法式”三类。非句法式的复合词和句法结构不同，句法式和半句法式复合词的结构和句法结构基本一致①。汉语中句法式和半句法式的复合词占绝大多数。② 从句法的角度来看，复合词主要由偏正式、联合式、动宾式、主谓式、后补式五类构成。

李仕春《从复音词数据看近代汉语构词法的发展》一文以唐传奇、《朱子语类》、元杂剧、《水浒传》、《红楼梦》为语料，统计各类复合词的数量和占比，并以此展现近代汉语各类复合词的发展趋势。③ 我们以李文的数据为依据，对其进行改造，整理出近代汉语各类复合词的占比情况：

表 3－3　近代汉语各类复合词占比

句法结构	偏正	联合	动宾	后补	主谓	附加	重叠	其他	总数
数量(条)	20565	5745	1745	676	219	2263	958	2089	34260
比率(%)	60.03	16.77	5.09	1.97	0.64	6.61	2.80	6.09	100

从表中的数据看，近代汉语中偏正式复合词数量最多，占五种语料复合词总数的 60.03%；联合式次之，占 16.77%；附加式又次，占 6.61%。近代汉语各类合成词呈现以下分布态势：

偏正＞联合＞附加＞动宾＞重叠＞后补＞主谓

中古汉语词汇的结构类型为近代汉语新词语提供了结构法则。首先，中古汉语合成词已具备偏正式、联合式、动宾式、主谓式、后补式、附加式、重叠式等结构类型。其次，在中古中土文献中，联合式复合词的平均百分比是

① 蒋绍愚：《汉语历史词汇学概要》，商务印书馆 2015 年版，第 59—61 页。

② 周荐对《现代汉语词典》中的复合词做了穷尽性分析，其中能够套用句法结构的模式加以理解、解释的有 32346 个，占 96.57%；不能的只有 1109 个。参周荐：《论词的结构、构成和地位》，《中国语文》2003 年第 2 期。

③ 李仕春：《从复音词数据看近代汉语构词法的发展》，《宁夏大学学报》(人文社会科学版) 2011 年第 1 期。

47.4%，偏正式的平均百分比是37.6%；中古佛教类语料中，联合式复合词的平均百分比是52.0%，偏正式的平均百分比是33.3%[①]，说明中古汉语中偏正式和联合式已经是最能产的两种词法结构了。近代汉语在此基础上有所发展，主要表现为联合式复合词构词能力快速下降，偏正式复合词构词能力快速升高，但是这两种词法结构仍然最为能产。

以上事实说明，中古汉语不仅为近代汉语提供了词法模式，还提供了词法模式的优选序列。这两方面的内容都是词法理据的构成要素。

三、语义模式

语义模式指复合词构成成分之间的语义关系。董秀芳指出："汉语复合词的构成也表现出一些规则性的限制，这些限制既来自形式方面，也来自语义构成方面。"[②]汉语复合词语义模式有哪些，尚不清楚。目前，汉语词汇中较为能产，且受到较多关注的语义模式主要有三种。

（一）提示特征＋事物类

董秀芳将汉语名词性复合词的强势语义模式概括为"提示特征＋事物类"。该模式中，提示特征提示所指对象与同类事物相区别的标志性特征，事物类是对所指对象所属类别的定位。[③] 该语义模式常和偏正结构相组配，产生定中式名词。例如：

【脚带】裹脚布。宋赵希蓬《瑞鹧鸪》："温柔乡里睹春容，无语闲将脚带松。魂梦阳台迷暮雨，丰姿洛浦挹仙风。"(《近汉》943页)

【脚炉】内置炭火或火灰以供暖足用的小炉。元倪瓒《与介石书》："先公竹杖、脚炉、小巾，倘有之，希寻以见惠。"(《近汉》945页)

【脚驴】替人运输取酬用的驴。明谭纶《访获疏》："恺与周辅雇送脚驴二头，比刘保步行随后。"(《近汉》945页)

上面三个定中式名词中的"脚"都是提示事物功能的标志性特征的，"带""炉""驴"则表示事物的类别。

（二）方式或途径＋行为或结果

董秀芳将汉语动词性复合词的优势语义模式概括为"方式或途径＋行

① 李仕春：《从复音词数据看中古汉语构词法的发展》，《宁夏大学学报》(人文社会科学版) 2007年第3期。

② 董秀芳：《汉语的词库与词法》，北京大学出版社2004年版，第133页。

③ 同上。

为或结果”。这个语义模式实际包含了两个小类：“方式＋行为”和“途径＋结果”[①]。

“方式＋行为”模式常与状中结构组配。状中式复合词的状语部分表达动作行为的方式，中心语部分表达的是动作行为。例如：

【榜示】张榜公布。清黄六鸿《福惠全书·钱谷·完粮奖励》：“鸿廉得其故，乃榜示于署前。”

【牌示】用牌文公示。清蔡世远《与郑鱼门侍讲书》：“科举至期牌示曰：‘某经自某处起，至某处止，各书于卷后。’”（《近汉》1403页）

【签示】标写签帖指示。宋王巩《闻见近录》：“陈和叔尝问四家之诗，乘闲签示和叔。”（《近汉》1653页）

“途径＋结果”模式常与动补结构相组配。动补式复合词中的动词部分表达途径，补语表达结果。例如：

【参破】看透；识破；揭穿。宋李昴英《赠海珠湛老》：“也曾参破动风幡，坐得形枯鬓早斑。”（《近汉》153页）

【看破】彻底地了解（实质或真相）。宋朱熹《答詹帅书》：“若《论语》《孟子》二书皆蒙明眼似此看破，则鄙拙幸无今日之忧久矣。”（《近汉》1084页）

【说破】说明白；把隐秘的意思或事情说出来。《敦煌变文校注》卷五《维摩诘经讲经文（四）》：“喜有四件，忧有四般，不如对我世尊，一一分明说破。”（《近汉》2010页）

（三）并义

并义，是对并列式复合词语素间同义、类义和反义关系的总称。这类语义关系可概括为“并义模式”。由于受到语义关系的限制，并义模式只能和联合结构组配。[②] 例如：

【脚手】手法；手段；本事。宋赵德麟《侯鲭录》卷七：“近世人多学传师，又不至，但有小人跳篱蓦圈，脚手令人可憎。”（《近汉》945页）

---

① 董秀芳：《汉语的词库与词法》，北京大学出版社2004年版，第137页。

② 刘玉梅：《现代汉语新词语构造机理研究》，中国社会科学出版社2015年版，第103页。

【角束】捆缚。《敦煌变文校注》卷一《孟姜女变文》："祭之已了，角束夫骨，自将背负。"(《近汉》941页)

【谫薄】浅薄。宋刘安世《初除右正言第一章》："右臣近被圣恩，擢置谏列，内惟谫薄，愧无以称。"(《近汉》908页)

"脚手""角束""谫薄"分别是名词性、动词性、形容词性同义语素的并列。[①] 又如：

【早晚】或迟或早；迟早。指不易确定的时间。《敦煌变文校注》卷六《金刚丑女因缘》："阿姊又道：'不要称怨道苦，早晚得这个新妇。虽则容貌不强，且是国王之女。'"(《近汉》2583页)

【往还】指来往交游。唐王梵志《寺内数个尼》："富者相过重，贫者往还希。"(《近汉》2213页)

【远近】指距离；路程。唐李世民《赋得浮桥》："远近随轮影，轻重应人行。"(《近汉》2554页)

"早晚""往还""远近"分别是名词性、动词性、形容词性反义语素的并列。

这些语义模式不仅是对相关复合词内部语义关系的一种有效描写，而且应该看作新复合词构造的一种强烈要求，是汉语母语者头脑中几条内化了的与词法相关的语义原则。[②] 人们在创造新词时遵循了以上语义原则，因此以上语义原则就成了新词的理据。

第四节　文化理据

不同领域为"文化"所下的定义不下一百种。这里直接采用邢福义主编的《文化语言学》所给出的定义：

---

① "角"有"包裹"义，如《太平广记》卷一三三引唐皇甫枚《三水小牍·王公直》："所由领公直至村，先集邻保，责手状。皆称实知王公直埋蚕，别无恶迹。乃与村众及公直同发蚕坑，中唯有箔角一死人，而缺其左臂。""谫"为"浅薄"义，如《史记·李斯列传》："能薄而材谫，强因人之功，是不能也。"

② 董秀芳：《汉语的词库与词法》，北京大学出版社2004年版，第135页。

> 文化……是为社会成员共同拥有的生活方式和为满足这些方式而共同创造的事事物物，以及基于这些方式而形成的心理和行为。
>
> 广义的文化可以分为物质文化、制度文化和心理文化三个层次。[①]

下面我们从物质文化、制度文化和心理文化三个方面展示文化在概念词化过程中的作用。

一、物质文化

物质文化“是指人类创造的种种物质文明。诸如生产和交通工具，武器，日用器具，服饰，居住、饮食和其他人类行为所需要的物品等等。”[②]

古人创造出了非常丰富的物质文化，并以物质文化为依据，创造了相应的新词语。反过来说，想要知道一些词语的理据，就必须追寻到它得以产生的物质文化。

例如近代汉语中“笺”可以指“信札”，如宋曾巩《回泉州陈都官启》：“岂期厚眷，特枉长笺。”“笺”为什么有这样的意义？因为在中古汉语中，“笺”可以指精美的小幅纸张。它的作用是供题诗、写信等。如南朝陈徐陵《〈玉台新咏〉序》：“五色花笺，河北胶东之纸。”再进一步追问，“笺”为什么可以指精美的小幅纸张？因为在上古汉语中，“笺”指狭条形小竹片。古代无纸，用简策，有所表识，削竹为小笺，系之于简。这就是“笺”的理据中所蕴含的物质文化。其他表示书写载体的词，如“简”“牍”“劄”等同样含有物质文化理据。

二、制度文化

制度文化“是指种种制度和理论体系。诸如饮食习惯、建筑工艺、卫生管理、娱乐方式等生活制度，婚姻形式、亲属关系、家庭财产分配等家庭制度，劳动管理、艺术生产、教育、道德、风俗、宗教、礼仪、法律、政治、警察、军队等社会制度，以及有关这些制度的各种理论体系。”[③]

有些概念在词化过程中，部分依据了制度文化，从而使表达这个概念的词语包含了文化理据。例如“茶酒”可以转指婚礼中的赞礼者，其依据便是古人的生活风俗。明《二刻拍案惊奇》卷二五中解释了该词的理据：“（徐达）又去做那婚筵茶酒，得以窥看新人。如何叫得茶酒？即是那边傧相之名。

---

① 邢福义主编：《文化语言学》（增订本），湖北教育出版社2000年版，第8页。

② 同上，第9页。

③ 同上。

因为赞礼时节，在旁高声‘请茶’‘请酒’，多是他口里说的，所以如此称呼。”再如：

【插定】

(1) 春梅这里备了两抬茶叶、喜饼、羹果，教孙二娘坐轿子，往葛员外家插定女儿，带戒指儿。（明《金瓶梅词话》九七回）

(2) 近有插定纳采重复繁琐，令人难支。（清雍正十三年《陕西通志》卷四五）

(3) 但我说明了他家是没有公婆的，不要叫鲍老太自己来下插定。（清《儒林外史》七回）

例(1)—(2)中的“插定”是动词，指订婚时男方送给女方礼品。例(3)中的“插定”是名词，指订婚时男方送给女方的礼品。两个意义之间是转喻关系，由行为转指行为所涉的对象。

订婚时男方送给女方礼品的行为为什么叫“插定”，无法仅从字面上得到答案，必须结合当时的婚俗才能明白。

宋孟元老《东京梦华录》卷五记载：“若相媳妇，即男家亲人或婆往女家，看中即以钗子插冠中，谓之‘插钗子’。”据此可知，在宋代，男方至女家相亲，如中意，就拿钗子插入女方的发冠中①。这个风俗历代相沿，如宋元《警世通言》卷一四：“自从当日插了钗，离不得下财纳礼，奠雁传书。”《元曲选·两世姻缘》四折：“不索你插钗下财纳采，有甚消不的你展脚伸腰两拜？”②

“插钗”是在订婚之前的一个程序。订婚即男女订立婚约，也叫“定婚”，例如南朝齐王俭《太宰文简褚彦回碑文》：“袁既延誉于遐迩；文亦定昏于皇家，选尚余姚公主，拜驸马都尉。”因此，“插定”指男子在相亲(插钗)后，送给女方礼品，订立婚约。它是联合式复合词，其内部形式是“插钗＋定婚”。

---

① 如相不中，只留一两段彩缎，与女方压惊，这门亲事就算告吹。

② 至今仍然流行。温州仍叫“插定”。（参李荣主编：《现代汉语方言大词典》，江苏教育出版社2002年版，第4157页）也写作“插订”。《犍为县志·社会志》：“订聘，又叫插订。男家合八字后，认为八字吉利，婚事可成，乃附以钗饰等礼物及聘书(红纸写好的贴书)，拜柬授媒。由媒人至女家下聘。女家接庚后报以礼物(一般是笔墨鞋帽、针织刺绣等物)回礼男方，称为‘还贴’。”(参犍为县县志编修委员会编：《犍为县志·社会志》，犍为县县志编修委员会1986年版，第33页)洛阳叫“插簪儿”，指媒人说亲后，男方相女子，通常由男方的母亲或奶奶给女子头上插个簪儿，藉此看看相貌。（参李荣主编：《现代汉语方言大词典》，江苏教育出版社2002年版，第4159页）

【家长】丈夫。元《三国志平话》卷上："贱妾本姓任，小字貂蝉，家长是吕布。"（《近汉》888 页）

"家长"本指一家之主，如《墨子·天志上》："若处家得罪于家长，犹有邻家所避逃之。"《三国志平话》例中指丈夫。"一家之主"之所以可以转指"丈夫"，是因为在古代一家只有一个家长，且一律由男性尊长担任，女性绝对无此资格；对于妻子而言，家长就是她的丈夫。

【驾牌】皇家发出的牌票。明汤显祖《牡丹亭》五二出："你瞧这驾牌上：钦点状元岭南柳梦梅，年二十七岁。"（《近汉》892 页）

【驾帖】皇家发出的牌票。清《锦香亭》一四回："次早起来，外面报有驾帖下来，子仪忙出迎接，展开驾帖来看，原来是景期攻围安庆绪不下，奏请添兵。圣旨着子仪部下仆固怀恩前去助战。"（《近汉》893 页）

"驾牌"和"驾帖"同义，指皇家发出的牌票。"牌"本指小木片，"帖"本指小纸片，二者都是书写材料，后来转指写有内容的文书、凭证等。这里的"驾"指君王。"驾"本是把车套在马身上的意思，后来转指车驾，又用车驾转指君王。这也是对古代制度的体现。古代天子出行都有车驾仪仗，据汉蔡邕《独断》记载："天子出，车驾次第谓之卤簿，有大驾，有小驾，有法驾。大驾则公卿奉引，大将军参乘，太仆御，属车八十一乘，备千乘万骑。"后来就用车驾转指帝王，如《后汉书·郭宪传》："建武七年，代张堪为光禄勋，从驾南郊。"到了唐代，以"驾"称帝王的做法也被定为制度，《字汇·马部》记载："驾，唐制天子居曰衙，行曰驾。"此后，衍生出一批含"驾"的复合词，如"驾崩""驾到""驾临""护驾"等。

制度文化不仅表现在词语的概念要素理据当中，也体现为词法理据。比如汉民族意识中的等级观念，影响了汉语并列复合词的语素排序：如果语素所表达的概念有等级区别的话，一般要依照等级排列。《吕氏春秋·恃君览》："昔太古尝无君矣，其民聚生群处，知母不知父，无亲戚、兄弟、夫妻、男女之别，无上下长幼之道，无进退揖让之礼。"其中的"亲戚""兄弟""夫妻""男女""上下""长幼"等词的语素都是依据等级次序排列的。

三、心理文化

心理文化是人改造主观世界的活动方式及其全部产物，包括价值观念、思维方式、审美趣味、宗教信仰、价值观念等。[①] 有些概念在词化过程中，部分依据了心理文化，从而使表达这个概念的词语包含了文化理据。例如：

【庚符】【庚牌】

"庚符"即兵符，是调兵遣将的凭据，也叫"庚牌"。例如：

(1) 庚符下，统府调兵三千人以往。（宋岳珂《桯史》卷五）

(2) 及握兵之日，受庚牌不即出者凡十三次。（宋王明清《挥麈后录》卷二）

语素"符"的依据是兵符的功能属性"作为凭证"，"牌"的依据是兵符的形态属性"方块形；扁薄"；语素"庚"的含义尚不清楚。

兵符是古代传达命令或调兵遣将所用的凭证。一符从中剖为两半，有关双方各执一半，使用时两半相符表示验证可信。兵符多做成动物形，尤其喜作成虎形，所以称为"虎符"。"庚"是天干的第七位，和虎本来没有什么联系。但是在古代汉文化当中，"庚辛"与西方相配[②]，《说文·庚部》："庚，西方位。"西方七宿奎、娄、胃、昴、毕、觜、参总称"白虎"。白虎主兵，《后汉书·郎顗传》："罚者曰白虎，其宿主兵。"李贤注："《天官书》曰：'参为白虎……下有三星，曰罚，为斩艾之事。'故主兵。"因此，兵符常作成虎形。庚与西方相配，而白虎在西方，因而"庚"和"虎"产生了联系。

经过以上分析，"庚符"的理据便清晰了：庚符，即虎符，偏正式复合词，古代传达命令或调兵遣将所用的凭证。符，古代凭证符券、符节、符传等信物的总称；庚，天干的第七位，与西方相配，西方是白虎星座所在的方位，因此用"庚"转指"虎"。古人认为白虎主兵，因此将兵符做成虎形，并称之为"虎符""庚符""庚牌"等。

宗教是心理文化的重要组成部分。以禅宗为例，禅宗语言是一种特殊的社会方言，有其特有的概念、语义、词汇系统，同时也有其特有的言说方式。许多世俗词语进入浓郁的禅宗氛围之中，便沾染了禅义，必须结合禅宗思想才能得到完满的解释。因此，宗门行语均有其文化理据。

很多新词或新义是在宗教文化的浸润中产生的，因此其理据的探明必须结合其所依托的宗教文化。例如：

---

① 邢福义主编：《文化语言学》，湖北教育出版社 2000 年版，第 136 页。

② 甲乙木代表东方，丙丁火代表南方，庚辛金代表西方，壬癸水代表北方，戊己土代表中央。

【第一月】

“第一月”是禅宗行业语，指清净自性。例如：

(1) 玄沙室中参讯居首，因问：“如何是第一月？”玄沙曰：“用汝个月作么？”（宋《景德传灯录》卷二一）

(2) 马师云“待汝一口吸尽西江水，即向汝道”。山僧略露个消息，为人须为彻，杀人须见血。直下便承当，已落第二月。且道如何是第一月？咄！（宋《圆悟录》卷一一）

“第一月”的“第一”指最上、最高者、终极者，禅宗行业语“第一义”“第一机”“第一句”等当中的“第一”都是这个意思；“月”喻指真如佛性，二者都有圆净光明、遍注世间的特征。用“月”喻指佛性，是佛教的常见隐喻。《寒山诗》〇五一首：“吾心似秋月，碧潭清皎洁。无物堪比伦，教我如何说。”项楚注：“佛家例以月色之清净皎洁，比喻心性之解脱无碍。如北凉《大般涅槃经》卷五：‘譬如满月，无诸云翳，解脱亦尔，无诸云翳。无诸云翳，即真解脱。真解脱者，即是如来。’李端《寄庐山真上人》：‘明月潭色澄空性，夜静猿声证道心。’常达《山居八咏》：‘明月真如净，花开觉树春。’”[①]只有识透了“月”的禅意，才能理解“第一月”的含义。

有些世俗词汇，进入禅宗语境之后，以宗教义理为依据，引申出新的意义。这样的词同样含有文化理据。例如：

【归家】【乡关】

“归家”的世俗含义是回家。在下面两例中，它的含义是“明心见性，获得省悟”，这是它作为禅宗行业语的含义。

(1) 夫出家者，须禀大夫决烈之志。截断两头，归家稳坐。（宋《黄龙慧南禅师语录》）

(2) 况佛法不当人情，既称罗汉，诸漏已尽，梵行已立，为什么不归家稳坐，只管游山玩水？（明《仰山慧寂禅师语录》）

该意义的获得与禅宗思想密切相关。禅宗认为“佛心不二”，明心见性即成佛，因此向外驰求的做法无异于缘木求鱼，南辕北辙。以此思想为基础，发展出“回光返照”的修行方法，指收回向外驰求的眼光，回归自心，到达

① 项楚：《寒山诗注》，中华书局2010年版，第137页。

本源。由外而返内，犹如游子自外归家，因此以"归家"喻指明心见性。

与"家"相关的"乡关"也有相应的意义。例如：

(3) 向岩谷间木食草衣，恁么去方有少分相应。若驰求知解义句，即万里望乡关去也。(宋《景德传灯录》卷一四)

(4) 言锋若差，乡关万里。(宋《碧岩录》四一则)

这些例子中的"乡关"指"明心见性的境界"。所谓"万里望乡关""乡关万里"，都是指离契悟的境界万里之遥。

第五节　词语理据的描写

在讨论词语理据时，我们采用的是概念词化的视角，即：概念→概念要素聚焦→概念要素语符化→词语；词语理据探求的视角则正好与之相反，即：词语→外部形式→内部形式→概念。我们对理据的描写大致遵循由外到内的次序：词法理据→内部形式(→概念要素理据)→认知理据→文化理据。下面以"豹脚"(一种脚上有花斑的蚊子)为例加以说明。

首先，描写词法理据。从理论上讲，词法理据包括音节数量、词法结构和语义模式，三个方面又各自包括多个可选项(如双音、三音；主谓、偏正；"提示特征＋事物类"等)。但是在描写词语的词法理据时，不必依次全部列出，而只列出词法结构即可。音节数量一目了然，因此不必列出；语义模式常通过词法结构展现，而且可以根据概念要素理据判断，因此一般情况下也不必列出。所以，"豹脚"的词法理据只需要介绍其词法结构"定中"即可。

其次，描写内部形式，进而描写概念要素理据。概念要素理据指概念词化过程中的焦点要素，它为词语的内部形式所表现，是外部形式得以产生的根本依据。内部形式可以通过探究语素义获得，概念要素理据可以通过内部形式获得。

有时内部形式直接反映概念的焦点要素，如"横财"的内部形式是"意外；非分＋钱财"，概念的性质属性"意外；非分"直接映射为"意外；非分"，进而映射为语素"横"；概念的类属属性"钱财"直接映射为"钱财"，进而映射为"财"。此类词语的内部形式和概念的焦点要素直接对应，将其内部形式描写清楚，其概念要素理据也就清楚了。

有时内部形式间接地反映概念的焦点要素，二者中间还多了概念隐喻或转喻的环节。例如“板齿”的内部形式是“木板＋牙齿”，概念的形态属性“扁平”通过隐喻操作间接映射为“木板”，进而映射为语素“板”；概念的类属属性“牙齿”直接映射为“牙齿”，进而映射为语素“齿”。此类词语的内部形式和概念的焦点要素间接对应，描写时既要体现内部形式，又要体现内部形式所间接对应的概念的焦点要素。如“板齿”的内部形式是“木板＋牙齿”，内部形式所对应的概念的焦点要素依次是“扁平”和“牙齿”。“豹脚”也属于这种情况。它的内部形式是“豹子＋脚”，内部形式所对应的概念的焦点要素依次是“花纹”和“脚”。

再次，描写认知理据。认知贯穿概念词化的全过程，这里所说的认知理据主要指容易为我们所观察到的认知过程——概念隐喻和概念转喻。词语的认知理据必须完整而细致地描写，因为认知是沟通词语的内部形式和概念焦点要素的纽带。

当词语的内部形式和概念的焦点要素间接对应时，描写它们的理据既要体现内部形式，又要体现内部形式所间接对应的概念的焦点要素，还要体现将内部形式和概念的焦点要素联系起来的依据（即认知理据）。比如对于“板齿”，还要交代“牙齿和木板都有‘扁平’的特征，因此用后者喻指前者”。又如，对于“豹脚”，还需要交代“豹子”和“花纹”是如何产生联系的。二者的联系比较曲折：首先，“豹纹”和蚊子脚上的“花纹”相似，因此用前者喻指后者，是基于形态相似的隐喻；其次，“豹纹”是“豹子”的突显特征，因此用后者转指前者，是事物转指事物形态的转喻；最后，“豹脚”是蚊子的一部分，转指整个“蚊子”，是部分转指整体的转喻。

最后，描写文化理据。文化理据是一种较为广泛的理据，大多数情况下，不需要特别说明。对于那些必须说明文化理据才能使理据得以显明的词语，则应酌情介绍。例如“灵盖”指丈夫[①]，由“天灵盖”截去首字而成，“灵盖”转指“天”。古代妇女以丈夫为天，所以古人称丈夫为“灵盖”。

总之，在探求词语理据的时候，应该追求细致入微；在呈现词语理据的时候，应该讲究简洁明了。因此“豹脚”的理据可以描写为：

> 豹脚（一种脚上有花斑的蚊子）：定中。“豹”转指“豹纹”，因豹脚蚊腿上的花纹与豹纹相似，故以“豹纹”喻之；“脚”指豹脚蚊的脚。“豹脚”即“长有豹纹状花纹的脚”，转指豹脚蚊。

---

① 《墨娥小录》卷一四“行院声嗽”：“夫，灵盖。”

第三章　近代汉语词汇理据难明的原因

词语的理据明则意义明。许多近代汉语词语索解不易，其原因正在于理据不明。导致近代汉语词语理据难明的主要原因有字形干扰、语素陌生化、词汇化、词义演变、特殊造词法、词语模影响、俗词源误导、外来词汉化、内部结构误析、避讳等。这些因素导致词语形义关系疏离，从而增加了词义理解和理据探求的难度。因此，探明致难原因，深入认识研究对象，是一项十分必要的工作。

研究近代汉语词汇，我们只能在书面文献的基础上进行。汉字是近代汉语的记录工具，近代汉语词汇的研究只能从汉字入手。绝大多数汉字是“形、音、义三位一体的结构单位，义是核心，音和形是表现这一核心的物质形式”①。上古汉语中，绝大多数情况下“字—音节—词”一一对应；中古近代汉语中，这一关系演变为“字—音节—语素”一一对应。总而言之，绝大多数汉字与一定的概念（可用词或语素来表征）相联系。

对于汉语使用者来说，能“望文知义”的文字形式才是最具理据的形式，它所记录的词语的形义关系才最为密切。② 凡是不能望文知义的文字形式，都不能直接反映它所记录的词或语素的意义，都是形义关系疏离的形式，我们均视之为理据有所损耗的形式。形义关系越疏远，词语的理据损耗就越严重，其理据就越模糊，自然就越难以探明。

---

① 徐通锵：《语言论——语义型语言的结构原理和研究方法》，商务印书馆 2014 年版，第 271 页。

② 此处强调的是字形与词义在使用中固化下来的对应关系，而非文字形体对其所指称事物的直接描摹。例如，“莫”表否定义，是公认的假借用法，但它的这一用法在使用中为人们所接受而约定俗成，因此它与否定意义的对应关系被固化，人们看到“莫”便会下意识地想到否定，这就是文字形式对意义的直接反映。

第一节　字形干扰

借字、俗字、误字、类化字等都是导致字形与词义疏离的文字障碍①，下面分类举例说明。

一、俗字

俗字是一种不合法的且造字方法未必合于六书标准的浅近字体，它适用于民间的通俗文书，适宜于平民百姓使用。②

俗字在近代汉语的各种语料中都屡见不鲜，增加了近代汉语词汇理据探求的难度。有时还会因俗而误，则难度更增一层。例如：

【某专甲】【厶尊甲】【某尊甲】③

(1) 所以五亲商量，养甥甥某专甲男，姓名为如。(S.5647《养男契样文》)

(2) 僧问明招："古人意在锹子处，叉手处?"招唤："某专甲。"僧应喏。(宋《建中靖国续灯录》卷二七)

(3) 厶年月日，厶尊甲养男契。(S.5647《养男契样文》)

(4) 某尊甲身染患疾，已经累旬，种种医疗，未蒙抽咸(减)。(S.6537背《遗书样文》)

上面三个形式意义明确，义同"某甲"(自称之代词)，但它们的理据较为难明：近代汉语中"某甲""专甲"等形式习见，"尊甲"的形式则少见。

"专甲"中"专"的意义无法与整个词的词义挂钩，它是俗字错误还原的结果。④ "某"的俗字"厶"同时又是"专"的俗字，从而形成了一俗对二正的格局。

"厶"是"专"的俗字，辽行均《龙龛手镜·厶部》："又古文音专，……厶，

---

① 此处不包含僻字，僻字虽然也会造成主观上的形义疏离，但通过查检字典，我们仍可较为轻松地将形与义对应起来，无须考证。

② 张涌泉：《汉语俗字研究》(增订本)，商务印书馆2010年版，第1页。

③ 《禅宗大词典》"专甲"条已说明"专甲"与"某甲"的关系。

④ 袁宾、康健主编：《禅宗大词典》，崇文书局2010年版，第529页。

擅也。”例如《唐永徽六年赵羊得随葬衣物疏》：“成年持仏五キ[①]，厶修十善。”(60TAM327：05/1,3—65)[②]此处的“厶”是“专”的俗字。请比较：《高昌延昌四年(558年)张孝章随葬衣物疏》：“禅师法林敬移五道大神，仏弟子张孝章持仏五诫，专修十善。”(72TAM169：32,1—207)“厶修”即“专修”，“厶”即“专”。又，P. 2014《大唐刊谬补阙切韵·宣韵》：“遄，市厶反。”“厶”必为“专”，“市专反”正好切出“遄”的读音。

同时，“厶”又是“某”的俗字。《玉篇·厶部》：“厶，厶甲也。”宋陆游《老学庵笔记》卷六：“今人书某为厶，皆以为俗从简便，其实古‘某’字也。”例如S. 6537背《分书样文》：“今则兄厶乙、弟厶甲，今对枝亲村邻，针量分割。”南唐《祖堂集》卷七《夹山和尚》：“夹山不着后生。佛日到，维那不许参和尚。佛日云：‘厶甲暂来礼见和尚，不宿。’”

在俗字还原的时候，将“厶(某)甲”的“厶”错误地还原为“专”，如此便形成了“专甲”这一错误形式。流俗沿误，习非成是，“专甲”则成为“某甲”的同义词。此后又出现了合并同类项式的“某专甲”，然后再发生形近讹误，“专(專)”误作“尊”，则产生了“某尊甲”的形式。

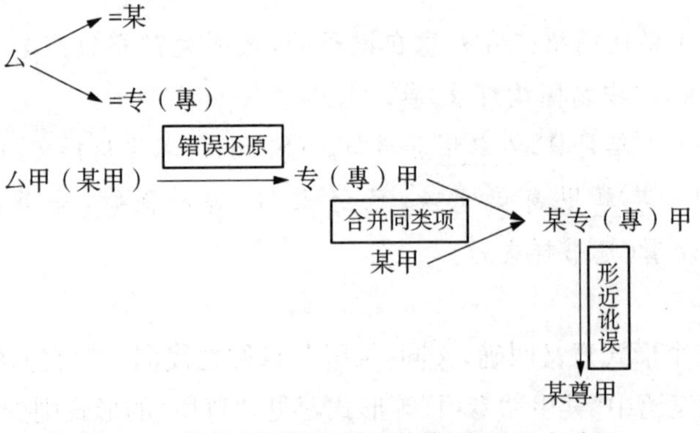

图4-1 “专甲”“某专甲”“某尊甲”的形成过程

二、借字

借字是因音同或音近而用以代替本字的字，借字的本义和引申义与它所记录的词或语素的意义无关。古人在记录近代汉语口语词时，往往听音为字，由此产生了大量的借字。

---

① “キ”是“戒”的俗字。

② “60TAM327：05/1”是该文献的编号，“3—65”表示唐长孺主编：《吐鲁番出土文书》(参)，文物出版社1996年版，第65页。后仿此。

文字的假借增加了词义解释和理据探求的难度。黄侃曾指出："中国文章用字皆正假兼行，凡训诂之难于推求，文意之难于推寻，皆假借之事为之也。"①这种说法虽然过于绝对，但确实道出了假借所造成的词义训释和理据探求方面的困难。例如：

【口茄目瞠】

(1) 口茄目瞠面如土，諕杀那诸僧和寺主。(金《西厢记诸宫调》卷一)

例(1)中的"口茄目瞠"与"目瞪口呆"同义。"茄"无法与整个词的意义挂钩，而且例(1)是该词的唯一例证，因此"茄"当为误字或借字。

龙潜庵②、蒋冀骋和吴福祥都认为"茄"通"结"。③ 我们认为"茄"是"呿"的借字，理由有三：

第一，近代汉语中常见"○○结舌"式词语，如"缄口结舌""钳口结舌""杜口结舌""闭口结舌"等，未见"○○结口"的说法。④

第二，"呿"字音义两方面都与"口茄目瞠"相契合。读音方面，"呿"字《广韵》音"丘伽切"(溪母戈韵)，"茄"字《广韵》音"求迦切"(群母戈韵)，二字同韵，且近代浊音清化，二字同声母，因此可相通假。"呿"义为"张口貌"，《庄子·秋水》："公孙龙口呿而不合，舌举而不下。"陆德明《释文》引司马彪云："呿，开也。"⑤由"呿"参与构成的与"目瞪口呆"同义的四字格有"口呿眸眙""呿颐结舌"和"口呿目瞪"，例如：

(2) 自虚茫然如失，口呿眸眙，尤所不测。(宋《太平广记》卷四九〇引《东阳夜怪录》)

(3) 二内臣呿颐结舌者久之，且曰："适奉圣旨，遣与相公商量，所仗者庙谟，非敢参以末议。"(唐高彦休《高阙史·卢相国指挥镇州事》)

(4) 朱解低头亲看札，口呿目瞪妄(忘)收唇。(《敦煌变文集·捉季布传文》)

---

① 黄侃述，黄焯编：《文字声韵训诂笔记》，上海古籍出版社 1983 年版，第 18 页。

② 龙潜庵编著：《宋元语言词典》，上海辞书出版社 1985 年版，第 74 页。

③ 蒋冀骋、吴福祥：《近代汉语纲要》，湖南教育出版社 1997 年版，第 275 页。

④ 现代汉语中产生了"目瞪口结"的说法，王以仁《流浪》："当他们要我在那张表上填写着我的职业和来杭的目的时，我真是目瞪口结的呆住了。"

⑤ 又如《吕氏春秋·重言》："君呿而不吟，所言者'莒'也。"高诱注："呿，开；吟，闭。"

第三，文献中有“口呿目瞪”的用例，如例(4)。该四字格可以看作“口呿目瞠”的换素形式。

综上，“茄”是“呿”的借字，“口茄目瞠”是“口呿目瞠”的异写形式。[①]

【扶手】

(1) 荆公因痰火病发，随身扶手带着有清肺干糕及丸药茶饼等物。(明《警世通言》卷四)

(2) 到二十五日，端了一扶手银子，果然到了庙上，买了些没要紧的东西，回到京中宅子，住了七八日，别了珍哥，仍回通州去了。(清《醒世姻缘传》六回)

(3) 徐公许诺，轻轻收过银子，亲放在扶手匣里面。(明《拍案惊奇》卷一一)

“扶手”即“扶手匣”，是随身携带的盛装银钱、随手用品的小匣。“扶”的意义众多，但都无法和“扶手”的意义挂钩。

我们认为，扶手匣是因为体积较小，可以拿在手中随身携带而得名。“扶”通“伏”，“扶手”同“伏手”。“伏手”是称手、适合手中使用的意思，如例(4)—(5)。由事物的属性转指具有这种属性的事物，发展出新的意义“扶手匣”，如例(1)—(2)和例(6)。

(4) 各有一员大将，……各拿伏手军器。(元明《水浒传》八八回)

(5) 去了金的，又是银的，到底不及俺们那个伏手。(清《红楼梦》四〇回)

(6) 随叫柏儿取出伏手，封起二百两银子，着一家丁同凤公往徐州修理苏小墓并土地祠。(清《春柳莺》一〇回)

【坐断】

(1a) 上堂云：“开眼为昼，合眼为夜。坐断舌头，谁谈般若？金色

---

① 蒋冀骋在2019年出版的《近代汉语词汇研究》(增订本)中改变了看法，认为“茄”借作“呿”，与本书观点一致。鉴于本书初稿成于2015年，且所用材料与蒋先生有别，所以仍然保留此条。刘瑞明提出新解，认为该词义为“目瞪而胆怯地说”，“口”指“说”，“茄”是“怯”的通假，而且没有“口呆”的说法。这种看法虽不可取，但“‘茄’是‘怯’的通假”的说法给我们提供了一些启示。参刘瑞明：《〈汉语大词典〉第三卷修订建议》，《陇东学院学报》2016年第6期。

头陀，不入保社。”（宋《法演录》卷一）

(1b) 截断舌头饶有术，拽回鼻孔妙通神。（宋《宏智广录》卷二）

(2a) 若能无彼无此非色非心，直下坐断要津，不通凡圣，则古释迦不先，新弥勒不后。（宋《圆悟录》卷六）

(2b) 直须掀翻鸟道，迥绝阶梯，截断要津，不通凡圣。（清《百愚禅师语录》卷四）

(3a) 所以从上来事，只要个奇特人直下承当得，坐断天下人舌头。（宋《圆悟录》卷一〇）

(3b) 任你截断天下人舌头，争奈无舌人解语何？（南唐《祖堂集》卷九）

从以上六个两两对应的例句来看，“坐断”与“截断”同义，而且后语素都是“断”，因此“坐”可能与“截”同义。“坐(座)”有“截断”义。例如：

(4) 面一斗，于园坐葱用。（P. 2032背《净土寺食物等品入破历》）

(5) 白面壹斗，麸面二斗五升，油两合，众僧座葱食用。（P. 4906《后晋乙巳年(945)已后净土寺诸色破用历》）

(6) 粟一石四斗，坐韮时于仓领入。（S. 6981《辛酉至癸亥三年间灵修寺诸色斛斗入破历计会》）

(7) 粟三斗，后座韮日用。苏壹胜，腊月八日用。（S. 1053《丁卯至戊辰年某寺诸色斛斗破历》）

“坐(座)”为何有“截断”义？张小艳认为：“疑上揭四例中的‘坐(座)’当读为‘剉’，指斩切。”[①]这一结论与前文所揭示的“截”“坐”相替换的事实相符。斩截葱韭的说法在传世文献中也有用例，如晋竺法护译《修行道地经》卷四：“假使彼发为吾我者，如截葱悲(韮)后则复生。”晋葛洪《肘后备急方》卷三：“若但是肿者，剉葱煮令烂以渍之，日三四度。”[②]“坐(座)”通“剉”，张先生的意见是正确的。请看例(8)：

(8) 归新方丈上堂：“松花荷叶橡栗蹲鸱，驱虎豹而聚禅徒，坐荆棘而兴宝所，此是前辈住持样子。”（宋《虚堂录》卷一）

---

① 张小艳：《敦煌社会经济文献词语论考》，上海人民出版社2013年版，第330页。

② ［晋］葛洪：《肘后备急方》，人民卫生出版社1963年版，第95—96页。

例(8)意在颂扬前辈的开创之功,“驱虎豹”说明此处原为莽野之地,因此,要在这里“兴宝所”“聚禅徒”,就必须芟除荆棘。“坐荆棘”的“坐”正是“斩断”义。“坐”通“剉”还有异文为证。如 P. 2578《开蒙要训》“梢斫斩剉”[①]的“剉”字 S. 1308 作“坐”。由此可见,“坐”是“剉”的借字。

三、误字

误字包括形误字和音误字,指因形近或音近而误读误书的字。[②] 这里我们只讨论形误字。至于音误字,则纳入借字的范畴中。[③]

误字是文献传抄过程中的常见现象,在俗文献中表现得尤为突出。研究汉语史词汇,必须据字形或字音来探寻字义,文字一旦发生讹误,便会影响释义的准确性,更无从探求词语的理据。近代汉语文献中误字现象较为常见。例如:

【歜】

(1) 问:“大悲千手眼,那个是正眼?”师云:“即便歜瞎。”僧云:“歜瞎后如何?”师云:“捞天摸地。”(宋《古尊宿语录》卷九)

按:歜,《玉篇·欠部》《广韵·锡韵》均释为“痛也”,音“丑历切”,不合文意。“歜”是“斀”的形误字。斀,《广韵·觉韵》“筑也,舂也”,音“直角切”;又“授也,刺也”,音“敕角切”。“斀瞎”的意思是舂瞎、刺瞎。该词在禅籍中常见,如例(2)。又作“戳”,如例(3)。又可作“擉”。擉,《集韵·觉韵》“刺取鳖蜃也,或作‘簎’”,音“测角切”。[④] 如例(4)。

(2) 问:“如何是正法眼?”师云:“即便斀瞎。”(宋《天圣广灯录》卷一五)

(3) 更于诸相觅圆通,当人正眼俱戳瞎。(宋《无门慧开禅师语录》

---

① 黄永武主编:《敦煌宝藏》,新文丰出版公司 1985 年版,第 122 册第 211 页。

② 张涌泉:《汉语俗字研究》(增订本),商务印书馆 2010 年版,第 6 页。

③ 音误字与通假字有同有异:“相同的是二者均由读音而引起的用本来为 A 义造的 A 字来表示 B 义;不同的是通假字带有一定的普遍性和规律性,为大家所承认,而音误字则是阅读者或抄写者偶一为之的错字,主体性很强,不具有普遍性、规律性。”参张新朋:《敦煌写本〈开蒙要训〉研究》,中国社会科学出版社 2013 年,第 106 页。由此可见,音误字与通假字本质相同,二者的区别在于通行度的高低。本研究的目的是探求词语的理据,无须辨明音误字与通假字的畛域。因此,我们权且将音误字与通假字等量齐观,纳入借字的范畴中。

④ 簎,《说文·手部》“刺也”。

卷上）

(4) 揭翻释迦脑盖，擉瞎达磨眼睛。（同上）

综上，"歜"是"戳"的形误字，"戳"义为"刺"。该词又可作"戳""擉"等形。

【死獦狚】【死獦狚】【死葛怛】

(1) 今时有一种剃头外道，自眼不明，只管教人死獦狚地休去歇去。若如此休歇，到千佛出世，也休歇不得，转使心头迷闷耳。（宋《大慧普觉禅师语录》卷二五）

例中的"死獦狚"是什么意思？日本著名的学僧无著道忠根据《山海经》所记载的"状如狼，赤眉，鼠目，其音如豚"的"獦狚"来解释该词语。他说："死獦狚地，未得其义证。盖此兽欺人诈为死，令人近遂搏而食之。今喻偷心不死也。"①我们认为这是望文生训。文献中还有"死葛怛""死獦狚"等形式，例如：

(2) 有一般底见处泯默无闻，一味噇却常住饭了，祇管死葛怛地守却被位，等个悟处。（宋《应菴昙华禅师语录》卷七）

(3) 拈拄杖云："拄杖子从来死獦狚地，今夜忍俊不禁踊跃出来，将乾坤大地一时吞却了也。若向者里会得，菓从无影树头结。其或未然，豆向寒灰爆出来。"（清《列祖提纲录》卷一二）

比较三种形式，可以发现第一音节位置上"獦""葛"二字读音相同，第二个音节位置上"狚""狚"字形相近，"狚""怛"读音相同，可以推知三种形式记录了同一个词，意思是"静止不动、没有活力的样子"。

《山海经》中确有"獦狚"，《康熙字典·犬部》："按山海经本作狚。郭读平声。诸书引之皆作狚，疑误。"但与上引各例的意思无关。例(1)中"獦狚"的"狚"是"狚"的讹误，即"死獦狚"应该作"死獦狚"。

"獦狚""葛怛"是什么意思？我们认为，就是今天所说的"疙瘩"。"疙瘩"有"球形或块状的东西""疑虑或不易解决的问题"等意思。禅籍中"獦狚""葛怛"也有这些意思。先看下面的用例：

---

① ［日］无著道忠：《葛藤语笺》，（日本）禅文化研究所 1992 年版，192 页。

(4) 骇散疑团獦狚落，举头看见日初圆。（宋《五灯会元》卷四）

(5) 扭破疑团葛怛消，捎风直下透青霄。（宋《圆悟录》卷一九）

例(4)、例(5)的“獦狚”“葛怛”与“疑团”连言，与“疑团”同义。同类的用例又如：

(6) 果然葛怛胸中落，笑杀灵山老比丘。（宋元《禅宗颂古联珠通集》卷三）

(7) 眼目精明胸襟豁达，指出根源扫除葛怛。（明《一初元禅师语录》卷二）

(8) 一踏曹溪獦狚亡，从今不坐白云床。（清《五灯全书》卷四九）

例(6)的“葛怛胸中落”即心中疑团消，例(7)的“扫除葛怛”即扫除疑团，例(8)的“獦狚亡”即疑团消失。“獦狚”“葛怛”除了表示疑团外，还可以表示球形或块状的东西。例如：

(9) 床是柴棚席是茅。枕头葛怛半中凹。霜天索寞人投宿。睡到平明手脚交。（宋《法演禅师语录》卷三）

(10) 灵树面皮多葛怛，韶阳板齿上生毛。（宋元《禅宗颂古联珠通集》卷二二）

(11) 铁獦狚无容下口，顽石头未免怀疑。（清《三山来禅师语录》卷九）

例(9)的“枕头葛怛”即枕头，“葛怛”用以补充形容枕头的形制。例(10)一语双关，“灵树面皮”既可指灵树和尚的脸，又可指灵树这种树的树皮，“脸上多葛怛”与“板齿上生毛”相对，“葛怛”与“毛”同为名词。例(11)的“铁獦狚”与“顽石头”对应，即铁疙瘩。

在“死獦狚”“死葛怛”中，“獦狚”“葛怛”补充说明“死”的具体状态。请比较结构相同的“硬葛怛”：

(12) 惟有山僧拄杖子裂裂挈挈，硬葛怛地，直是不肯点头。（宋《无准师范禅师语录》卷三）

(13) 主丈子，烂游湖海，四十余年，硬葛怛，黑粼皴。（宋《希叟绍

昙禅师广录》卷四）

例(12)中"硬葛怛"与"死葛怛"结构相同，其中的"葛怛"分别突显"硬"和"死"的特征。"圆""硬""死"都是疙瘩的特征。而"葛怛"之所以可以用来补充说明"死"的状态，和它"硬"的特征有关，"硬"的物体给人一种呆板、不灵活、不流利、没有生机活力的感觉。例(13)中"硬葛怛"与"黑鄰皴"结构相同，"硬葛怛"和"黑鄰皴"的核心意义即"硬"和"黑"。因此，"死葛怛"的核心意义即"死"，它的整体意义是"静止不动、没有活力的样子"。例如：

(14) 南山鳖鼻蛇，多年死葛怛。诸子竟出来，弄得活鱍鱍。（元《月江正印禅师语录》卷二）

(15) 当知峰峦灵木四个字太煞玄奥，不是干爆爆地。不停无依四个字太煞活泼，不是死獦狚地。（明《博山禅警语》卷二）

以上两例中"死葛怛""死獦狚"分别与"活鱍鱍""活泼"相对成文，指如死了一般，没有生机活力。

综上所述，例(1)中"死獦狙"的"狙"是"狚"的讹误。"獦狚""葛怛"和"疙瘩"是一组异形词。无著道忠没有注意到误字现象，因此错误地将它和《山海经》中的"獦狚"联系起来，得出了错误结论。

四、类化字

字的类化，指"人们书写的时候，因受上下文或其他因素的影响，给本没有偏旁的字加上偏旁，或者将偏旁变成与上下文或其他字一致。"[①]这一现象是在汉字使用者心理的影响下产生的，裘锡圭指出："使用汉字的人往往喜欢把记录双音节词的文字改成具有同样的偏旁，希望记录一个双音节词的两个字之间具有明显的形式上的联系。"[②]

类化字往往会遮蔽词语的理据。例如"媳妇"本作"息妇"，清俞樾《茶香室续钞·媳》："古人称子为息。息妇者，子妇也。"受"妇"的影响，"息"类化为"媳"。如明《续传灯录》卷二九："以坐具搭身上作女人拜曰：'莫怪下房媳妇触忤大人好。'""息"类化为"媳"，切断了"息—儿子"间的直接联系，遮蔽

---

① 张涌泉：《汉语俗字研究》（增订本），商务印书馆 2010 年版，第 23 页。

② 裘锡圭：《文字学概要》，商务印书馆 1988 年版，第 235 页。

了该词的理据。[1] 又如“跏趺”“跏跗”是佛教典籍中常见的词，是佛家修习坐法的名称，指两足交叉置于左右股上。该词本作“加趺”“加跗”，理据比较清晰。“趺”同“跗”，指足面，足面加于股，因此叫“加跗”。“加”字偏旁类化为“跏”后，“加趺（跗）”一词的理据模糊。再如：

【娆婀】

枝垂娆婀朝盛露，花坼轻风晚带香。（《敦煌变文校注·维摩诘经讲经文三》）

陈秀兰将“娆婀”释为“柔弱貌”。[2] 这一说法有待商榷。首先，“婀”记录的是一个音节，而非语素。“婀”是联绵词“婀娜”的一个音节，“婀娜”义为“随风摇曳貌”。《广韵·哿韵》：“婀，婀娜。亦作婐。”因此，“婀娜”的“婀”不具备构词能力。其次，例句上下句对偶，“枝垂”对“花坼”，都是主谓结构；“朝”对“晚”，都是时间名词；“盛露”对“带香”，都是动宾结构。由此可见，“娆婀”应当与“轻风”相对，同为定中结构，且“娆婀”可以“盛露”，正同“轻风”可以“带香”。因此，“婀”应为名词。结合语境，我们认为“婀”原为“柯”，偏旁类化为“婀”。“娆婀”当释为“柔软的枝条”。偏旁的类化使得最能显示义类的形符发生改变，遮蔽了“娆柯”的理据，从而导致了释义的失误。

【惫懒】

(1) 这泼猴多大惫懒！全无有一些儿善良之意，心里只是要撒泼行凶哩。（明《西游记》四〇回）

(2) 这个宝玉，不知是怎生个惫懒人呢！（清《红楼梦》程乙本三回）

以上两例中“惫懒”义为“泼辣；无赖；刁恶”，本作“惫赖”。如《元曲选·窦娥冤》一折：“美妇人我见过万千向外，不似这小妮子生得十分惫赖。”“惫”取“劣；坏”义，如明王永积《兵部为楚事溃裂已极等事》：“以至贪至惫至顽至无耻之宋一鹤节钺其地，当事者明知其不可用而不肯为皇上明告之。”“赖”取“坏；差”义，如清《儒林外史》四四回：“其风俗恶赖如此。”

---

① 田恒金认为“媳”表“媳妇”是由“儿女”义引申。这是根据类化字探求词语理据而得出的错误结论。参田恒金：《浅析词语理据的文化性》，《汉字文化》2001年第3期。

② 陈秀兰：《敦煌变文词汇研究》，四川民族出版社2002年版，第94页。

"赖"字受"惫"字影响，类化作"憗"，如例(2)中的"懒"庚辰本等作"憗"。作形符的"心"在下则作"心"，在左则作"忄"，如"惭＝慙"。古人根据这一规则，将"憗"错误类推作"懒"，导致惫赖一词的理据模糊。

【草蔀】

(1)(寄儿)便把锲刀、草蔀一撩，道："还干那营生么！"(明《二刻拍案惊奇》卷一九)

(2)两人商量，把个草蔀来，里外用乱草补塞，中间藏着窖中物事。(同上)

"草蔀"指盛草的疏篾大眼的竹筐。"蔀"有三个义项：①覆盖于棚架上以遮蔽阳光的草席；②覆盖；③古历法名词。这三个义项都与"草蔀"的意义无关。"蔀"当作"篰"，义为"竹篾所编的篓子"，受"草"的影响类化作"蔀"[①]。

【駏骗】

(1)我不和你算了！你是久惯诓骗无利息的账的。(明冯惟敏《不伏老》四折)

(2)你这厮怎么要駏骗人的妻子，行不仁之事？(六十种曲本《西厢记》二〇出)

(3)有时坐在人家门前，看他路径，诱他妇女，非盗即奸。若只抄化，駏人钱财的，也还是上品。(明《型世言》八回)

"诓骗"，义为"欺骗"，也写作"駏骗"，如例(2)。"駏"是"耳曲"(《广韵·阳韵》)的意思，与"駏骗"的意义无关。"駏"是"诓"受"骗"的影响而类化的结果。[②] 后来"駏"也可单独使用，表"欺骗"义，如例(3)。这是人们习非成是的结果。

第二节　语素陌生化

语素陌生化主要指某些语素的古义或方言义今已消失，或仅残留在少

① 《近汉》认为"蔀"通"篰"。

② "诓"西汉时已表"欺骗"义，如《史记·郑世家》："乃求壮士得霍人解扬，字子虎，诓楚，令宋毋降。"

数惯用的词语中，但不为使用者所察知，或仅通行于少数地域而不被该地域外的使用者所了解。①

语素陌生化的现象在任何时代的任何语言中都存在。例如“英语的 spoon 为何指汤匙？因为其本义是木片，起初人们是用木片作匙子用的。而这一意义早已被人忘记。”②又如：

neighbour(邻居)＜nēah(近的)＋gebūr(同住者)
nightingale(夜莺)＜nihte(夜)＋gale(歌唱者)

随着 nēah、gebūr 和 gale 的消失，neighbour 和 nightingale 这两个词的内部形式也就模糊不明了。③

随着语言的发展，语素陌生化必然发生，古汉语中也有语素陌生化的例子，如宋赵令畤《侯鲭录》记载了这类现象：

《正俗》云：“或问今以卧毡着裹施缘者，何以呼为池毡？”答曰：“《礼》云：‘鱼跃拂池。’池者，缘饰之名，谓其像水池耳。左太冲《娇女》诗云：‘衣被皆重池。’即其证也。今人被头别施帛为缘者，犹呼为被池，此毡亦缘，故得名池耳。俗间不知根本，竞为异说。”当时已少有知者，况比来士大夫耶。独宋子京博学，尝用作诗云：“晓日侵帘压，春寒到被池。”④

语素陌生化的结果是理据的模糊甚至消失，这就使理据的探求变得困难。近代汉语中许多语素对于今人而言已十分陌生。例如：

---

① 语素陌生化导致词语内部形式的模糊或消失，杨依已有论述，他说：“词的内部形式的消失，主要是由于历史原因造成的，其中包括派生词(或复合词)中某一构词成分的消失或失去其原生意义造成的，因此，词消失了内部形式只有通过历史分析的方法才能重新揭示出来。”(参杨依：《俄语历史语法概论》，华中师范大学出版社 1988 年版，第 66 页)王艾录、司富珍也有关于语素陌生化的论述。他们将语素分为生字语素、熟字语素和义项不对号语素三类，其中熟字语素又分为熟字熟义语素、熟字生义语素。熟字生义语素是指这样一些语素：人们熟悉其读音和常用义，而在某一复合词中却并未使用其常用义，而是使用了某一古僻的特殊的义项，即使用了其“生义”。(参王艾录、司富珍：《汉语的词语理据》，商务印书馆 2001 年版，第 21—22 页)

② 张志毅：《词的理据》，《语言教学与研究》1990 年第 3 期。

③ 张永言：《关于词的“内部形式”》，《语言研究》1981 年创刊号。

④ 如唐颜师古《匡谬正俗》卷七：“今人被头别施帛为缘者，犹谓之被池。”

【彩奔龊家】

“彩奔龊家”是禅门习语，例如：

(1) 春生夏长，淡饭粗茶。鱼投臭水，彩奔龊家。（宋《无准师范禅师语录》卷五）

(2) 重九上堂：“……好彩从来奔龊家，随分一盏茱萸茶。”（宋《剑关子益禅师语录》）

(3) 上堂：“拈华微笑，彩奔龊家。断臂安心，漏逗不少。”（元《笑隐欣禅师语录》卷二）

例(1)中“彩奔龊家”与“鱼投臭水”结构相同，“彩”应为名词，“龊”应为形容词。例(2)中，“彩”前加修饰成分“好”，“好彩”即好运。[①] “彩”指旧时博戏中掷骰子的胜色，因此赌博时参与者常常“喝彩”，即大声叫喊胜色。禅籍中有“双陆盘中不喝彩”的习语，即取意于此。赌中胜色（即“彩”）即可获胜，因此“彩”便发展出“好运”的意思。“彩奔龊家”即好运奔往龊家，那么“龊家”究竟是怎样的家呢？想要准确理解该熟语，难点在于“龊”的意义对于我们来说已经十分陌生。

我们且来看几个与“彩奔龊家”意思相同的否定式表达。例如：

(4) 师出问曰：“净躶躶空无一物，赤骨力贫无一钱。户破家亡，乞师赈济。”悟曰：“七珍八宝一时拿。”师曰：“祸不入谨家之门。”（宋《五灯会元》卷一九）[②]

(5) 蛊毒之乡水莫尝，谨家之门祸不入。（宋《瞎堂慧远禅师广录》卷四）

(6) 上堂曰：“古人道：‘眼色耳声，万法成办。’你诸人为甚么从朝至暮，诸法不相到？”遂喝一喝，曰：“牵牛入你鼻孔，祸不入慎家之门。”（宋《五灯会元》卷一八）

“彩”与例(4)—(6)中的“祸”相反，“龊”与“谨”“慎”意义应当相同或相近。“龊”有“谨慎”义，如《史记·货殖列传》：“而邹鲁滨洙泗，犹有周公遗

① 如清《绣戈袍》八回：“月娟被主妇诬捏，幸众人解脱，便道是个十分好彩，那敢再去疑他？”也作“好采”，如宋许棐《选官图》：“纵有黄金无好采，也难平白到公卿。”

② “祸不入谨家之门”，《续传灯录》卷二八《瞎堂远禅师》作“贼不入谨家之门”。

风。俗好儒，备于礼，故其民龊龊。”“龊龊”为“谨慎；小心”义。又作“齱”。如《汉书·申屠嘉传》：“齱齱廉谨。”“齱齱”与“廉谨”连言，应有“谨慎”义。颜师古注：“齱齱，持整之貌。”同源字“娖”也有“谨慎”义，《集韵·觉韵》：“姝，《说文》：‘谨也。’……或作娖。”

综上，“龊家”即谨慎之家。“彩奔龊家”与“祸不入谨家之门”的意思相同，都指好运青睐谨慎的人，禅宗语境中指只有不向外驰求的人才能悟道。

语素陌生化伴随语言发展的始终，因语素陌生化而导致的误解现象历代都有，即便是颜师古也不免因此而遗颣。例如《汉书·武帝纪》：“其赦天下，与民更始，诸逋贷及辞讼在孝景后三年以前，皆勿听治。”颜师古注：“逋，亡也。久负官物，亡匿不还者，皆谓之逋。”其实“逋”是“拖欠”的意思。[①]《广韵·模韵》：“逋，悬也。”《正韵》：“逋，欠也。”“悬”和“欠”同义，因此二者可同义并列为“悬欠”，义为“拖欠”。如 P. 3608、3252《垂拱职制户婚厩库律》残卷：“即因市易乘利及悬欠者，亦如之。”S. 3877 背《唐干宁四年平康乡百姓张义全卖地契》：“立契当日交相分赴讫，一无悬欠。”如此之类，董志翘《〈汉书〉旧训考辨》系列三篇论文与《〈汉书〉旧注辨证》系列两篇论文掘发甚多。[②]

第三节　词汇化

词汇化是与语素陌生化存在密切互动关系的历时语言现象。所谓词汇化，“是指原来非词的语言形式在历时发展中变为词的过程。”[③]双音词有三个主要来源：一是短语，这是双音词最主要的来源；二是有语法性成分参与组成的句法结构；三是不在同一句法层次上而只是在线性顺序上相邻接的成分。以上三种情况都属于词汇化的范畴。

词汇化与语法化一样，都是语言单位从理据清晰到理据模糊、从分立到融合的变化。词汇化过程的第一步或者说初级阶段往往是习语化，即由自由短语变为固定短语，然后再向复合词发展。在此基础上，进一步词汇化，则有可能使复合词或派生词单纯化。

词汇化的一个基本条件是语义上要有一定改造，最常见的几种形式是：

---

① 董志翘：《训诂类稿》，四川大学出版社 1999 年版，第 31—32 页。

② 参董志翘：《训诂类稿》，四川大学出版社 1999 年版。

③ 董秀芳：《词汇化：汉语双音词的衍生与发展》（修订版），商务印书馆 2011 年版，第 24 页。

"A. 部分语义弱化或脱落；B. 语义发生了隐喻引申或转喻引申；C. 由类转(即不改变外部形式而由一类词变为另一类词)而引起的语义转变。这些语义变化都使得形式与意义之间的关系由直接变得迂曲，因而使得双音节词的理据性大大低于作为其源头的同形短语，甚至有些双音词的内部形式已经很难索解，由复合词进一步向单纯词演化。"①

在词汇化过程中，语言结构的理据渐趋模糊，直至完全耗散。如此，形成一个理据从清晰到模糊终至消失的渐变过程。与此相应，语言结构也经历着从短语到合成词再到单纯词的词汇化过程。与此相伴随的必然结果是词语成分义(词义、语素义)的陌生化甚至消失。以上过程可以用下图来展现：

词汇化…………………………………………………………→
语言单位： 自由短语……→固定短语……→合成词……→单纯词
语 素 义： 熟悉……………………→陌生………………→消失
理　　据： 清晰……………………→模糊………………→消失

图 4－2　词汇化过程

一、短词语汇化

汉语双音节词中，从短语降格来的数量最多，从短语凝结为词是汉语双音词产生的主要方式之一。近代汉语中也是如此。例如：

【多可】

正如一多可的人，来底都是，如所谓"要识人情之正"。(宋《朱子语类》卷一一七)

"多可"义为"宽容"。它的意义来源于短语"多可"，义为"多所认可、赞许"。如《文选·嵇康〈与山巨源绝交书〉》："足下傍通，多可而少怪。"李善注："傍通众艺，多有许可，少有疑怪，言宽容也。""多有许可，少有疑怪"是宽容的表现，因此"多可"转指"宽容"，短语词汇化为一个双音复合词。因在词汇化的过程中"多可"的意义发生了变化，所以"宽容"义和词形"多可"的联系是间接的，必须通过它的源义"多所认可、赞许"来建立联系。又如：

【落处】

① 董秀芳：《词汇化：汉语双音词的衍生与发展》(修订版)，商务印书馆 2011 年版，第 41 页。

(1) 彼比丘守护此钵,不得着瓦石落处、不得着倚杖下及着倚刀下、不得着悬物下……(姚秦《四分律》卷九)

(2) 手中着华,入于坛前,散手中华。看华落处到何神上,则得彼神能与成就。(唐《不空羂索陀罗尼经》)

(3) 夏至日中影所覆处,无风叶落处,并雨滴及处,是树势分。(唐《根本萨婆多部律摄》卷五)

例(1)—(3)中,"落处"都是短语,指"(物体)落下、放下的地方"。在禅籍中,"落处"引申为"意旨"。例如:

(4) 这一瓣香,从古及今,未曾间断。金色曾焚,我今亲爇。还有人委得落处么?(宋《汾阳无德禅师语录》卷一)

(5) 师云:"把断世界还观得也无?直饶一槌未落已前荐得,犹落二三。且作么生是第一义?有知落处底么?出众相见。"(宋《圆悟录》卷一)

(6) 若有人知此二人落处,不妨奇特。若辩不得,大似日中迷露。(明《仰山慧寂禅师语录》)

以上三例中的"落处"都是"意旨"的意思。"落处"的词汇化与它所处的禅宗文化语境和具体的上下文语境有关。它往往与"举"对举,"举"在禅籍中经常表示"举说公案","一举便知落处"即"一举说便领悟意旨",形容学人聪敏颖悟。例如:

(7) 唯证悟者,举起便知落处。(宋《大慧录》卷一九)

(8) 若是灵利底人,聊闻举着,便知落处。(宋《圆悟录》卷一一)

(9) 看他马大师与百丈行次,见野鸭子飞过,大师岂不知是野鸭子?为什么却恁么问?且道他意落在什么处?(宋《碧岩录》五三则)

例(7)—(8)的"落处"都和"举"相对成文,禅师举一则公案,目的无非引导学人根据他的意旨开悟。禅师意旨的"落处",就是他说话的目的、意旨的归宿,即旨归。例(9)向我们展现了"落处"意义变化的依据。"意落在什么处"即"旨归何处"。

因为词汇化的过程中"落处"的意义发生了变化,所以"意旨"义和词形"落处"的联系是间接的,必须通过它的源义"(物体)落下、放下的地方"来建立联系。

双音词除了从短语降格而来外，还可由原本不在同一个句法层次上，但在线性顺序上紧邻出现的两个成分所形成的跨层结构固化而成。例如：

【甚用】【甚以】

“甚用”“甚以”义为“非常”。例如：

(1) 父王忧虑，甚用患苦。深耻邻国，恐见陵嗤。（后汉《佛说太子慕魄经》）

(2) 陶者闻之，甚用不悦。（西晋《慧上菩萨问大善权经》卷下）

(3) 阿难语言：“我见汝迎佛，甚用欢喜。”（刘宋《沙弥塞部和醯五分律》卷二二）

(4) 伺夫卧讫，发灯来着，见其形体，甚用恐怖。即夜严驾，还至本国，天明乃觉，甚用悒戚。（元魏《贤愚经》卷二）

(5) 初，朝廷以蜀处险远，而温众寡少，悬军深入，甚以忧惧。而温直指成都，李势面缚。（《世说新语·识鉴》二〇刘孝标注引《温别传》）

(6) 今因酒败德，朝臣无敢谏者，大敌未灭，吾甚以为忧。（《北史·神武皇帝十五男传·文宣皇帝》）

王云路认为：“‘甚’是副词，‘用’‘以’为连词，相当于‘而’。”[①]我们认为，此处“用”和“以”都是用来引进原因的介词。以上所有例句都是先陈述一个能引起人情绪波动（喜怒哀乐）的事实，然后陈述主体对这一事实的情感反应。如例(3)“我见汝迎佛，甚用欢喜”中，“用”是引进原因的介词，它所引介的原因是“我见汝迎佛”，“甚用欢喜”即“甚因之欢喜”，整句话的意思是“我看见你迎佛，我因此而十分欢喜”。由于介词后的宾语很少出现，因此介词就向前依附于副词“甚”来凑成一个音步，从而形成了跨层的双音词“甚用”。“甚以”的形成也是如此。

二、合成词单纯化

合成词单纯化包含两方面的内容：一是合成词虽保留了它的词形，但至少有一个语素的意义已难以察知，完全看不出语素义与词义之间的联系，看起来像单纯词；二是词形发生变化，音节发生融合，从而成为单纯词。

前一种情况的成因主要是语素义的陌生化和词义变化，前文均已提及。

① 王云路：《中古汉语词汇史》，商务印书馆2010年版，第571页。

后一种情况在以拼音文字为记录手段的语言中最为常见。“在一些使用拼音文字的语言中，当一个句法成分发生词汇化之后，其书写形式常常会随之发生一定的变化，如原来各词的间隙被取消，某些字母被省略等。”[①]例如，英语的 welcome 是由短语 well come 变来的。该短词语汇化之后，原来两个词之间的间隙被取消，第一个词 well 的尾字母“l”被省略了。[②] 这种过程就是所谓的语素融合。语素融合的结果是新的单纯词和新的词根出现。即由 A、B 两个语素组成的双音词由于连读而模糊了音节之间的界限，A 的韵尾跟 B 的韵头发生了合音现象，组合成一个新的音节 A'；A' 包含了 B 的部分音素。

汉字由于一字一音节的关系，对音节的某些音素的或微或著的变化无法迅速显现，只有当几个音节逐渐融合，最终导致音节数减少时，才从文字的数量或形体上表现出来。[③] 即便如此，汉语文献中还是保存了不少复合词单纯化的产物——合音词。如上古汉语的“之焉→旃”“之乎→诸”“不可→叵”等，近代汉语的“你们→您(恁)”[④]等都是我们熟悉的合音现象。

古代学者对近代汉语的合音词已有所关注。例如明陆容《菽园笔记》卷七：“今吴中乡妇呼‘阿母’，声急则合而为‘黯’，轻躁之子呼‘先生’二字，合而为‘襄’。但未有此字耳。”又如清王筠《箓友臆说》：“吾乡奴仆佃户称其主为‘准家’，乃‘主人’二字急呼之而为‘准’也。”清韩邦庆《海上花列传》：“勿要两字。苏州人每急呼之，并为一音……阅者须知，覅本无此字，乃合二音作一音读也。”再如清范寅在《越谚》卷下“两字并音”条中记录了清末绍兴方言当中的九个合音词，它们分别是：勿顽→⿱勿顽、勿庸→⿱勿庸、勿用→⿱勿用、勿要→⿱勿要、只要→⿱只要、止有→⿱止有、勿为→⿱勿为[⑤]、勿礙→⿱勿礙、勿好→⿱勿好。[⑥]

现代汉语方言中保留了不少合音现象，李荣主编的《现代汉语方言大词典》各分册的引论中对此多有介绍，所涉及的合音词十分丰富。例如：

---

① 董秀芳：《词汇化：汉语双音词的衍生与发展》(修订版)，商务印书馆 2011 年版，第 28 页。

② 这一情况张永言也曾论及，他说：“有时候一个复合词由于语音和结构发生了较大变化而成为单纯词，它的内部形式也会从人们的语言意识里消失。”例如：英语 barn(谷仓)＜bere—ærn(大麦房)、lady(主妇)＜hlāf—dīge(捏面包的)、lord(家主)＜hlāford(hlāf—weard 看守面包的)。参张永言：《关于词的“内部形式”》，《语言研究》1981 年创刊号。

③ 董秀芳指出：“汉语不像其他语言那样实行分词连写，当一个短语降格为词后，外部书写形式没有任何变化，而且汉字记录的基本是语素(在古代汉语中记录的基本是词)，不能反映出语音的变化，这就为在历时发展过程中区分短语和词造成了更多的困难。所以说，汉语史中的词汇化缺乏外部明显的形式标志。”参董秀芳：《词汇化：汉语双音词的衍生与发展》(修订版)，商务印书馆 2011 年版，第 28 页。

④ “恁”同“您”，义为“你们”。参《近汉》第 1364 页。

⑤ 按：“⿱勿为”义为“不会”，应是“勿会”的合音。

⑥ [清]范寅著，侯友兰点注：《越谚》，人民出版社 2006 年版，第 278—279 页。

宁波：嫑[fe53＜fɐʔ12 io44]，“弗要”的合音词，义同“不要”。‖ 𫢸[vɐɪ34＜vɐʔ12 ɦuɐɪ213]，“勿会”的合音词，义同“不会”，又相当于“不”，表不情愿，还相当于“何不”。‖ 甮[vəŋ34＜vɐʔ12 ɦyoŋ123]，“勿用”的合音词，义同“别”。‖ 𪛔[dzɐɪ34＜dza213 ɦuɐɪ213]，“咋会”的合音词，义同“怎么，怎么会”。

苏州：嫑[fiæ523＜fəʔ55 iæ523]，“勿要”的合音词，义同“不要”。‖ 𫢹[fən55＜fəʔ55 zən13]，“勿曾”的合音词，义同“没有”。

太原：啐[tsai53＜tsəʔ2 khuai53]，“这块”的合音词，义同“这”。‖ 咻[vai53＜vəʔ2 kʰuai53]，“兀块”的合音词，义同“那”。‖ 位[vei45＜vəʔ2 iəʔ2]，“兀一”的合音词。‖ 这[tsei45＜tsəʔ2 iəʔ2]，“这一”的合音词。‖ 乃[nai53＜na45 khuai53]，“那块”的合音词。

西安：嫑[pɑu21＜pu21 iau44]，“不要”的合音词。‖ □[tsuɑ44＜tsu44 sɑ44]，“做啥”的合音词。① ‖ 阵[tʂẽ44＜tʂʅ44・mẽ]，“致门”②的合音词，义同“这么”。

扬州：忙[maŋ35＜ma35・saŋ]，“马上”的合音词。‖ 共[koŋ55＜kɔ55・soŋ]，“告诉”的合音词。‖ 嫖[piɔ55＜pəʔ4 iɔ55]，“不要”的合音词。‖ 喳[・tsa＜・tsɛ・a]，词缀“子”和语气助词“啊”的跨层合音。③

以上例子说明，发生合音现象的都是常见的、使用频率高的组合。即便是两个不在同一层次的邻接单位（跨层结构），也有发生合音的可能，如扬州话的“喳”，是词缀“子”和语气助词“啊”的跨层合音④。

合音现象发生的外因是语言的经济原则，内因是双音节词的进一步词汇化，即单纯化。合成词单纯化有可能导致语音的脱落或融合⑤，合音现象即其表现之一。短语词汇化（变为内部形式较清晰的复合词）→复合词单纯

① 该合音词亦见于四川方言、扬州方言。

② 即“这么”，西南官话当阳方言表程度深的“这么”读为“阵们”，“阵”可能是“这们”的合音词，“阵们”的“们”是羡余成分，与“别要”的“要”类似。

③ 重点符号表示该字是注音字，“口”表示未造字也未使用记音字。

④ 西南官话当阳方言，“搞嘛子啊”意为“干什么啊”，用以表示一般疑问语气。若用以制止或斥责，则带有愤怒的情绪，语速加快，就会说成“搞嘛喳”。“喳”是跨层结构“子啊”的合音。

⑤ 这一现象李如龙也有阐述，他说：“多音词语虽说是靠字义的合成来构成词义的，但是词义凝固之后，音节之间的结合也更加紧密，快读之后又造成一些音节的弱化，于是产生了轻声、儿化、连读变调，这便是多音词的‘语义整化’所带来的‘语音固化’。轻声是语义变化造成的音节弱化，儿化是轻声音节被吞并后的合音，连读变调是用声调的高低、轻重的调整来把多音节‘捆绑打包’的办法。”参李如龙：《汉语和汉字的互动与和谐发展》，《吉林大学社会科学学报》2009 年第 2 期。

化(变为内部形式消失的单纯词)→单纯词语音损耗(语音成分省略或合音),这是词汇化所遵循的轨迹。每深入一步,词语理据的清晰度就降低一级。发展到单纯词阶段,词语的理据便完全消失。因此,词汇化加大了理据探求的难度。

第四节 词义演变

词义演变的途径有多种。蒋绍愚在《汉语历史词汇学概要》中讨论了七种演变途径:(1)引申;(2)扩大和缩小;(3)义位间聚合或组合关系的影响(包括"同步引申""相因生义""词义沾染");(4)缩略;(5)语用推理;(6)语法化;(7)语境吸收。①

词的本义与词形的关系最为密切,词义的变化每推进一步都会导致词形和它所承载的意义之间的关系变得疏远,因此词义的演变会增加词语理据探求的难度。以衍义为内容的词的理据必须通过源义才能探明;因为词形和衍义的联系需要通过源义才能得以连通。下面以引申和语境吸收为例说明词义演变给理据探求带来的障碍。

一、词义引申

词义引申是词义演变中最常见的一种途径。词义引申的心理基础是联想,即通常所说的隐喻和转喻。词义引申会使词的理据变得难以探寻,因为引申使得词形与词义之间的关系变得迂曲。引申义须追溯至其所从引申的意义,即其源义,来说明其理据。例如:

【浮渲】

"浮渲"指发髻虚拢高耸,如例(1);也指美人的发髻,如例(2)。前义和后义是状态和物体的转喻关系。

(1)《本事诗》载刘禹锡《李司空席上赠妓》诗云:"浮渲梳头宫样妆,春风一曲《杜韦娘》。(明杨慎《升庵诗话》卷七)

(2) 浮渲才梳,方空新换,不似旧时慵。(清董以宁《一丛花·闺情》)

词形"浮渲"和它所表达的意义"虚拢高耸的发髻"看不出直接的联系,

① 蒋绍愚:《汉语历史词汇学概要》,商务印书馆 2015 年版,第 177 页。

这个意义极有可能是衍义。古人为什么用“浮渲”这个词形表达“虚拢高耸的发髻”？对于这个问题，明代的杨慎给我们提供了线索，他在《升庵诗话》卷七中评价“浮渲梳头宫样妆”这句诗时说：“‘浮渲’字妙，画家以墨饰美人发，谓之渲染。”[①]杨慎的话透露出两点信息：(1)“浮渲”和“渲染”是同义词[②]；(2)古人画人物画时用浮渲的手法修饰美人的头发。据此我们推测，“浮渲”是古人作画的一种手法，即用水墨或淡色涂抹画面，以加强艺术效果；古人画人物画时用浮渲的手法修饰美人的头发，因此，用作画的行为“浮渲”转指作画对象“美人的发髻”。[③]

至于将上面所说的绘画技法叫作“浮渲”的理据，我们推测：“浮”所表达的概念要素是“表面”，“渲”所表达的概念要素是“渲染”。[④]

二、语境吸收

“语境吸收”是指一个词经常处于某种表示语法意义的语境中，这个词原有的词义淡化，逐步吸收了所处语境的语法意义，形成一个新的词义。[⑤]

在语境吸收方面，董秀芳为我们提供了一个十分经典的例子。她认为，在汉语发展史上，有很多形式的语义变化都是在反问句环境中发生的。反问句中的语义变化可以分为四种情况：(1)在反问句中发展出表示建议或规劝的副词，例如表示建议的“何不”“何妨”，表示规劝的“何必”“何苦”；(2)在反问句中发展出具有意外意味、表示逆向连接的话语标记以及表示不确定性的副词性插入语，如“谁知/谁知道”在反问句的语境中发展出引进意外事态的话语标记用法；(3)在反问句中发展出疑问副词，例如“敢”和“可”；(4)在反问句中发展出强调副词，例如“可”。上述四种情况的变化均与反问句的否定和反诘语气有关。反问句的否定性使一些成分的语义发生了由肯

---

① 明姚旅《露书》卷三：“杨用修云：‘浮渲，渲音选，画家染色也。’”

② 该词还发展出“藻饰；修饰”义。如明胡震亨《唐音癸签》卷八：“罗昭谏(隐)酣情饱墨，出之几不可了，未少佳篇，奈为浮渲所掩，然论笔材，自在伪国诸吟流上。”明熊文举《随草诗余跋》：“古今名媛篇什，多以风韵取胜，然不无浮渲脂黛之习。唯夫人诸作雄浑方严，具有丈夫之概。”

③ 王仲镛、王大厚认为：“浮渲，诗中当是以画家渲染的色调，形容妇女发髻的蓬松。”参明杨慎著，王仲镛、王大厚笺注《绝句衍义笺注》，四川人民出版社1986年版，第73页。

④ 渲染是中国画技法的一种。又叫“晕染”。用不同浓淡的色或墨渲染画面，向光的地方淡，背光的地方浓，增强画面的立体感和厚重感。具体地说，“渲”是在皴擦处略敷水墨或色彩。“染”是用大面积的湿笔在形象的外围着色或着墨，烘托画面形象。参李诚主编：《国学小百科书系　绘画小百科》，巴蜀书社2013年版，第214页。

⑤ 蒋绍愚：《汉语历史词汇学概要》，商务印书馆2015年版，第366页。

定向否定或由否定向肯定的转移。[1]

蒋绍愚则以假设连词"要"为例,做了理论阐释。"要"的演变应当具备两个条件:第一个条件,助动词"要"首先要出现在条件复句的前一小句中,这种句法环境就赋予这个小句表示假设的语义;其次,"要"后面的"VP"究竟是想施行而还没有施行的主观意图,还是假想中的一种已经出现的客观情况不易分清,因此,"要"表示意愿的语义就减弱。第二个条件,使"要"原来的意义(表示意愿)弱化,这就是通常所说的"语义漂白(Semantic Bleaching)";第一个条件使"要"具有了新的意义(表示假设),而这种意义原来是语境所有的,现在通过语用推理(Pragmatic Inference),成为"要"这个词所有了。这就是通常说的"语境吸收(Absorption Context)"。[2] 也就是说,表意愿的助动词"要"演变为假设连词,是语境赋义的结果。例如:

【未曾】

(1) 正月初九日,李瓶儿打听是潘金莲生日,未曾过子虚五七,就买礼生轿子……来与金莲做生日。(明《金瓶梅词话》一四回)

(2) 书童儿晚夕只在床脚踏板书搭着铺睡。未曾西门庆出来,就收拾头脑打扫书房干净,伺候答应。(同上三一回)

(3) 平安进来禀报,守备府周爷来了。西门庆冠带迎接。未曾相见,就先令宽盛服。(同上五八回)

以上三例中的"未曾"是"刚刚"的意思。[3] "未曾"本指"没有;不曾",为何会有"刚刚"义呢?我们认为,"未曾"的新义是语境吸收的结果。

上述例句中的"未曾"都与"就"构成"未曾……就……"的格式,与现代汉语"还没……就……"格式的意思完全相同。它们都表示第一件事情还未完成,第二件事情就发生了。这一格式有一个预设,即第一件事情完成后才能发生第二件事情,这与"就"的意义——"两件事情紧接着发生"相应。以上两种格式都用来表示第二件事情的发生早于预设,因此它们的意义重心在于时间上的早或者急迫性,而这种意义是整个构式——"否定副词……就……"的构式义。"未曾"本为"没有"义,它的后面所接的成分应该表达未完成的事件。但以上三例中"未曾"后的事件已经发生,这一事件的属性超

---

① 董秀芳:《反问句环境对于语义变化的影响》,《东方语言学》2008 年第 2 期。

② 蒋绍愚:《词义演变三例》,《汉语词汇语法史论文续集》,商务印书馆 2012 年版。

③ 张惠英:《〈金瓶梅〉中值得注意的语言现象》,《语文研究》1986 年第 3 期。

出了构式的要求，因此事件与格式必有一方要发生变化，即发生所谓“压制”。“压制”有两种情况：(1)构式义压制词汇义，即构式使进入其中的不合法的成分变为合法的成分；(2)词汇义压制构式义，即进入构式中的不合法成分改变了构式义从而使自身成为合法的成分。

再回到“未曾”的意义上来。构式“否定副词……就……”要求否定副词后接未然事件，但上述诸例中否定副词后的事件都是已然事件，因此构式义与词汇义(此处为大于词汇的语言单位的意义)相冲突，词汇义压制构式义，使得“否定副词……就……”的构式在意义上发生改变——先后两个事件之间的时间距离加大，由“第一件事情还没完成就立马做第二件事”变为“第一件事情刚刚做完就立马做第二件事情”。“刚刚”这种意义本来是语境所有的，后来通过语用推理，成为“未曾”的新义。

第五节　特殊造词法

造词方法是使用具体语素组织成词的方式和方法。造词法关涉新词的创造，即研究用什么材料和方法创造新词。[①] 汉语的造词法有哪些？不同的学者从不同的角度分出了不同的类。任学良根据词的产生途径把汉语造词法分为五类：(1)词法学造词法；(2)句法学造词法；(3)修辞学造词法；(4)语音学造词法；(5)综合式造词法。[②] 刘叔新根据词的产生材料把汉语造词法分为三大类：(1)词汇材料式；(2)语音材料式；(3)混合材料式。三大类下再列具体的方法，如结合法、改造法等。[③] 蒋绍愚在各家分类的基础上，从汉语历史词汇学的角度，形成了新的分类：(1)旧词→新词(一对一)；(2)词＋词(凝固或在线生成)→复合词；(3)词＋词缀→派生词；(4)译音词；(5)来源不明的词。[④] 以上各家不同的分类结果，是从不同角度对汉语造词法的认识，各有优长。[⑤]

---

① 张志毅认为，“构词法”属于译码范畴，是对生成后的词做语法分析；“造词法”属于编码范畴，是研究生成，即创造新词的方法。参张志毅：《〈汉语词汇〉的贡献与词汇学的新进展》，《词汇学的理论与应用》编委会编：《词汇学的理论与应用》(四)，商务印书馆 2008 年版。更多内容可参朱彦：《汉语复合词语义构词法研究》，北京大学出版社 2004 年版，第 16—29 页。

② 任学良：《汉语造词法》，中国社会科学出版社 1981 年版。

③ 刘叔新：《汉语描写词汇学》，商务印书馆 1990 年版。

④ 蒋绍愚：《汉语历史词汇学概要》，商务印书馆 2015 年版。

⑤ 潘文国等对汉语的造词法研究有详细的述评，详参潘文国等：《汉语的构词法研究》，华东师范大学出版社 2004 年版。

这里所说的特殊造词法，是从造词结果的角度来说的。近代汉语中一些新词无法用并列、主谓、偏正等构词法来分析，这往往是因为造词时运用了特殊的造词法。

对于特殊造词法，薛祥绥在1919年已经有所揭示：

> 至若织文之士，经纬篇章，则有**合名为词**（如《史记·蔡泽传》称“王乔、赤松子”为“乔松”，《邹阳传》称“伊尹、管仲”为“伊管”），**截名为词**（如《费凤碑》称“蔺相如”为“蔺相”，《晋书》称“诸葛亮”为“诸葛”），**破字为词**（如称“许”为“言午”，见《三国志·魏文帝纪》注；称“张”曰“弓长”，见《宋书·王景文传》注），**隐语为词**（如称“司马”曰“典午”），**歇后为词**（如“刑于”“友于”“贻厥”“宴尔”，皆歇后之词）。先例虽众，不合于理也。[①]

薛氏用“先例虽众，不合于理也”对他所提及的各种造词法进行评价，所谓“不合于理”即与词法学造词、句法学造词不合。

近代汉语的特殊造词法可概括为两个方面：（1）因音造词。口语以音传意，因此口语词汇多因音造词，与书面语多因义造词（复合）有别。[②] 如联绵词、切脚词、叠音词、拟声词、带音缀词、合音词等，均属因音造词。（2）因形造词。又可分为两类：一是语言形式的缩略或截割重组；一是文字形式的拆并分合。[③]

一、拟声造词

拟声造词是在所有语言中都普遍存在的造词方式，理当在“特殊”之外。基于以下两点，我们将它视为特殊造词法：

第一，宥于语言的语音系统，拟声词对声音的模拟无法做到原样描摹，而只能大致趋近。这样就导致拟声词的发音与它所模拟的声音有一定的距离。如果再发生历时音变，距离就会进一步加大，最终使用者可能很难从听感上感知拟声词是对某种声音的模拟。例如“可擦擦 khaʼ tshat tshat”是近

---

① 转引自潘文国等：《汉语的构词法研究》，华东师范大学出版社2004年版，第21—22页。

② 李如龙：《论汉语词汇的多元系统》，《江苏大学学报》（社会科学版）2011年第1期。

③ “切脚语”和“拆并字”都是目的性极为明确的语言活动，这些活动的目的主要有二：一是求隐晦；二是为娱乐。沈怀兴认为：“切脚语产生于语言表达的隐秘性或陌生化要求，……具有明显的地域性、游戏性、隐秘性和有限性。”（参沈怀兴：《联绵字理论问题研究》，商务印书馆2013年版，第141页）因这些词是语言游戏的产物，它们的意义与记录它们的文字原本记录的语素的意义毫无关联，因此，这类词的理据极难探寻。

代汉语中摹拟事物摩擦碰击声的词，现代汉语普通话中该词读为“khr tsha tsha”。根据这个读音，我们实在无法将其与摩擦碰击声联系起来。

第二，拟声词的外部形式中各音节所对应的语素的意义与拟声词的意义无关，如果我们不清楚研究对象拟声词的性质，就容易从语素义与词义的关系而不是音节的读音与词义的关系的角度去探求它们的理据，从而导致理据探求的失败。

音译词是用本民族语言的音节对译外语词的音节，可以看作是对外语词读音的模拟，因此也可以纳入拟声造词的范畴。近代汉语中有大量拟声词，本书第三章当中已有所涉及。蒋冀骋《近代汉语词汇研究》第三章第二节《音韵造词》部分罗列了大量拟声词，第二章第四节《外来语》部分列举了一些源自吐蕃语、契丹语、女真语、蒙古语、突厥语、法语、梵语等语言的音译词，读者可以参看。此处不再罗列。

二、重叠造词

这里所说的重叠造词主要指朱德熙所提出的“顺向变声重叠”和“逆向变韵重叠”两种变形重叠方式。

朱德熙提出了“变形重叠”“变声重叠”“变韵重叠”三个相关的概念。所谓“变形重叠”就是基式与重叠部分不完全相同，与基式相比，重叠部分的语音发生了变化。在“变形重叠”里，相对于基式而言，重叠部分改变了声母而韵母不变的重叠叫“变声重叠”。如拟声词“啪”重叠出“啪啦”。“啪”是基式，“啦”是重叠部分。基式与重叠部分韵母相同，都是“a”，声母不同，基式的声母“ph”变成了重叠部分的声母“l”。重叠部分改变了韵母而声母不变的重叠叫“变韵重叠”。如拟声词“啪”重叠出“噼啪”。“啪”是基式，“噼”是重叠部分。基式与重叠部分声母相同，都是“ph”，韵母不同，基式的韵母是“a”，重叠部分的韵母是“i”。他最后总结说：“在潮阳话和北京的几种重叠式象声词里，变声重叠都是顺向的，变韵重叠都是逆向的。”①

王洪君对拟声词、晋方言中的“嵌 L 词”、福州话中的切脚词等进行了细致而深入的研究，总结了不少规律。其中最重要的一点是，该模式下的双音词第二个音节的声母均为边音“l”。②这一现象可与朱德熙提出的“顺向变声重叠”以及竺家宁、孙景涛所论拟声词语音结构中的边音成分相贯通。

---

① 朱德熙：《潮阳话和北京话重叠式象声词的构造》，《方言》1982 年第 3 期。

② 王洪君：《汉语常用的两种构词法》，《语言研究》1994 年第 1 期。

此外，马庆株[①]、郑懿德[②]、包智明[③]等分别考察了普通话拟声词的变形重叠、福州话形容词的变形重叠、晋方言的嵌 L 词、连城客家话拟声词的变形重叠、苏州方言拟声词的变形重叠和古汉语联绵词的内部构造，一致认为，变声重叠顺向和变韵重叠逆向是汉语变形重叠的共性。[④]

变形重叠的结果是产生双音节单纯词，从而导致词语的理据难明。李维琦认为音的分合"或者是为了音节匀称，或者是为了避免浅露无味。"[⑤]避免"浅露无味"的结果就是词语理据隐奥难寻。王云路也曾指出"在汉语双音化进程中，运用音节扩展造成的联绵词也往往是人们认识词义的又一个障碍。许多联绵词都是单音节词的缓读或扩展。"[⑥]

江蓝生在朱德熙、孙景涛研究的基础上，将变形重叠理论运用于元杂剧中的四字格状态形容词形成机制的阐释当中，证明了变形重叠理论在探求近代汉语词语理据时的价值。[⑦]这里我们再举一个近代汉语词汇的例子：

【曲木】→【曲录木】【录录曲曲】[⑧]

"曲录木"和"曲木"同义，"曲录"由"曲"顺向变声重叠产生（khiok→khiok liok/khiu→khiu liu）。

"曲木"指禅床，因禅床刻木成屈曲形为之，故名。例如：

---

① 马庆株：《拟声词研究》，《语言研究论丛》（第四辑），南开大学出版社 1987 年版。

② 郑懿德：《福州方言形容词重叠式音变方式及其类型》，《中国语文》1990 年第 5 期。

③ 包智明：《从晋语分音词看介音的不对称性》，《中国语言学论丛》（第一辑），北京语言文化大学出版社 1997 年版。

④ 我们认为，这一重叠模式或源于原始语言的拟声模式，而且这一造词规律的提出正导源于拟声词的研究。竺家宁从语音学的角度研究拟声词，通过研究从《诗经》、元曲至现代汉语中的拟声词，发现次一成分总是带舌尖边音"l"，而首一成分多为"k"，且其他语言亦可见类似现象。由这些现象可知"l"或"r"成分作为拟声词的次一发音成分，似乎是某些语言的共同性质。究其原因，从发音性质来看，"l"是舌尖抵住上齿龈，气流由舌两边流出，这个动作比气流爆发的塞音、气流挤出的摩擦音要轻松自然许多。[参竺家宁：《论拟声词声音结构中的边音成分》，《"国立"中正大学学报》（人文分册）1995 年第 1 期]孙景涛的研究显示：在顺向重叠中，第二音节的声母常变为流音[* l-、* r-]，鼻音[* m-、* n-、* ŋ-]，喉塞音[* ʔ-]，擦音[* x-]以及复辅音[* sr-、* tsr-、* tsh-]，而流音又占绝大多数。在裂变式重叠中，第二音节的声母基本上只有流音[* l-、* r-]。（参孙景涛：《古汉语重叠构词法研究》，上海教育出版社 2008 年版）

⑤ 李维琦：《修辞学》，湖南师范大学出版社 2012 年版，第 67 页。

⑥ 王云路：《从"声张正义"说起——论"即音求义"的多重作用》，《浙江教育学院学报》2003 年第 6 期。

⑦ 江蓝生：《变形重叠与元杂剧中的四字格状态形容词》，《历史语言学研究》（第一辑），商务印书馆 2008 年版。

⑧ 详参王勇：《禅籍合成词溯源》，《汉语史研究集刊》（第十七辑），巴蜀书社 2014 年版。

(1) 曲木坐床，乌藤倚旁。（宋《宏智广录》卷九）

又有同义词“曲录木”。例如：

(2) 从此卸却天戈，随分着衣吃饭。二十年来坐曲录木，悬羊头卖狗肉，知他有甚凭据？（宋《五灯会元》卷二〇）

同义词语还有“曲录床”“曲親木”“曲录木床”“曲录床子”“曲录木头”“曲木禅床”，例不赘举。[①] “曲录”“曲親”即“曲”。江蓝生指出：“‘乞留曲律’：‘曲’顺向变声重叠为‘曲律’，‘曲律’逆向变韵重叠为‘乞留曲律’。”[②] “曲”的重叠形式还可作“曲绿”“屈律”“曲录”“曲律”“乞留曲律”“乞留曲吕”“曲吕”等。例如：

(3)黑闼大悦，又令嘲骆驼，“项曲绿，蹄波他，负物多”。（隋《启颜录》）

(4)欲知圣人姓，田八二十一；欲知圣人名，果头三屈律。[③]（《全唐诗》卷八七五《皮日休造黄巢谶》）

(5)倚松根，傍岩缝，曲录腰身长欲动。（欧阳炯《贯休应梦罗汉画歌》诗）

(6)曲律竿头悬草稕，绿杨影里拨琵琶。（元康进之《李逵负荆》第一折）

(7)你看他吸留忽刺水流乞留曲律路。（元孟汉卿《摩合罗》第一折）

(8)过了些乞留曲吕涧，重重叠叠山，扑簌簌泪滴雕鞍。（元无名氏《水仙子》曲）

(9)本待做曲吕木头车儿随性打，原来是滑出律水晶球子怎生拿。（元乔吉《一枝花·杂情》套曲）

“曲录”重叠再经音节换位，则为“录录曲曲”。例如：

---

① 参雷汉卿：《禅籍方俗词研究》，巴蜀书社2010年版，第541—542页。

② 江蓝生：《变形重叠与元杂剧中的四字格状态形容词》，《历史语言学研究》（第一辑），商务印书馆2008年版。

③ “果头三屈律”是“巢”字的拆字形式，“三屈律”指“果”上的“巛”。

(10)横钩三点,似月如星。老胡用尽机关,一生拈弄不出。若更加其录录曲曲,自谓海外得来,何异楚人以鸡为凤?(宋《虚堂录》卷四)

“曲”顺向重叠为“曲录”完全符合顺向重叠的语音变化规律,近代汉语中还有一些顺向重叠的例子并不完全与顺向重叠的语音变化规律相符,但仍然可以归入重叠的范畴当中。例如:

【短促】→【短卒律】【卒】→【卒律律】

“短促”指时间短暂。例如:

(1)蟪蛄蒙恩,深愧短促。思填东海,强衔一木。(唐李白《来日大难》)

“短卒律”和“短促”同义,例如:

(2)不能勾侍君王在九间朝殿,怎想他短卒律命似颜渊!(《元曲选·青衫泪》二折)

“律”的语素义和“短暂”义无关;语音方面,“促”可以顺向重叠为“卒律”(tshiok→tsuot liuıt/tshiu→tshu liu)。因此,“短卒律”即“短促”。

近代汉语中还有一个音义相关的词“卒律律”,形容急骤猛烈的样子。例如:

(3)卒律律电影重,古突突雾气浓。(元尚仲贤《柳毅传书》第二折)

(4)卒律律寒飙扑面,急飕飕冷气侵人。(明《金瓶梅词话》第七一回)

“卒律律”应当是“卒”的顺向重叠加叠音形式:“卒”顺向重叠为“卒律”(tsuot→tsuot liuıt/tshu→tshu liu)。

三、谐音造词

同音词在人类语言中普遍存在,它们是语言系统自身调节、发展的结果。同音词的存在不是为了给我们逗乐,但睿智的语言使用者却利用这一材料创造了乐趣。例如,相声表演者利用同音词构成双关、别解,制造包袱、噱头，从而产生强烈的幽默效果。在这些游戏过程中，创造了一些形式与意义联系较为迂曲的谐音词。

人们为造成某种修辞效果而自觉将同音词加以运用的开端甚早，《荀子·大略》“聘人以珪，问士以璧，召人以瑗，绝人以玦，反绝以环”便是其例。到了近代汉语时期，谐音造词法更是被频繁使用。丁喜霞指出：“唐宋以来，传奇、话本应运而生，谐音是说话人最基本的表现手法，说话人‘随手调笑成趣’，幽默、诙谐，词锋机警，也曲折反映社会矛盾。利用人名地名的谐音来表达某种思想，在‘三言’‘二拍’等作品中随处可见，后经不断发展，几乎遍布于明清小说中。《红楼梦》将谐音手法的运用推向了高峰。”①

谐音是口语常用的修辞手法，或为逗乐，或为隐谐，或为避讳，或为趋吉，主要运用于日常生活、隐语、白话文学作品、对联、歇后语中。见于日常生活者如“蝠”（福）、“鱼”（余）、“八”（发）；见于隐语者如“打铜鼓”（鸡奸）②；见于白话文学作品者如“甄士隐”（真事隐）、“甄英莲”（真应怜）、“贾宝玉”（假宝玉）等；见于对联者如“二三四五，六七八九”（缺衣少食）、“一二三四五六七，孝悌忠信礼义廉”（王八无耻）；见于歇后语③者如“外甥打灯笼”（照旧）、“孔夫子搬家”（尽是输）。

文字的通假无法形成谐音所能产生的诸多修辞效果，但谐音所造成的理据探求障碍则与通假如出一辙。它们都以音为纽带，在形式和意义之间插入了同音字（词）这一层隔障，形成如下格局：形式—同音形式—意义。要想将形式与意义联系起来，必须以声音为线索，找到与意义相对应的本来形式，从而去除同音形式的干扰。

四、隐缺造词

隐缺造词④就是将固定结构（四字格、成语、句子）的部分内容隐而不说，

---

① 丁喜霞：《汉语相似语言学》，语文出版社2010年版，第277页。

② ［清］马寿龄《金陵城外新乐府注》：“鸡奸谓之打铜鼓。铜鼓，童股也。”

③ 据李弘调查，在温端政主编的《中国歇后语大全》的B条下共收歇后语2560条，其中谐音歇后语达394条之多，约占15.4%。参李弘：《语音隐喻初探》，《四川外语学院学报》2005年第3期。

④ 有学者根据所缺部分所处的位置分别称为藏头词和歇后词。我们不用“歇后”这个术语，因为它极易使人联想到歇后语。隐缺词中的藏尾词与歇后语并非完全等同，它们存在以下几方面的差异：第一，隐缺词以惯用固定短语为基础，歇后语并无此要求；第二，隐缺词显现的部分与隐去的部分不存在意义上的联系，而歇后语隐去的部分是由显现部分的语义推衍出来的。

用剩余部分来表示隐去的内容，即“欲显而阙本词”[①]；或增加部分内容使形式更为复杂，从而使需要表达的部分隐藏在新的复杂形式中，即“欲隐而增他词”。

隐缺词和缩略词有一些相似的地方，它也是在一个常用形式的基础上略去部分成分构成的，也不考虑保留部分结构和意义的完整性。因此在隐缺过程中，词语极大地丢失了其理据信息，从而使得理据较为难明。

隐缺造词的基础是说听双方必须拥有共同的语言文化知识，即说听双方都必须熟知原始形式。唯有如此，利用隐缺造词方式所创造的词语才能得以运用。例如“灵盖”指丈夫，理解这一隐缺词，需要两方面的文化基础：首先，必须熟知“天灵盖”这一词语，以此保证听到或看到“灵盖”便能联想到“天灵盖”，从而推导出隐缺成分“天”；其次，必须具备“男人是天”的文化心理或文化经验[②]，才能推导出“天”指丈夫的结论。

“欲显而阙本词”与“欲隐而增他词”都以固定结构为基础，它们的造词过程可以表示如下：设有惯用词语 ABCD，若欲表达 A/B/C/D，用“欲显而阙本词”的造词法则产生 BCD/ACD/ABD/ABC；用“欲隐而增他词”的造词法则产生 ABCD。“欲隐而增他词”的现象目前关注较少，尚无合适的称述方式，姑且附于此处一并讨论。

（一）欲显而阙本词

欲显而阙本词，指将固定结构（四字格、成语、句子）的部分内容隐而不说，用剩余部分来表示隐去的内容。从另一个方面来讲就是通过隐阙的方式来突显。

近代汉语中用这种方法创造的新词语有一定数量。例如：

【不亦悦】【德輶如】

> 两颊无非“不亦悦”，通身都是“德輶如”。（明《拍案惊奇》卷八，《近汉》360 页）

“不亦悦乎”隐去“乎”，谐音“胡”（不亦悦→乎→胡），即胡须。“德輶如

① 俞理明将之定义为：“就是在一个完整的惯用词语中把其中表意所需的部分隐而不说，用剩余部分来表示这个隐去的内容，不论它的结构是否完整、表意是否合理。”参俞理明：《汉语词汇中的非理复合词——一种特殊的词汇结构类型：既非单纯词又非合成词》，《四川大学学报》（哲学社会科学版）2003 年第 4 期。

② 古代妇女以夫为天，故女子改嫁谓“二天”，明《警世通言》卷一七：“朝夕逼勒妹子六瑛改聘。六瑛以死自誓，绝不二天。”清《聊斋志异·白于玉》：“远近不无知儿身许吴郎矣。今改之，是二天也。”

毛”隐去“毛”(德輶如→毛),指毛发。语本《诗经·大雅·烝民》:“德輶如毛,民鲜克举之。”

【二十四】

莫不是我昨夜去了,大娘有些二十四么?(明《金瓶梅词话》五三回,《近汉》440页)

“二十四节气”隐去“(节)气”(二十四→气),指生气。[①]

【号啕痛】【剜墙拱】

小大官儿,怎的号啕痛,剜墙拱?(明《金瓶梅词话》七六回,《近汉》749页)

“号啕痛哭”隐去“哭”(号啕痛→哭),指哭泣。“剜墙拱窟”隐去“窟”,谐音“哭”(剜墙拱→窟→哭),指哭泣。

【驴马畜】

今日是你个驴马畜,把客人丢在这里,你躲房里去了。(明《金瓶梅词话》一四回,《近汉》1212页)

“驴马畜生”隐去“生”字(驴马畜→生),指生日。詈词。

【七大八】

我眼里见了多少人家七大八,不似这个真是能诗能画。(明徐翙《春波影》三出,《近汉》1585页)

“七大八小”隐去“小”(七大八→小),指小妾。

【秋胡戏】

---

① 现代汉语方言中也有一些同类的例子,例如江陵、新洲、天沔等地称猪耳朵为“顺风”,是在“顺风耳”的基础上隐去“耳”(顺风→耳)而成的。(参刘先枚:《楚言榷论》,武汉大学出版社2012年版,第207页)武汉方言“芝麻绿”指“凑聚”,是“芝麻绿豆”隐去“豆”字,又谐音“斗”字(芝麻绿→豆→斗)而产生的。(参朱建颂:《武汉方言词典》,崇文书局2018年版,第1页)

你家第五的秋胡戏，你娶他来家多少时了？（明《金瓶梅词话》二三回，《近汉》1759页）

"秋胡戏妻"隐去"妻"（秋胡戏→妻），指妻子。

【依样画】

（赵衡）素寡髮，俗目之为赵葫芦，遂为好事者作小词咏之曰："家门希差，养得一枚依样画。百事无能，只去篱边缠倒藤。"（宋洪迈《夷坚志》支景卷四，《近汉》2467页）

"依样画葫芦"隐去"葫芦"（依样画→葫芦），指葫芦。

【钟徐丘】

这吕祥先在京师，凡是替狄希陈买办东西，狠命克落，喜得狄希陈不大会得算账，两三年里边，他也钟徐丘了好几两银。（清《醒世姻缘传》八八回）

"钟徐丘骆"[①]隐去"骆"，谐音"落"（钟徐丘→骆→落），指"经手钱财，从中私下扣取小部分，以充私囊"。

（二）欲隐而增他词

与欲显而阙本词相反，欲隐而增他词指想要表达某一词的意思，却故意将它隐藏于包含该词的惯用词语当中。与之共现的其他成分起到很好的掩护作用。近代汉语中的例子如明田汝成《西湖游览志余》卷二五《委巷丛谈》："有所谓四平市语者，一为忆多娇，二为耳边风，三为散秋香，四为思乡马，五为误佳期，六为柳摇金，七为砌花台，八为霸陵桥，九为救情郎，十为舍利子。""忆多娇"的"忆"谐音"一"，"耳边风"的"耳"谐音"二"，其余依次类推。[②] 又如：

【望江南巴山虎儿】【汗东山斜纹布】

---

① 《百家姓》中相连的四个姓氏。

② 也有不限于增词的情况，如董绍克介绍了一种"双料语"，只是增一个固定的音节而已，但其用意却是相同的。"濮阳方言的二字语，又称'双料语'，是一种用两个音节表示一个字音的民间用语，其中一个音节表达说话人的真正含义（称为'本音'或'本字'），另一个音节是另外加上用来掩蔽真正含义的（称为'加音'或'加字'）。如：'写[ɕiɛ53]'说成[lɛ53 ɕiɛ53]，其中[ɕiɛ53]是本音，[lɛ53]是加音。"参董绍克等：《汉语方言词汇比较研究》，商务印书馆2013年版，第41页。

不要理这望江南巴山虎儿，汗东山斜纹布。（明《金瓶梅词话》七二回）

李申认为，“望江南巴山虎儿，摘取‘望巴’两字，与‘王八’谐音。汗东山斜纹布，摘取‘汗斜’两字，与‘汗邪’谐音。此用隐语骂人是‘王八汗邪’。汗邪，意为胡说八道。”[①]也就是用整体转指部分，然后谐音：望江南巴山虎儿→望巴→王八，汗东山斜纹布→汗斜→汗邪。

还有一种增词的情况，它不是为了隐或者是显，而是出于谐趣的考虑。由于其生成方式与“欲隐而增他词”相似，因此放在此处一起讨论。例如：

【青龙白虎】

儒餐自有穷奢处，白虎青龙一口吞。（清赵翼《儒餐》诗）

赵翼自注云：“俗以豆腐青菜为青龙白虎汤。”刘瑞明认为：“豆腐颜色‘白乎乎的’谐音成‘白虎’。‘青菜弄汤’，谐音成‘青龙汤’。”[②]我们认为，刘说不可取。其实该词不过是人们在事物特征和已有语言文化知识的基础上，以制造谐趣为目的的词汇创造。清赖学海在《吴城竹枝词》的自注中明确说明“青龙白虎汤”是谑称。他说：“盘餐颇俭，仅青菜、豆腐，谑曰‘青龙白虎汤’。”所谓事物的特征即豆腐的“白”和青菜的“青”。“小葱拌豆腐——一清二白”也是以此特征为理据而创造的歇后语。所谓语言文化知识即东方的“青龙”与西方的“白虎”。其中的“青”和“白”与青菜和豆腐的特征相对应，因此极易因具有共同的语素或音节而产生联想，以“青龙”指青菜，以“白虎”指豆腐。青龙白虎汤与豆腐青菜汤相比，明显具有趣味性和陌生性。

“青龙白虎汤”还有其他的内涵，例如清代王士雄记载的青龙白虎汤是一种中药汤，“橄榄、生芦菔，水煎服。”[③]“芦菔”就是萝卜。橄榄色青，萝卜色白，因此称为“青龙白虎”。这个例子也说明，“青龙”指青色的东西，“白虎”指白色的东西。又如清顾翰《松江竹枝词》：“清明节土人捣草汁入粉作寒

① 李申：《金瓶梅方言俗语汇释》，北京师范学院出版社 1992 年版，第 597—598 页。又白维国指出：“汗斜”又写作“汗邪”，也是骂人的话，意与“汗鳖”同，指人因高烧神智不清而胡言乱语。清孔尚任《桃花扇》第四出：“彼时既无失心之疯，又非汗邪之病，怎的主意一错，竟做了一个魏党？”《醒世姻缘传》第八回：“你汗鳖了，说这们些！”参白维国：《〈金瓶梅词话〉切口语的构成》，《语言研究》1995 年第 2 期。

② 刘瑞明：《刘瑞明文史述林》（上），甘肃人民出版社 2012 年版，第 31 页。

③ 李成文主编：《温病学派医案》（八），中国中医药出版社 2015 年版，第 59 页。

具,谓之‘青龙圆子’。”这种圆子之所以被称为“青龙”,是因为用草汁做出来的圆子是青色的。

上面的例子都以食材的颜色为依据,将食材比拟为某种动物,形成谐趣。这样的例子还有很多。又如清李行南《修竹庐诗稿·申江竹枝词》:“鸡子调匀,薄煎细切,和新韭,俗名‘黄莺穿柳’。”黄莺指鸡蛋,柳指韭菜,都以相同的颜色为依据。

现代汉语方言中也有类似的例子。如“阳春面”指只有面而无菜、肉等浇头的汤面,北京又叫作“寡妇面”“光棍儿面”,南京又叫作“单面”“光头面”,苏州又叫作“光面”。至于上面这些异名的得名之由,刘瑞明认为:“与米面等‘主食’对言,菜和肉都叫‘副食’。没有菜和肉就是‘寡副’。把‘副’谐音为‘妇’,‘寡副’就成为‘寡妇’了。没有菜码的拌面条,就是光有面条,而面条如棍,于是把‘光(是)棍儿’的意思,再用可以趣意歧解为指人的‘光棍儿’来说。”[①]这样的解释过于迂曲。根据上述异名所提供的理据信息,我们认为这些异名得名的根据只在于“寡”“单”“光”,这三个关键语素所揭示的理据都是“只有面条而无菜、肉等浇头”。事实上“寡妇面”与“光棍儿面”的理据别无二致,不过是在趣谐心理驱动下的一个语言游戏。“寡妇面”就是“寡面”,由“寡”联想到“寡妇”,从而产生了“寡妇面”;“光棍儿面”就是“光面”,由“光”联想到“光棍儿”“光头”,从而产生了“光棍儿面”“光头面”。[②] 在此过程中,以人喻面,十分贴切,只是其理据略显隐晦。它们的理据之所以难以探求,只因增加了“妇”“棍儿”“头”等与词义无关的语素,导致了语素义与词义的疏离。[③]

五、仿拟造词

仿拟是一种修辞手段,是一种故意模仿既存词语、名句、名篇的结构形式而更替以全新内容来表达特定思想或情感的修辞文本模式。

仿拟作为一种修辞格,古已有之。例如宋庄绰《鸡肋编》卷上:

---

① 刘瑞明:《刘瑞明文史述林》(上),甘肃人民出版社 2012 年版,第 29 页。

② “光头面”也有可能因类比而产生,面上没有浇头就像人的头上没有头发,因此叫“光头面”。

③ 此类情况与古代文献中“连类而及”的“造车马”等有着相似的心理基础,即事物或语素在心理上相近。想到“寡”,有一定文化修养的人或许会自然地想到“鳏寡孤独”,一般人或许更容易想到“寡妇”,因为这些搭配都是他们记忆中最常见的。语素相关造成的心理可及性在手抄文献的误抄现象中亦可见一斑,例如 S. 328《伍子胥变文》:“失路傍徨,山林摧滞。”P. 2794“傍徨”作“旁边”,这显然是因为“旁”与“边”经常共现而产生了很强的心理可及性,从而因“傍”字很容易想到“旁边”而误抄。参黄征:《敦煌写本异文综析》,北京图书馆敦煌吐鲁番学资料中心、台北《南海》杂志社合编:《敦煌吐鲁番学研究论集》,书目文献出版社 1996 年版。

王逸少好鹅，曹孟德有默林救渴之事，而俗子乃呼鹅为“右军”，梅为“曹公”。前人已载尺牍有“汤燖右军一只，蜜浸曹公两瓶”，以为笑矣。有张元裕云，邓雍尝有柬招渠曰：“今日偶有惠左军者，已令具面，幸过此共享。”初不识“左军”为何物，既食，乃鸭也。问其所名之出，在鹅之下，且淮右皆有此语。邓官至待制典荆州，洵武枢密之子。俗人以泰山有丈人观，遂谓妻母为“泰水”，正可与“左军”为对也。

之所以称岳父为“泰山”，庄绰认为“泰山有丈人观”。也就是说，古人称岳父为“丈人”，是因泰山有丈人峰，所以用“泰山”转指“丈人”。清李宗昉同意这一看法，同时还指出了相关的一些造词现象。他在《黔记》中说：

俗称妻父为“泰山”，以其有丈人峰也，因此遂称人妻母为“泰水”。更可噱者谓人妾父为“邱垤”，妾母为“行潦”。

“泰水”是仿造“泰山”创造出来的新词。“邱垤”同样是仿造“泰山”创造的新词，它的理据是妾的父亲不如妻子的父亲地位高，妻子的父亲是泰山（大山），妾的父亲比泰山低，因此是邱垤（小土山）。同理，妻子的母亲是泰水（大水），妾的母亲是行潦（沟中的流水）。

这些词环环相扣，想要探求“泰水”“邱垤”的理据，就必须先探明“泰山”的理据；想要探求“行潦”的理据，又必须先探明“泰水”的理据。

近代汉语的例子又如：

【了手】【毕手】【下手】

(1) 忽逢三煞头，一棒即了手。（唐《王梵志诗》二六八首）

(2) 诛陵老母妻子了手，所司奏表于王。（《敦煌变文集·李陵变文》）

(3) 秋胡辞母了手，行至妻房中。（《敦煌变文集·秋胡变文》）

“了手”义为“完成，结束”。该词有换素同义词“毕手”，如：

(4) 中和二年四月八日下手镌碑，五月十二日毕手。（P. 3126《还冤记》）

例(4)是卷末题记，“毕手”显然是“完成”的意思。“了”“毕”可以替换，说明“了”取其“结束”义，那么“手”为何义？“手”在上面两个词中的意义并不明显,但它们的反义词“下手”为我们提供了线索。

(5) 今继母无状,手杀其父,则下手之日,母恩绝矣。(《汉武故事》)

(6) 玉皇欲着红龙衮,亲唤金妃下手裁。(唐《小游仙诗》之五一)

上面两例中的“下手”就是“动手”“着手”,是动宾结构的复合词,“手”就是人体上肢腕以下持物的部分。

“了手”和“下手”都是动宾结构的复合词。[①] 同为动宾结构,为何语义透明度存在差别?我们认为,“了手”“毕手”是仿拟“下手”而成[②],因此它的理据必须参照其仿拟对象才能探明。“下手”表“开始做某事”,在此基础上,以有完结义的“了”“毕”替换“下”,便产生了理据模糊的“了手”和“毕手”。

用仿拟的办法造的新词往往是非理词,其理据往往较为晦涩。现代汉语中也有这样的例子,如“关张”,指商店停止营业或歇业。从成分义上考虑,“关”指关门,而“张”则指开门,二者意义正好相反,如何能表示“关门”的意思?其实该词是仿拟词,用“关”替换“开张”中的“开”,形成“关张”,用来表达与“开张”相反的意思。

六、缩略造词

俞理明认为:“缩略是表意固定、高频使用的多音词、词组,在整体意义不变的前提下,出于表达上的需要,截取其中部分形式凑合成一个结构残损的新形式来代表原来的全形式,把它作为一个话语的基本单位在句中使用。”并指出:“这个定义强调的:一,缩略词以某个多音词语为基础;二,发生缩略的是高频使用的词语;三,缩略形式与原形式意义相同;四,缩略形式与原形式在语义结构上可以不对应、有残缺;五,缩略后的成分是词或词汇单位。”[③]

---

① 洪帅:《敦煌诗歌词汇研究》,光明日报出版社 2013 年版,第 118 页。

② 与“了手”“毕手”同理的还有“断手”,《淳化阁帖》卷一《唐高宗书使至帖》:“使至,知玄堂已成。既得早了,深以为慰。不知诸作早晚总得断手?”例中“断手”即“完毕;结束”义。

③ 俞理明:《汉语缩略研究——缩略:语言符号的再符号化》,巴蜀书社 2005 年版,第 31 页。缩略也可发生在双音节词语中,且以高频口语词为常见。例如徐州话有些复合词或短语经常缩略(或称之为“省说”),形成单音节缩略语,多见于詈词。例如:缺[tɕhyə],“缺德”的缩略。如“该钱不还还骂人,真~。”破[p^huə],“破鞋”的缩略。如“那人是个老~。”现[ɕiæ],“现世”的缩略。如“不会做就别充能,不够~的。”离[li],“离奇”的缩略。如“事情越传越~了。”谢[ɕiə],“谢吊”(骂人家死人,引申为坏)的缩略。如“那孩子家伙最~了。”

缩略符合语言的经济原则和省力原则，但它对语言单位的理据有所损伤。Haiman 曾指出："语言的经济性……与相似性背道而驰，加速了相似性的磨损。"①Haiman 所谓的经济性即语言形式的简化，英语之类的语言往往表现为音素脱落，汉语则表现为音节的简缩。无论哪种类型语言形式的简化，都必然导致词语理据的磨损。俞理明对缩略导致的理据难明现象有所关注，他说："从表达的角度说，缩略是言语过程中，说话人对出现在某一语法位置上惯用而过长的词语进行的简化处理，它用这个词语中有代表作用的部分形式（语素或音节）组成与原形式等意的新形式。代表形式的选取，并不顾及它们的字面表意能力以及结构上的完整性和配合性。因此，缩略造成的形式往往破坏了原形式内部的结构关系、改变构成成分性质，致使缩略词内部无法直接作构词分析，具有非理性。"②下面来看近代汉语缩略词的例子。

【手把】←【手把玉】←【手把玉肫】

(1)《孝经》一弓，<u>手把</u>一覆，攀天糸万々九千丈。(73TAM116：19《高昌重光二年(621 年)张头子随葬衣物疏》(1—370))

(2) 细布衫裤一具，□一具，<u>手把</u>一□。(60TAM333：08/1—08/4《高昌延和四年(605 年)宜□随葬衣物疏》)

"手把"是"手把玉"的缩略形式。

(3) 针一万枚，鸡鸣枕一枚，<u>手把玉</u>一枚。[64TAM23：16《高昌延和四年(605 年)某甲随葬衣物疏》(1—306)]

"手把玉"又是"手把玉肫"的缩略形式。

(4) <u>手把玉肫</u>一双，手尺一具，面衣一枚。[69TKM38：1《高昌延昌三十二年(592 年)汜崇鹿随葬衣物疏》(1—251)]

(5) 头结一枚，银钗二双，<u>手把玉肫</u>一双。[73TAM517：25《高昌

① 转引自俞理明：《汉语缩略研究——缩略：语言符号的再符号化》，巴蜀书社 2005 年版，第 31 页。

② 俞理明：《汉语缩略研究——缩略：语言符号的再符号化》，巴蜀书社 2005 年版，第 31—32 页。

延昌三十一年(591年)缺名随葬衣物疏》(1—254)]

"玉肫"即"玉豚",冥器,石或玉质小猪。北齐颜之推《颜氏家训·终制》:"吾等松棺二寸,衣帽已外,一不得自随。床上唯施七星板,至如蜡弩牙、玉豚、锡人之属,并须停省。"王利器引陈直云:"玉豚系玉石或滑石制成,南京幕府山一号墓所出土即有滑石猪。"又引刘盼遂曰:"上虞罗氏所藏古明器……玉豚五枚,铅人二枚。上有朱书。日本于大正十四年春,发掘乐浪郡古坟,得玉豚一枚,在死者左肋边指轮之旁,长三寸五分,广七分,高八分八厘。尾端有孔二,盖以丝绳贯之,缠绕于死者腕上,防其脱落而然。"玉豚或与琀功用相同,不同之处在于一为口含,一为手握。因其多握在手中,因此常与"手把"连言,形成"手把玉肫(豚、屯)"的形式。

由于长时间的高频使用,"手把玉豚"成为较为固定的结构,于是出现了简缩形式"手把玉",进一步简缩为"手把"。

外来词的缩略同样会导致其理据难以索解。对音译词的音节进行简缩,导致缩略后语音形式与外语中的原形式难以挂钩,从而增加了理据探求的难度。有的词语缩略后又发生汉化,则其理据更为难明。例如:

【䞟】←【达𫪗】←【达𫪗拏】

(1) 昔有施主入院,行众僧随年衬。主事云:"圣僧前着一分。"施主云:"圣僧年多少?"主事无对。(宋《虚堂录》卷六)

"衬"义为"信众施予的钱"。[①] 字又作"䞟":

(2) 问僧:"甚处来?"僧云:"赴斋来。"师云:"将䞟钱来。"僧云:"和尚欠少个什么。"(唐《云门广录》卷三)

从字形上看,"䞟"的形符是"贝",与该字字义正相符。看上去是汉语固有的词。事实上,"䞟"是音译外来词"达𫪗拏"缩略后汉化而来的。内典中有丰富的记载。唐《华严经探玄记》卷一八《入法界品》:"九以何成福,谓说成功德之达𫪗。达𫪗者《尊婆须论》作檀嚫,此云财施。《律》云:'施之法名曰哒嚫,导引利他亦名达。'《西域记》云:'正言达𫪗拏,或云驮器尼,此云右也。以用右手受他所施,为其生福,故从之立名。今明佛施与众生功德,故

① "衬"字《屾峰宪禅师语录》卷六、《即非禅师全录》卷五等作"钱"。

云功德达榇。’”

根据这条记载可知，“达榇拏”是三音节音译词，又译作“驮器尼”，它的本义是“右”。因为用右手接受他人施舍，因此引申为施舍财物。省去第三音节，就成为双音节“达榇”，又作“檀嚫”“哒嚫”等形。进一步省去第一音节，就成为单音词“賑”①。

宋《释氏要览》卷一“嚫钱”条描述了这一缩略过程：“梵语达嚫拏，此云财施。今略达拏，但云嚫。”后来又改“嚫”的义符为“贝”，使其汉化。

先缩略再与汉语语素复合而形成的合璧词更难准确剖析，因为必须先将音译词缩略之后所剩的音节从合璧词中剥离出来，然后再还原其原始形式。

七、拆字造词

拆字造词就是分解汉字形体，重新组合，造出与被拆字同义形式的造词方式。拆字造词的方式多样，可分为八类：②

1. 直拆

即把通语字的各个部件拆开，用这些部件直接构成隐语。例如：

【八刀】

> 严州分水县，故额草书分字。县令有作聪明者，谓草体非宜，自真书三字，刻而立之。是年邑境恶民持刃杀人者众，盖分字为八刀也。（宋洪迈《容斋续笔》卷一四，《近汉》23页）

【此木】【八木】

> 就是出家，我此木八木早晚少不得的。（清《麹头陀传》八则，《近汉》265页）

“八刀”是“分”的拆字隐语。“此木”“八木”分别是“柴”“米”二字的拆字隐语。

2. 蕴含

即隐语词的字形包含通语词的字形。也就是说，通语词的字形被包蕴

① 《慧琳音义》卷二〇《华严经》四五卷“达摫”条、卷五九《四分律》四九卷“达嚫”条均有记载。
② 李宇明：《析字构词——隐语构词法研究》，《语文研究》1995年第4期。

在隐语词的字形之中。又分为直接蕴含和变形蕴含。直接蕴含是指通语词的字形不变化,直接充当隐语词字形的一部分。变形蕴含是指通语词的字形通过形体变化充当隐语词的一部分。例如:

【春】

三,春。(《圆社锦语》)①

【淀】

三,淀。(《行院声嗽·数目》)

"春"和"淀"都是"三"字的拆字隐语,"三"字蕴含在"春"字中,属于直接蕴含。"淀"字蕴含与"三"形近的"氵",属于变形蕴含。

3. 指点

即给出一个含有通语字形的字,并且说明通语字在该字的某部位,或是说明怎样变化可得到通语字。可以细分为指事和减变两个小类。指事是指说明通语字在隐语字的某部位的,减变是说明把隐语字怎样变化可以得到通语字的。例如:

【平头】【皂底】【分头】【空工】【缺丑】【断大】【未丸】

杂货铺:一平头,二空工,三眠川,四睡目,五缺丑,六断大,七皂底,八分头,九未丸。(清翟灏《通俗编》卷一)

平头,指"平"字的头部,即"一",是"一"字的拆字隐语。皂底,指"皂"字的底部,即"七",是"七"字的拆字隐语。分头,指"分"字的头部,即"八",是"八"字的拆字隐语。以上是指事类的例子。

空工,指"空"掉"工"字中间的"丨",得到"二"字。缺丑,指"缺"掉"丑"字右上角的"丨",得到"五"字。断大,指"断"开"大"字的各部分,得到"六"字。未丸,指"丸"字"未"写成,缺一个"丶",即"九"字。这些是减变的例子。

4. 画形

即通过描画字形而构成隐语词的构词方法。例如:

【眠川】【睡目】

① 《绮谈市语·数目门》《行院声嗽·数目》同。

今谓一曰平头，二曰空工，三曰眠川，四曰睡目。（清翟灏《通俗编》卷三八引《容斋四笔》）

眠川，“三”字的拆字隐语，将“川”放平得到“三”。睡目，“四”字的拆字隐语，将“目”放平得到“四”。

5. 意会

即用类似于“六书”的会意的方法来对通语词的字形进行解析，从而构成隐语词的构词法。例如：

【闭字加点】

管字下边无分，闭字加点如何？（明《古今小说》卷一二）

【二火】

忽见道傍石碣，上刻“丞相诸葛武侯题”，其文云：“二火初兴，有人越此。二士争衡，不久自死。”（元明《三国演义》一一七回）

闭字加点，“闲”字的拆字隐语。二火，“炎”字的拆字隐语，这里“炎”指汉代刘氏，传说刘邦是炎帝子。

6. 偏取

即根据通语词字形的一部分来构成隐语的一种方法。例如：

【者作】

赌，者作。（《绮谈市语·拾遗门》）

【寸】

村，寸。（《绮谈市语·天地门》）

者作，“赌”字的拆字隐语。“者”是“赌”的一部分。寸，“村”的拆字隐语，“寸”是“村”的一部分。

7. 形近

即对隐语词依照以上六种方法进行分析，所得到的字形与通语词的形体稍有出入。例如：

【才丁】

库吏心贪道士乖，欲图千贯作私财。八刀无成才丁有，不是天灾是自灾。（明《平妖传》一七回）

【三酉】

倘若兴头，只怕家中的三酉草军，还要叫来使唤。（清《曲头陀传》八则）

才丁，“打”字的拆字隐语。“才”和“扌”形体相近。三酉，“酒”字的拆字隐语，“三”和“氵”形体相近。

8. 数头

是一种最为奇特的构词方式，它是根据通语词所表示的数目，选取有与之相当的端头的字来构词。例如：

【由】【申】【人】【工】【大】【天】【主】【井】【羊】【非】

当铺古董玉器行通用言词：一由、二申、三人、四工、五大、六天、七主、八井、九羊、十非。（民国傅崇矩《成都通览》）

由，“一”的拆字隐语，因为该字只有长出的一个端头。申，“二”的拆字隐语，该字有上下两个端头。其余八字原理相同，可以类推。

拆字是一种文字游戏，与谜语相似，原字为谜底，拆开后各部件组成的字组是谜面。除了第一种类型（直拆）外，其他各类拆字词的构成部分都不与被拆分字的部件一一对应，这无疑增加了这些词理据探求的难度。还有一些拆字是以俗字为基础的，例如“两角女”的“两角”与“安”字字形不合，若我们不知道“安”俗字作“业女”，则这个“谜语”将难以解开。总而言之，拆字词的组成部分的字义与整个词的意义无关，从而导致词的理据难以探寻。

与拆字造词相反的是合字造词。近代汉语合字造词的现象不如拆字造词现象普遍，这里附带介绍。例如明《金瓶梅词话》二一回：“你做了老林，怎么还恁木木的！”“林”是“木木”的合字形式，指麻木、呆笨。

八、典故凝缩

化用前代语言构成新词是历代都有的产生新词的途径，我们称之为典故凝缩。[①] 通过这一手段，用新产生的简略形式来承载典源的整体意义，或者是典源中其他成分的意义。

由典故凝缩而成的词，它们的意义不能由其语素所展现的表面关系推求而得。如“碧血”指“为正义事业而流的血”，源于《庄子》记载的苌弘死后“其血三年化而为碧”的故事。又如“鸡肋”可指“没有多大价值，舍弃又略显可惜的事物”，此词义源于曹操食鸡肋的故事。典故凝缩而成的词语的理据十分模糊，因为典故词是以极其有限的音节作为典源的标签，使用者需要通过这一标签去还原典源，从而提取丰富的意蕴。典源内容丰富，而典故词音节有限，因而能从字面上表现出来的东西必定很少，而必须放弃或隐含的东西必定很多，从而使典故词语的理据难以探明。[②]

以简略形式承载典源整体意义的例子如：

【扣寂】

(1) 承恩叨并作，扣寂绕阳春。（《隋诗》卷五于仲文《侍宴东宫应令》）

(2) 扣寂豁烦襟，皇天照嗟叹。（唐杜甫《舟中苦热遣怀奉呈阳中丞通简台省诸公》）

以上两例中“扣寂”都指作文赋诗。但是“扣寂”字面上并无作文赋诗的意义，它所承载的是典源的整体意义。其典源为晋陆机《文赋》：“课虚无以责有，叩寂寞而求音。”

以简略形式指称典源中其他成分的如：

【当仁】

(1) 讲涅盘唯议经论，位处当仁，传授宗乘以开诱道俗，凡一百六十座。（元《佛祖历代通载》卷一六）

---

① 王云路：《中古汉语词汇史》，商务印书馆2010年版，第407页。

② 俞理明指出：“一些成语的形成，也是利用缩略的原理，从一段经典性的话中，抽取部分成分构成一个新形式代表这段话的意思，并不充分考虑语义结构关系。……比较原形式，这些成语在结构上多有严重残缺，无法从字面上来理解。”参俞理明：《汉语缩略研究——缩略：语言符号的再符号化》，巴蜀书社2005年版，第9—11页。

(2) 问:"三台有请,四众临筵。既处当仁,请师一唱。"师曰:"要唱即不难。"(宋《景德传灯录》卷二三)

(3) 白黑归依,当仁不让。(宋《宋高僧传》卷一四)

前两例中"当仁"指"师",典源是"当仁不让于师"。《论语·卫灵公》:"子曰:'当仁不让于师。'"从例(3)中我们可以看到其发展为"师"的中间环节。例(3)中的"当仁不让"已暗指为"白黑"之"师"。进一步简省,则以"当仁"称"师"。[①]

第六节 词语模影响[②]

双音节以上的词都存在一些模式词,此处仅讨论四字格的词语模式。四字格指四音节的固定短语和类固定短语。四字格历代皆有,且不断增多[③],在近代汉语口语中尤为丰富[④]。姜亮夫曾指出:"四字式词组为汉语之

---

① 除以上一些常见的特殊造词法外,还有一些词的意义产生过程十分迂曲,因同类现象较为少见,故附注于此。例如"多罗"有"精明"义,《元曲选·陈州粜米》一折:"我做斗子十多罗,觅些仓米养老婆。""多罗"是梵语的音译,该梵语词义为"眼睛",上例中又用"睛"谐音"精",从而获得"精明"义。

② 本小节内容已发表,收入本书时细节有改动。参王勇:《论强势模式控制下的四字格创造与改造》,《文献语言学》(第三辑),中华书局 2016 年版。

③ 陈明娥指出:"四字格……在双音化开始的早期就大量出现了;中古时期佛教的传入、传播以及佛经翻译在一定程度上推动了四字格的发展;唐宋俗文学的出现又促成了四字格的大量涌现,到明清时期,四字格从形式到数量都达到了高峰。"(参陈明娥:《朱熹口语文献研究》,厦门大学出版社 2011 年版,第 170 页)吴为善认为:"2+2 黏合构成四字段,是汉语里最常见的韵律格式之一。从历史上考察,四字句始终是一种流行的构式。"(参吴为善:《汉语韵律框架及其词语整合效应》,学林出版社 2011 年版,第 129 页)

④ 四字格在近代汉语文献中大量存在,下面以禅籍和《朱子语类》为代表,展现近代汉语口语中四字格的繁荣景象。首先来看禅籍中的例子:宋《圆悟录》卷一〇:"一向说事说理、论妙论玄、谈心谈性。堕在葛藤窠里,一向行棒行喝、立照立用、存卷存舒。落在荆棘林中,更或举古举今、话偏话正、立主立宾,也是撒沙撒土。"宋《大慧录》卷二七:"只管外边乱走,说动说静、说语说默、说得说失。"(更多禅籍的例子可参雷汉卿:《禅籍方俗词研究》,巴蜀书社 2010 年版,第 499—530 页)《朱子语类》中亦有大量四字格。如"半沉半浮、半青半黄、半死半活、半微半显、百沸大衮、闭眉合眼、粗枝大叶、重重叠叠、处事待物、从容不迫、粗粗细细、秤斤注两、东看西看、颠颠倒倒、低眉合眼、堕坑落堑、东倒西擂、颠前错后、浮浮沉沉、放脚放手、防夫走卒、发癫发狂、胡状乱撞、呵佛骂祖、呼叫呼喊、横出竖立、火忙火急、静静洁洁、截头截尾、空生空死、烂泥酱熟、落脚下手、磨棱合缝、面前背后、平平正正、平心明目、千猫百窍、恰恰好好、起风作浪、起风做雨、日日时时、四平着地、头头处处、涂眉画眼、舞手弄脚、寻常蹈故、掩头藏幸、指东摘西、掩目捕雀"等。(参徐时仪:《〈朱子语类〉词汇研究》,上海古籍出版社 2013 年版,第 233 页)

特殊形式，自其发展之史实论之，其根源盖本于汉语二字为一音步之定则，两音步即得组成一语句，此表现于《诗经》时代为最突出。”[①]姜先生的话言明了汉语四字格如此丰富的一个重要原因，即韵律。冯胜利进一步系统研究了汉语四字格的构成及其重音格式的来源，认为汉语的四字格是两个“标准韵律词”的复合体，可称之为复合韵律词，四字格模式的基本组合方式只有两种：［2+2］“并合式”（亦即“［AB］［CD］”）跟［1+1］“拆补式”（亦即“［____A］［____B］”），这两种模式决定了四字格的重音形式只能有［X1X2］和［1XX2］两种类型。四字格的组合方式如果不符合以上两种模式之一，就必须根据已定的模式改造自己，以适应复合韵律词的韵律与重音。[②]

冯先生的研究总结出四字格韵律和重音结构上的最高原则，本节在这一原则之下继续讨论四字格的强势模式对汉语四字格的创造和演变产生了哪些影响。所谓四字格的强势模式，指的是四字格多个特征的集合。对四字格的创造和改造产生影响的特征主要是音节特征（四音节）、形式特征（待嵌格式的模标[③]）和内部结构特征（语法结构和语义结构）。

四字格结构整齐匀称，语音顺口悦耳，表达言约义丰，因此备受汉语使用者的青睐。其模式与语义色彩的联系在不断的重复创造和使用中逐渐固化。[④] 人们在遣词造句、表情达意时，有主动向四字格靠近的潜意识，甚而有时不惜牺牲词语的理据。究其因由，我们认为，语言的常见模式的特征会不断内化为语言使用者的心理模式，从而不自觉地产生按照心理模式创造新的语言单位或认识陌生的语言单位的内驱力。四字格的强势模式作为常见的模式，必然也会促使这种内驱力的产生，并对新的语言单位的产生或者已有语言单位的发展演变产生影响。

张永言曾指出：“有许多本来不是四个字组成的成语，在发展过程中也

---

① 姜亮夫：《昭通方言疏证》，云南人民出版社 2002 年版，第 432 页。陆志韦对此也有比较朴素的表达，他说：“我们听一段话或是念一段白话文，老是会觉着句子里的字（音节）会两个两个，四个四个的结合起来。”参陆志韦：《汉语的并立四字格》，《语言研究》1956 年第 1 期。

② 冯胜利：《汉语的韵律、词法和句法》，北京大学出版社 1997 年版，第 26—53 页。

③ 模标即一个词语模式的显性标志，指待嵌格式中的两个不变成分，如待嵌格式“七〇八〇”中的“七”“八”。“〇”指待嵌成分。后同。

④ 四字格的语义具有主观增量的特点：一方面，四字格的语义往往不是其构成成分意义的简单相加，而是通过融合，于表层语义之外形成了新的语义；另一方面，四字格往往表现出一定的主观性，即含有突出强调或夸张的意味，或具有明显的褒贬色彩。四字格的语用效果具有以下特点：1. 运用四字格常常可以使行文整齐，读起来铿锵有力，和谐悦耳，加强了语言的结构感和韵律感；2. 写景状物时，生动形象，表现力强；3. 表情达意时，或有强调意味，或褒贬色彩鲜明。参孟祥英：《汉语待嵌格式研究》，齐鲁书社 2014 年版，第 96—97 页。

逐渐‘就范’,成为四字格了。”[①]这一观点与本节的主题一致,所谓“就范”,即“听从支配或控制”。下面我们就以近代汉语文献中的实例来展现四字格模式对四字格的创造和改造的控制。

一、浅层外部形式控制

四字格模式的浅层外部形式控制指只对四字格的外部形式产生影响,而对其语法和语义结构不作要求。浅层外部形式控制又分为凑足音节和复制模标两种情况。

(一)凑足音节

所谓“凑足音节”[②],即语言使用者为了追求四字格的韵律效果和表达效果,在某些双音词、三音词基础上“凑”成四音节短语,这些短语在不断的使用中逐渐固定下来,成为四字格。

凑四音节的第一种表现为增加毫无意义的音节,从而强化词语的表达效果。例如在“容易”的基础上添加虚词“其”“且”形成“其容且易”。如清《何典》卷四:“和尚道:‘这个其容且易。施主且脱开来,待小僧放上便了。’”在“冤枉”的基础上添加虚词“哉”“也”形成“冤哉枉也”。如清《儿女英雄传》三八回:“安老爷这才后悔,这荡庙逛的好不冤哉枉也。”[③]

第二种表现为增加同类成分。例如“耳满鼻满”义为“满耳都是”,如元关汉卿《救风尘》三折:“你在南京时,人说你周舍名字,说的我耳满鼻满的。”实际上表意的只是“耳满”,“鼻满”是为了构成四字格连类而及的成分。

四字格的浅层控制并不考虑新产生的四字格内部的语法和语义结构,人们往往为构成四字格而不惜改变其原有成分之间的语法和语义关系,即不顾其理据。

(二)复制模标

许多四字格是在待嵌格式的基础上产生的。所谓待嵌格式,指两字交替显现、两字(个别的为多字)交替隐含而需人们在使用中将隐含的字填补进去以成就一个新的词汇单位的准四字格式,如“半〇半〇、不〇而〇、大〇特〇”等。[④] 常见的待嵌格式往往是人们心理上的强势模型,当人们遇到与

① 张永言:《词汇学简论》,复旦大学出版社2015年版,第113页。

② 邢向东、王兆富称之为“凑四字格”。参邢向东、王兆富:《吴堡方言调查研究》,中华书局2014年版,第311页。

③ 相似的例子还有“马之虎也、二马一虎、二马攸乎、二马游魂、马儿虎子、热之闹之、笼而统之、正儿八经、平者常也”等。

④ 周荐:《〈现代汉语词典〉中的待嵌格式》,《中国语文》2001年第6期。

待嵌格式形式相近的四音节词语时,可能会强行将模型中的模标复制到这一四音节词语中,从而使之符合这一强势待嵌格式的外部形式要求。例如:

【七贫】【七富】→【七贫七富】→【七贫八富】

"七贫八富"和"七贫七富"是近代汉语中两个形式相近的同义词语,意思都是"贫久必富,循环相报"。例如:

(1) 常言道"人有七贫八富",信有之也。(元郑廷玉《看钱奴》第二折)

(2) 常言道七贫七富,我便似阮籍般依旧哭穷途。(元马致远《荐福碑》第一折)

"七贫七富"由"七贫"和"七富"联合而成。请看下面的例子:

(3) 人有七贫时,七富还相报。(唐《王梵志诗》〇〇二首)

项楚注:"'七贫''七富'二句:谓贫久必富,循环相报,佛教观念如此。'七'者,言其频频也。失译《杂譬喻经》卷下:'昔者长者须达七贫,后贫最剧,乃无一钱。'元马致远《荐福碑》杂剧第一折:'常言道七贫七富,我便似阮籍般依旧哭穷途。'"[①]如此,二者组合成"七贫七富",以表达久富还贫、久贫还富的贫富循环观念。

"七贫七富"与待嵌格式"七〇八〇"相似:首先,第二个音节与第四个音节位置上的"贫""富"符合"七〇八〇"待嵌成分的要求;其次,"七〇七〇"与"七〇八〇"在形式上相近。因此,人们将常见待嵌格式"七〇八〇"的模标复制到"七贫七富"上,从而产生了"七贫八富"。

二、深层内部结构控制

四字格的内部结构由语法结构和语义结构两部分构成。语法结构指四字格各构成成分之间的语法关系,语义结构指四字格各构成成分之间的语义关系。语法结构与语义结构相配合,形成完整的四字格内部结构。

四字格的内部结构可区别为多种类型。陈昌来、李传军以300个现代汉语四字格为材料,根据四成素(ABCD)的形式特点和内在语义关系提取出四字格的五种基本类型:偶位内嵌型(A 〇 C 〇)、奇位内嵌型(〇 B 〇

---

① 项楚:《王梵志诗校注》,上海古籍出版社2010年版,第17页。

D)、组块内嵌型(AB ○○/ABC ○/○○ CD/A ○ CD)、首尾内嵌型(○ BC ○)、一字支撑型(○○ C ○)。五种类型的能产性差别极大,300 个四字格中属于后三种的仅 48 个。五种类型按能产性由强到弱排列为:偶位内嵌型>奇位内嵌型>组块内嵌型>首尾内嵌型>一字支撑型。偶位内嵌型、奇位内嵌型是处于强势地位的两种类型,由两者生成的格式占总量的 84%,因此本节主要关注“偶位内嵌型”(A ○ C ○)和“奇位内嵌型”(○ B ○D)。[①]

“偶位内嵌型”和“奇位内嵌型”的结构中,由相同词性成分组配而成的占绝大多数,两个成分之间的关系主要包括同义关系、反义关系[②]和类义关系三种;而由不同词性成分组配而成的四字格则数量较少。[③] 也就是说,“A ○ C ○”“○ B ○ D”中 A 与 C、B 与 D 的词性分别相同,意义相同、相近或者相反。两种格式中,嵌入成分也需要词性相同,意义相同、相近或者相反。具体来说,“偶位内嵌型”又包含两种情况,即奇位上的语素相同和不相同的情况,前者可用 ABAb 来表示,后者可用 ABab 来表示。同样,“奇位内嵌型”可据此表示为 ABaB 和 ABab。[④]

据此,我们得到四字格的三种强势结构:ABAb、ABab、ABaB。这一结论与已有的研究相符。如王云路认为,中古的四字格中,最为常见的是 ABAb 式和 ABab 式。[⑤] 雷汉卿指出,禅籍中有大量四音节词语,且以 ABAb、ABab、ABaB 三式为主。[⑥]

下面以近代汉语的实例来探讨四字格强势内部结构对新四字格的创造及旧四字格的改造所产生的巨大影响。

(一) 强势结构模式控制新四字格的产生

四字格利于强烈情感的表达,因此说话者往往会在原有非四字格的基础上想方设法创造出四字格。在此过程中,四字格的强势结构便对创造者

---

① 陈昌来、李传军:《现代汉语类固定短语研究》,学林出版社 2011 年版,第 12—14 页。

② 包括绝对反义(男○女○)、相对反义(前○后○)和依存反义(兵○将○)。

③ 陈昌来、李传军:《现代汉语类固定短语研究》,学林出版社 2011 年版,第 27—32 页。

④ 小写字母所代表的语素和与之相对应的大写字母所代表的语素词性相同,意义相同、相近或相反。ABAb 中第一、三语素相同;二、四语素不同,但同类且意义相同、相近或相反,如“半青半黄”“自吹自拍”。ABab 中,第一、三语素不同,但同类且意义相同、相近或相反;第二、四语素也不同,但同类且意义相同、相近或相反,如“百了千当”“堕坑落堑”。ABaB 中第一、三语素不同,但同类且意义相同、相近或相反,二、四语素相同,如“横咬竖咬”。

⑤ 王云路指出,中古汉语成语结构类型以平列居多,如动宾与动宾的平列(兴利除害)、偏正与偏正的平列(穷凶极恶)、状谓与状谓的平列(四分五裂)、主谓与主谓的平列(兔起凫举)等。我们观察王先生所举的例子,几乎都符合 ABab 的模式。参王云路:《中古汉语词汇史》,商务印书馆 2010 年版,第 796—801 页。

⑥ 雷汉卿:《禅籍方俗词研究》,巴蜀书社 2010 年版,第 98 页。

形成了控制，使之按照其结构进行创造。[①]

首先，我们来看在四字格强势结构模式的控制下，将并列结构的复合词扩展为四字格的例子。

【称扬】→【称杨称郑】【称扬称郑】

(1) 莫错！仁者。波波地傍家走，道我解禅解道，点胸点肋，称杨称郑。到这里尽须吐却，始得无事。（宋《联灯会要》卷二〇）

(2) 末后自入坑穽，带累几许儿孙。到处说心说性，称杨称郑。（宋《五灯全书》卷七〇）

(3) 呜呼！去佛世愈远矣！而一种水潦鹤之属，到处称扬称郑，纵横于世。（清《禅林宝训笔说》卷三）

"称杨称郑"含贬义色彩，义为"滔滔不绝，以自我夸耀"。它符合强势结构"偶位内嵌型"中 ABAb 的内部结构，第一和第三语素相同，嵌入成分的词性分别相同，意义相近（相类）。

"称杨称郑"为何指夸耀？我们认为，该四字格由"称扬"变化而来，因此又作"称扬称郑"。"称杨"即"称扬"，义为"称说，宣扬"。例如：

(4) 是为五事教授僮使，僮使复以五事奉事其主，云何为五？一者……，五者称扬主名。（后秦《长阿含经》卷一一）

(5) 称扬祖教，洞契玄猷。（南唐《祖堂集》卷一九）

(6) 问："雨华动地，始起雷音。未审和尚此日称扬何事？"（宋《景德传灯录》卷二四）

禅宗提倡"不立文字"，因此摒弃言语知见，而随人学舌、拾人牙慧的行为是会遭到严厉斥责的。言说义的动词常易形成 ABAb 或 ABab 式的四音节词语，以表达贬义色彩。如"说东说西、说心说性、说禅说道、胡说乱道"等，均含贬义色彩。而"称扬"正有"言说"义，因此有构成四字格以表责斥意味的意义基础。于是将"扬"谐音为姓氏之"杨"[②]，又连类而及"郑"，构成了"称杨称郑"的 ABAb 格式。而不同的姓出现在 B 和 b 的位置时，其作用相

---

① 四字格的强势结构有较强的构词能力，即便是联绵词，亦可进入四字格结构之中。如"郎当"一词，可进入"七〇八〇"的词模中，构成"七郎八当"，从而在"郎当"的意义基础上增加了"程度深"的构式义。如《朱子语类》卷一二六《释氏》："陈了翁好佛，说得来七郎八当。"

② "扬"变作"杨"也有可能是二字相混所致。

当于“东”“西”。例如“牵张搭李”：

(7) 瞿天明笑道：“那富者嫌财微蓄浅，冀贪巨万，非大富之地则不葬。被那舆士指东说西，牵张搭李，迟延岁月。及至家事凋零，人物沦丧，求一搭儿荒地以葬父母，不可得矣。”（明《禅真后史》一一回）

“牵张搭李”与“指东说西”连言，二者同义，即说东道西。[①] “张”和“李”分别对应“东”与“西”，在上述结构中，作用相同。“称杨称郑”可置换为“称东称西”。

还有一些四字格是在别解的基础上，在强势结构的控制下产生的，例如“合神捣鬼”。

【捣鬼】→【合神捣鬼】

(1) 妇人道：“你还合神捣鬼，是那花园里拾的，你再拾一根来，我才算。”（明《金瓶梅词话》八二回）

李申认为，“合神捣鬼”犹“捣鬼”，言人不老实，耍手段，哄骗人。[②] 甚是。“捣鬼”即弄神弄鬼，弄虚作假。“捣”有“摆弄”义。例如：

(2) 不知那拐子便与他同行同止也识不出。弄喧捣鬼、没形没影的做将出来，神仙也猜他不到，倒在怀里信他。（明《初刻拍案惊奇》卷一六）

(3) 你又甚么事捣鬼话？（清《儒林外史》一九回）

例(2)中“捣”与“弄”对文，“捣”的“摆弄”义十分明显。例(3)中“捣鬼话”即“弄鬼话”，意谓说假话。

鬼是神秘莫测的事物，因此“鬼”可指见不得人的心思、花招、诡计。如今习语“心里有鬼”即此义。又如宋黄庭坚《少年心》词：“天生你要憔悴我，把心头从前鬼，着手摩挲。”清《红楼梦》九三回：“你干的鬼儿，你打量我都不知道呢！”

由上可知，“捣鬼”即要弄手段，弄虚作假。例(1)之“合神捣鬼”正是撒谎骗人之义。如此则“合神捣鬼”与“捣鬼”完全同义，就表意而言，“合神”为

---

① 雷汉卿：《近代方俗词丛考》，巴蜀书社 2006 年版，第 343 页。

② 李申：《金瓶梅方言俗语汇释》，北京师范学院出版社 1992 年版，第 256 页。

赘余成分。

“合神捣鬼”为四字格，“神”与“鬼”为类义词，常形成“神〇鬼〇、鬼〇神〇、〇神〇鬼”的四字形式，如“神焦鬼烂、鬼设神施、闲神野鬼、召神弄鬼、求神拜鬼、描神画鬼、喝神骂鬼”等，十分丰富。

上文已言明“捣”有“摆弄”义，但显然与“合神捣鬼”中的“捣”语义不合。据四字格的一般规律，该四字形式当为 ABab 型，那么“合”当与“捣”类义或同义。“合”字《金瓶梅词话》中常见，后世有所沿用，但用例甚少。例如：

(4) 那婆子揪住郓哥，凿上两个栗暴。郓哥叫道：“你做甚么便打我?”婆子骂道：“贼合娘的小猢狲。你敢高做声，大耳刮子打出你去。”(明《金瓶梅词话》四回)

(5) 题起了婊子，我合死你的亲娘，害的我，大敞着衙门告不的状。(清华广生《白雪遗音·不会逛来》)

由以上两例可知，“合”为动词，指性行为。“捣”亦有此义，因此可同义连言。例如：

(6)(潘金莲)骂道：“……嗔道教我那里没寻，原来把这行货子悄地带出，和那淫妇合捣去了。”(明《金瓶梅词话》一三回)

至此，弄清了“合神捣鬼”中“合”“捣”的意义，则其理据便易于探明。“捣鬼”本为弄神捣鬼、弄虚作假之义。“捣”有“摆弄”和“性行为”二义，因此将“捣鬼”之“捣”别解为第二义，然后采用利于表达强烈愤怒的四字格形式，从而形成了 ABab 式的“合神捣鬼”。别解与四字格均有利于强烈情感的表达，而四字格鲜明的感情色彩成为人们表达愤怒情绪的首选格式。

接下来，我们再看四字格强势结构模式控制下，将三音节动宾结构扩展为四字格的例子。

四字格朗朗上口的韵律和鲜明的感情色彩十分利于情感的表达，因而口语中，人们倾向于将“1＋2”的搭配改造为四字格。四字格一旦形成，原本表达中性义的结构便染上了褒贬色彩，或者原本带有一定的感情色彩，形成四字格后，其感情色彩极大地增强了。这一现象在“动＋(名＋名)”的结构中表现得极为突出。

将“动＋(名＋名)”扩展为“动＋名＋动＋名”四字格，主要通过重复动

词,即将 ABb 扩展为 ABAb 来达成。[①] 例如:

【争人我】→【争人争我】

(1) 蓦闻山僧颂庭前柏树子话,忽然打破漆桶,于一笑中千了百当。方信山僧开口见胆,无秋毫相欺,亦不是争人我。(宋《大慧录》卷二六)

(2) 忽若一旦被些福缘推出来,便即点胸自负,争人争我,争胜争负,恣意乱统,贬剥诸方。(宋《嘉泰普灯录》卷二五)

"争人我"与"争人争我"同义,即争强好胜,好较高下。禅家认为这是执着心、分别心浓重的表现。又如:

【作窠窟】→【作窠作窟】

(1) 金毛师子若是铁眼铜睛,当阳觑透便可以把断要津,不通凡圣,终不向他语言里作窠窟,机境上受罗笼。(宋《圆悟录》卷六)

(2) 云门睦州,当面蹉过;德山临济,诳謼闾阎。自余立境立机,作窠作窟,故是灭胡种族。(宋《联灯会要》卷一六)

"作窠窟"与"作窠作窟"同义,指被束缚人心的知识见解与成规等缠缚,不能明了自心。

禅籍中此类例子大量存在[②],又如谤佛祖→谤佛谤祖、放憨痴→放憨放痴、论是非→论是论非等。雷汉卿曾指出,这些动宾结构和作宾语的名词组合,"本无褒贬色彩,但一经格式化则带有了褒贬色彩"[③]。而"褒贬色彩"正是人们将三音节动宾结构扩展为四字格的主要诱因。

(二) 强势结构模式控制已有四字格的改造

四字格的强势结构不仅控制新四字格的创造,还驱使人们按照其结构要求改造那些因历时演变而变得与其结构要求不合的旧四字格,从而产生新的四字格。例如:

【胡说白道】【瞎说白道】→【白说绿道】

---

① 将三音节结构扩展为四字格,还可插入动词 A 的同义词、反义词或类义词,即将 ABb 扩展为 ABab。例如,陕西吴堡方言中的"打官司"扩展为"打官论司","卖良心"扩展为"卖良失心"。参邢向东、王兆富:《吴堡方言调查研究》,中华书局 2014 年版,第 312 页。

② 雷汉卿:《禅籍方俗词研究》,巴蜀书社 2010 年版,第 305—307 页。

③ 同上,第 305 页。

“白说绿道”是近代汉语中出现的一个四字格，它与四字格“胡说白道”“瞎说白道”同义。例如：

(1) 那婆子吃了许多酒，口里只管夹七带八嘈。正在那里张家长李家短，白说绿道。(元明《水浒传》二一回)

(2) 谁知半夜里一叠连声的嚷起心疼来，嘴里胡说白道，只说好像刀子割了去的似的。(清《红楼梦》八三回)

(3) 李氏听了，啐道：“呸！没的瞎说白道的了。”(清石玉昆《侠义传》一九回)

“白说绿道”是怎样产生的，其理据如何？我们认为，该词是以“瞎说白道”“胡说白道”为基础，在四字格强势结构模式的控制下产生的。

首先看“胡说白道”“瞎说白道”。根据 ABab 式四字格的特点，“胡”“瞎”与“白”当词性相同，且意义相同、相反或相类。“胡”“瞎”在此是“胡乱地”的意思，例如宋《朱子语类》卷五：“元来无所有底人，见人胡说话，便惑将去。”“胡说话”即没有根据地乱说话。清《儒林外史》一七回：“接过诗来，虽然不懂，假做看完了，瞎赞一回。”“瞎赞”即胡乱地夸赞。“白”有“虚假；无根据”义，例如清《红楼梦》五七回：“紫鹃道：‘你妹妹回苏州家去。’宝玉笑道：‘你又说白话。苏州虽是原籍，因没了姑父姑母，无人照看，才就了来的。明年回去找谁？可见是扯谎。’”“胡”“瞎”“白”与言说类动词搭配，均指无根据地乱说话，因此可以进入“○说○道”这一待嵌格式中。

“胡说白道”“瞎说白道”的“白”本为“虚假；无根据”之义，但使用者已不知此义，而将其误解为“白色”义，如此便与 ABab 式四字格的内部结构模式不合。因为 ABab 式四字格中的 A 与 a 必须词性相同，意义相同、相反或相类。这一要求已被使用者内化为心理势能，符合这一心理要求的四字格才是合格的。而“胡乱”义的“胡”“瞎”与“白色”义的“白”在意义方面无法满足这一要求。因此在这种心理势能的驱使下，使用者对不合理的“胡说白道”“瞎说白道”进行改造，以颜色词“绿”替换“胡”“瞎”，从而产生了“绿说白道”，“白”和“绿”换位，便形成“白说绿道”。如此，该四字格重新达到了“合理”的状态。

四字格因其韵律、形式和感情色彩上的特质而成为人们口语表达中的常用形式。经过反复使用，四字格的强势外部形式和内部结构成为人们心理上的触激点，并成为人们使用语言时的心理势能，从而促使人们创造和改造四字格。无论是创造还是改造，都是在四字格的强势外部形式和内部结构的控制下进行的。这种控制表现为浅层的外部形式控制和深层的内部结构控制，前者要求词语的音节数达到四个，甚至进一步要求模标与常见待嵌格式的模标一致；后者要求四字格在内部结构（语法结构和语义结构）方面符合强势结构模式的要求。

语言使用者往往只关心他们所使用的四字格的外部形式或者内部结构与强势四字格模式是否一致，而忽略四字格构成成分的意义与整个四字格的意义之间的关系，因而这一控制的结果往往是产生新的无理四字格，或者使旧四字格理据模糊或丧失。而理据的模糊或丧失正是人们为求理据而造成的适得其反的后果。

四字格模式控制四字格的创造与改造，这一现象的揭示，对探明近代汉语中一些四字格的产生、演变过程及其理据具有重要意义。

第七节　俗词源误导

由于种种原因，有些词和语素的意义对于语言使用者来说已难以明了，由此可能导致顺随己意，附会曲解的情况，即产生俗词源。

高名凯、石安石认为，“人们根据语音的相似，既不考虑语音的历史发展，也不考虑词义的演变过程，而去牵强附会地推测词源，就形成了所谓俗词源。”[①]蒋冀骋的定义为：“根据错误的联想，将本来毫不相干的东西扯在一起，试图解释一些词的得义之由，称做俗语源。”[②]台湾学者王松木有更为详细的定义：“在语言学家尚未以科学方法追溯词源之前，一般民众已大肆发挥联想力与创造力，依照自己认为合理的方式，将陌生难解而不知所以然的词语加以同化、类推，改换成自己熟悉的、发音近似的，或意义相关的词，以此种主观比附、想当然尔的方式所推求出来的词源大多数是不可靠的、禁不起验证，德国语言学家佛尔斯特曼（FörStemann）称之为 VolkSetymologie（英译为 Folketymology），即所谓的‘流俗词源’‘俚俗词源’或‘民间词源’。”[③]由此可见，俗词源是错误的理据。[④]

---

① 高名凯、石安石：《语言学概论》，中华书局 1963 年版，第 141 页。

② 蒋冀骋：《近代汉语词汇研究》，商务印书馆 2019 年版，第 441 页。

③ 王松木：《从流俗词源论词语内部形式的湮灭与重构》，《文与哲》2007 年第 10 期。

④ 杨依称此为“人为地赋予词以内部形式”，并引苏联语言学家 P. A. 布达果夫的话说：“当某个词的内部形式不明显时，人们总是设法按自己的方式赋予词以一定的意义，使这个词变得更容易理解。”参杨依：《俄语历史语法概论》，华中师范大学出版社 1988 年版，第 69 页。

语素陌生化是导致俗词源产生的主要因素，主要表现为据音为训和据误字为训。据音为训指词在传承过程中，人们已经不能了解它的得名之由，只是根据这个词语的读音，通过联想，自以为是地去理解它们的来源，从而臆造出一个貌似正确的词形。在通常情况下，新的词形与旧的词形音节数相同，且具有音同或音近的关系。如宋代郑景望《蒙斋笔谈》记载，阆州人为祭祀陈子昂，专门为他设立了陈拾遗庙，后来州人不知道“拾遗”是官名，于是错误地理解为“十姨”，以至于把供奉对象陈子昂变为妇女，称为“陈十姨”①。

近代汉语中听音为字的现象十分突出，这些字是记音字。根据记音字去探求理据，从而导致望文生义，便会产生流俗词源。如“包弹”，唐代已见，又可作“驳弹、褒弹、褒谈、保弹、弹包、弹剥”等形。这个词的意思是“指摘；批评”。宋王楙《野客丛书》：“包拯为台官，严毅不恕，朝列有过，必须弹去，故言事无瑕疵曰‘无包弹’。”这是根据这个词的文字形式“包”而误以为该词与包拯有关。实际上唐代李义山《杂纂》卷上“不达时宜”条就出现了“包弹”的用例：“筵上包弹品味。”由此可见“包”指包拯实为无稽之谈。张相分析刘克庄《溪庵》诗“包弹靡靡萧萧制，指摘深深款款诗”时说：“玩此诗，包弹与指摘作对，似乎包弹二字平用，俱为动辞。”②张氏所言甚是，“驳弹”才是能体现该词理据的形式。“驳弹”唐代已见，如唐张鷟《朝野佥载》卷四：“奈何尸禄素餐，滥处上官，黜陟失所，选补伤残，小人在位，君子驳弹。”

由字形讹误而衍生出俗词源的例子如“顶缸”。“顶缸”义为“代人受过或承担责任”。人们根据“缸”这一语素，杜撰出一个俗词源。明江盈科《雪涛小说·嫁祸》：“金陵上清河一带善崩，太祖患之。皆曰猪婆龙窟其下，故尔。工部欲闻于上，然疑猪犯国性，辄驾(诡)称大鼋为害。上恶其同‘元’字，因命渔者捕，杀鼋几尽。先是，渔人用香饵引鼋，鼋凡数百斤，一受钓，以前两爪据沙，深入尺许，百人引之不能出。一老渔谙鼋性，命于其受钓时，用穿底缸从纶贯下覆鼋面，鼋用前爪搔缸，不复据沙，引之遂出。金陵人乃作语曰：‘猪婆龙为殃，癞头鼋顶缸。’言嫁祸也。”③顾学颉在《元曲释词》中探明“缸”字是“缺”字的讹字，他指出：“顶缸，当时谚语，有顶替、顶缺、代人受过等意。‘缸’乃‘缺’字之讹，讥认别字者，呼‘缸’为‘缺’，或以‘缺’为‘缸’，后遂相沿成为诨语。”④

---

① 例引自范崇高：《南朝小说词语考释》，《四川理工学院学报》(社会科学版)2010 年第 6 期。
② 张相：《诗词曲语辞汇释》，中华书局 1979 年版，第 708 页。
③ [明]张存绅《雅俗稽言》卷三十六亦有记载，文字略异。
④ 顾学颉：《元曲释词》，中国社会科学出版社 1983 年版，第 487 页。

语素的陌生化会导致词语理据的模糊，从而为俗词源的产生预留了广阔的空间。例如：

【孟八郎】[1]

"孟八郎"见于禅籍。可作名词，指"孟浪之人"，也就是轻率冒失的人。例如：

(1) 僧问："古者道释迦弥勒犹是他奴，且道他是什么人？"师云："三家村里孟八郎。"（宋《圆悟录》卷九）

也可作形容词，与"孟浪"同义[2]，作状语和定语。例如：

(2) 上堂，举沩山问仰山："寂子心识微细流注，无来得几年？"仰山不敢答，却云："和尚无来几年矣？"沩云："老僧无来已七年。"沩山又问："寂子如何？"仰云："慧寂正闹。"师云："古人及尽玄微犹恐走作，今人只管孟八郎道，总是五逆人闻雷。"（宋《虚堂录》卷一）

例(2)中"孟八郎"是形容词，作状语，与"孟浪"意义相同，其核心意义是"粗疏"。有此可以推测，"孟八郎"的词源是"孟浪"[3]，其演变是由俗词源所导致的。使用者将"浪"附会为"郎"，并加上排行"八"，则成"孟八郎"。

"孟浪"一词产生于先秦，《庄子·齐物论》："夫子以为孟浪之言，而我以为妙道之行也。"成玄英疏："孟浪，犹轻率也。"又发展出"虚无缥缈之事""粗率；疏误""鲁莽；冒昧""流浪""放浪"等义，要之不出"粗疏"这一核心意义。

读音为"laŋ"的字常附会为"郎"。如宋欧阳修《归田录》："江南有大小孤山，在江水中嶷然独立，而世（一作俚）俗转孤为姑，江侧有一几，谓之澎浪矶，遂转为彭郎矶，云'彭郎者，小姑婿也。'余尝过小孤山，庙象乃一妇人，而勅额为圣母庙，岂止俚俗之谬哉？"

【不稂不莠】→【稂不稂，莠不莠】→【郎不郎，秀不秀】

"不稂不莠"先发展为"稂不稂，莠不莠"，进而附会为"郎不郎，秀不秀"。

---

① 该例参王勇：《禅籍方俗词溯源》，《汉语史研究集刊》（第十七辑），巴蜀书社 2014 年版。

② [日]无著道忠《禅林方语》"孟八郎"条："不由道理做事曰孟八郎。"转引自雷汉卿：《禅籍方俗词研究》，巴蜀书社 2010 年版，第 473 页。

③ 无著道忠云："孟，孟浪也。"虽然看到了"孟八郎"与"孟浪"之间的源流关系，但"孟"并非等于"孟浪"。

(1)既坚既好，不稂不莠。(《诗经·大雅·大田》)

毛传："稂，童粱。"稂是长穗而不饱实的禾。《说文·艹部》："蓈，禾粟之莠生而不成者谓之童蓈。"莠是狗尾草。《说文·艹部》："莠，禾粟下生莠。"《孟子·尽心下》："恶莠，恐其乱苗也。"

由于人们对"稂""莠"的意义不甚明了，便发展出"稂不稂，莠不莠"的说法。

(2)男人只要当得家，把得计，做得生意，赚得钱来养老婆儿女，便是好男子；若是白面郎君，好看不中吃，要他何用？稂不稂，莠不莠。日后反要苦害儿女。(明周清原《西湖二集》卷一六)

从语境可以看出，"稂""莠"之中显然一良一恶，且"A不A，B不B"的格式中，A、B一般为反义词，如"阴不阴，阳不阳""好不好，歹不歹""上不上，下不下"等。加以对字音也不甚熟悉，进一步附会则成"郎不郎，秀不秀"，意义与"稂不稂，莠不莠"同。

(3)店主人道："你这样人，种火又长，挂门又短，郎不郎，秀不秀的。若要觅衣食，须把个官字儿搁起，照着常人佣工做活，方可度日。你却如何去的？"(明《初刻拍案惊奇》卷二二)

《汉语俗语词典》："郎、秀：宋元明时期称贵族子弟和有财势人家的子弟为郎，也有人认为，元时称人子弟有五等，由低而高依次是：哥、畸、郎、官、秀，秀最高，郎居中，比喻高也不是，低也不是，不伦不类。"[①]从该解释可以看出，"郎不郎，秀不秀"是在俗词源的影响下产生的。

除了语音上的联系以外，"laŋ"附会成"郎"还与"稂不稂，莠不莠""孟浪"所修饰的对象有关。从上面的例句可以看出，他们均多用于描述人，因此很容易附会成"郎"。

"郎"常用于称呼男子，俞理明指出："由于'郎'的高贵、礼敬意义淡化，唐代起可用来称呼从事某些行业的青壮年男子，比如歌郎、花郎、货郎、忙郎(芒郎)、牛郎、田舍郎、挽郎(挽歌郎)、星郎、牙郎、鱼郎(渔郎)、掉郎(掉船郎)等等。后来，'郎'的年龄也不限于年轻了，如《水浒传》中就有'火工老

---

① 孙洪德：《汉语俗词语典》(增订本)，商务印书馆2011年版，第333页。

郎’，以致于明清人有以‘郎’为贱的说法。”且“郎”前常冠以数字，“在唐代，皇帝和臣下都可据排行以‘（几）郎’称呼。”[①]禅籍的例子如清《天岸升禅师语录》卷一一：“上堂：‘倚它门户傍它墙，刚被时人唤作郎。大郎跨却长沙虎，二郎驾着南岳牛，三郎骑着杨岐驴，各各倚势欺人。’拄杖子道：‘我于十二时中不依倚一物，者个唤作第四郎。何故？未曾解读天地玄黄。’”玄沙师备禅师叫“谢郎”或“谢三郎”。禅籍中还有“沈三郎”“蒋三郎”“鲁三郎”等。其中的排行多不可坐实，如孟子被叫作“孟三郎”，清《天岸升禅师语录》卷九：“成道上堂。问：‘释迦睹星悟道，未审悟个甚么？’师云：‘天上有星皆拱北。’乃云：‘日出煌煌，遍照东方。森罗万象，发焰舒光。堪笑释迦老子无端六载彷徨，直待星辉午夜，道与鼻孔相当。便自点胸点肋，指点辰宿列张。殊不知日月盈昃，天地玄黄。依然输与齐东老学究孟三郎。’”“孟八郎”的“八”也应该是虚指的排行。

“浪”“郎”音近，且“孟浪”常用以形容人“鲁莽；粗疏”，“孟”又为人们所熟知的姓氏，因此极易附会成“孟郎”，加上虚有的排行，则成为“孟八郎”。

俗词源是牵强附会，割裂词语内部形式的错误词源。若不对其加以考辨证明，信以为真，则必然得出错误的结论。

第八节　外来词汉化

外来词是借自外族语言的词语，以音译或意译的方式借入。“所谓汉化，就是使外来词失去或者尽量少一些外来的‘面孔’，实际也就是尽可能使之适合汉语词汇的规律，让更多的人能懂、能用。”[②]文献中的音译外来词通常有两类形式：一类是没有汉化的单纯音译词，汉字仅起记音作用；另一类是在汉语造字规律的制约下，经过长期使用而不断汉化的词。第一类音译词的意义常常不易弄清，第二类外来词因为字形汉化的原因，较易“望文生训”，但是汉化过程增加了探源的难度，同时还有产生俗词源的危险。因此，外来词的汉化会使外来词的理据更为难明。王云路说：“这些新词语在融入中土词汇过程中字形与字音有所改变，变得隐蔽，甚至被赋予了新义，已不

① 俞理明：《说“郎”》，《中国语文》1999 年第 6 期。

② 梁晓虹等：《佛经音义与汉语词汇研究》，商务印书馆 2005 年版，第 221 页。

再让人感觉到外来的痕迹了。”①“意义上的联想可使外来词产生其他含义而难以寻根，借音词经过音变改造之后，往往造成假象，就更加难以辨认其含义来源了。”②王先生道出了外来词汉化对理据的遮蔽。

外来词常常会发生汉化，这与汉字的表意性和汉字使用者的心理密切相关。汉字的表意性是汉字有别于拼音文字的一大特点，而这一特点对于汉字使用者来说，有很强的心理驱动力。他们总希望汉字所记录的词的意义可以从其形体上反映出来，于是就出现了外来词在文字形式上的“汉化”。所谓汉化，就是让记音字成为形音义的组合体。俞理明指出，汉字的表意性“使汉字与汉语的关系不只是一种简单的记录关系，汉字的使用者认为汉字不仅是书写单位，也是语音和语义单位。汉字在记录汉语词汇读音的同时，还表示词汇(词或语素)的意义，是形音义的组合体，如果其中有缺损或不足的话，在使用和理解过程中，会通过重新分析把三缺一的关系补齐。”③本来音译外来词可以任意选取音同音近的字来记录，但汉语使用者往往会选择能附会其义的字或者对字形进行改造，使其汉化。王艾录、司富珍同样认为：“汉语的语素、音节、汉字基本一致，所以‘见字知义’‘听音知义’成为汉人的一种普遍的语言认知心理。汉人极不喜欢无意义的音节，所以他们在吸收外来词的时候，往往要尽可能地选择那些与原词意义有点瓜葛的字，使词带上理据色彩。”④例如，在现代汉语使用者看来，“沙发”似乎有“松软”之义，“马达”有“驱动力”之义。

外来词汉化的主要方式为改变字形和合璧造词。

1. 改变字形

改变字形的主要方式是增加形符或者选用能体现使用者对外来词理解的字。例如“茉莉”是外来词，茉莉花本为舶来品，产自波斯，晋时已传入我国，文献记载较为丰富。晋嵇含《南方草木状·耶悉茗花》：“耶悉茗花、茉莉花，皆胡人自西国移植于南海；南人怜其芳香，竞植之。”明李时珍《本草纲目·草三·茉莉》：“末利原出波斯，移植南海，今滇、广人栽莳之。”《广群芳谱·花谱二二·茉莉》：“茉莉一名抹厉，一名没利，一名末利，一名末丽，一

① 王云路：《中古汉语词汇史》，商务印书馆2010年版，第863页。

② 同上，第870页。

③ 俞理明：《汉语缩略研究——缩略：语言符号的再符号化》，巴蜀书社2005年版，第51页。

④ 王艾录、司富珍：《汉语的词语理据》，商务印书馆2001年版，第37—38页。类似观点已成学界共识，例如赵宏同样指出：“汉语对外来语表现出强烈排斥倾向，最重要的一个原因是汉字顽强的表意性在汉语系统中起着重要作用。它要求组成汉词语的字在一般情况下能够起到提示词语意义的作用，形成了汉语社团强烈的‘望文生义’的语言心理。”参赵宏：《英汉词汇理据对比研究》，上海外语教育出版社2013年版，第5页。

名抹丽，佛书名鬘华。原出波斯，移植南海。”

人们不知其为外来词，在“汉语音节必有义”心理的驱使下，将“茉莉”附会为“抹丽”，谓“能掩众花”。宋张邦基在《墨庄漫录》中记载：“闽、广间多异花，悉清芬愈烈，而末利花为众花之冠。岭外人或云“抹丽”，谓能掩众花也。”这种汉化实际上又形成了俗词源。

2. 合璧造词

合璧造词是指用来自不同语言的语素合成复合词。中古近代汉语中梵汉合璧词蔚为大观。近代汉语的例子如：

【贝叶】

> 问：“如何是教？”师曰：“贝叶收不尽。”（《景德传灯录》卷一七）

贝叶，即贝多罗树叶，借指佛经。“贝”是“贝多罗”的缩略，“贝多罗”是梵语 pattra 的音译，义为贝多罗树；“叶”是汉语的固有语素，因此“贝叶”是梵汉合璧词。

【檀信】

> 累累以成髻珠，隐隐以炫额，檀信及门而膝地，童耋遍城而掌肢。（五代黄滔《丈六金身碑》）

檀信，指施主。“檀”是“檀那”的缩略，“檀那”是梵语 Dāna 的音译，义为施舍；“信”是汉语的固有语素，因此“檀信”是梵汉合璧词。由“檀”和汉语语素构成的词还有“檀施”（施舍）、“檀府”（僧人对施主住宅的敬称）等。

合璧词在现代汉语方言中也存在。例如：

秦晋两省沿河方言中“跟头”又有“跟斗”“猫儿跟头/斗”“猫儿官头”“猫儿拐头”“猫角头”“猫圪头”“猫咕噜”等说法，多数都有“猫”这一音节。根据邢向东等的研究，“翻跟头”的动作应与“猫”没有关系，“猫儿”是蒙古语 morgoho 的音译，原作“木儿古”“木儿沽”，义为“叩头”。叩头与翻跟头动作有相似之处，故汉语方言译过来表示翻跟头的动作，又与汉语本有的“跟头”结合成蒙汉合璧词“猫儿跟头”。“跟头”本来音义明确，与“卯儿/木儿”合成一个词之后，导致语素义湮没不明，也跟着发生各种音变。[①]

---

① 详参邢向东等：《秦晋两省沿河方言比较研究》，商务印书馆 2012 年版，第 206 页。

第九节 内部结构误析

内部结构误析，指对词语的内部结构做了错误的分析。多发生于理据模糊或业已消失的单纯词中。

结构误析的结果往往是将理据模糊的复合词或单纯词错误地分析为并列式合成词。[①] 这又可以分为两类，一类是“实语素＋虚语素”，经错误分析，虚语素获得实语素的意义，且可单用或构词。例如“辗转”的“辗”[②]、“涟漪”的“漪”[③]；一类是“音节＋音节”，经错误分析，两个音节都可以分别承载原单纯词的意义，如“腌臜”的“腌”和“臜”。

【腌臜】

(1) 妇人道：“叔叔何不搬来家里住？省的在县前士兵服事，做饭腌臜。”（明《金瓶梅词话》一回）

(2) 那宝玉是个丈八的灯台——照见人家，照不见自己，只知嫌人家腌臜。（清《红楼梦》一九回）

“腌臜”即“骯脏”。《正字通》：“俗呼物不洁曰腌臜，元曲多用此二字。”“腌臜”“骯脏”“鏖糟”“齷齪”等都是同一单纯词的不同表现形式（变体）。“腌”与“臜”又可单用，义同“腌臜”。例如：

(3) 枉腌了他金屋银屏，枉污了他锦衾绣裀。（金《西厢记诸宫调》卷五）

(4) 好也啰！将一个腌盆儿掇在他头直上。（《元曲选外编·村乐堂》二折）

---

① 这一误析现象我们暂时将其称为“单纯词的复合化”。参王长林、王勇：《“咤沙”源流考——兼论词语合流及单纯词的再复合化》，《语文研究》2016年第1期。

② 宋代葛长庚《中秋月》：“千崖爽气已平分，万里晴天辗玉轮。”“辗”义为“转”，源自“辗转”。据孙景涛的研究，“辗转”属于“动词的逆向重叠”，其基式为“转”，而“辗”是衍生形式，没有独立意义。参孙景涛：《古汉语重叠构词法研究》，上海教育出版社2008年版，第33—35页。

③ 《说文·水部》：“沦，小波为沦。从水，仑声。《诗》曰：‘河水清沦猗。’”段注：“‘猗’各本作‘漪’，今正。《毛诗》‘涟猗’‘直猗’‘沦猗’，‘猗’与‘兮’同，汉石经《鲁诗》残碑作‘兮’，可证，后人妄加水作漪。《吴都赋》乃有‘刷荡漪澜，濯明月于涟漪’之句，其缪甚矣。”

(5) 春梅道:"那臜脸弹子,倒没的龌龊了我这手。"(同上七三回)

例(3)中"腌"与"污"互文,都是"使肮脏;弄脏"的意思。例(4)中"腌"是形容词,义为"肮脏"。[①] "腌盆儿"已词汇化为一个词,指"坏名声",与"屎盆子"同义。例(5)中"臜脸弹子"会使手变得龌龊,当然是肮脏的东西。

"腌"与"臜"本来都没有"肮脏"的意思。腌,《说文·肉部》:"渍肉也。""臜"则不能单用,只能与"腌"构成"腌臜"表"肮脏"义。在近代汉语中,"腌"与"臜"分别单用表"肮脏"义是将单纯词误析为并列式复合词,从而导致单纯词的两个音节语素化[②]的结果。

内部形式的误析是错误认识词的理据的直接结果,会误导我们对词的理据的认识,增加理据探求的难度。

第十节 避讳

避讳也是导致理据难明的重要原因。宋赵彦卫《云麓漫钞》中有一段关于避讳的记载:

> 古之圣王讳,世皆不知避。有一时暴起与僭伪之主,至今讳而不改者,如昭穆本作招穆读,以晋文帝讳改呼韶。城避朱梁讳改曰州,如东都州、南州、北州是也。戊字本作茂读,亦以李唐讳改云武,或曰务。浙人避钱氏讳,改刘为金,果有石榴,呼曰金樱。江东人以杨行密讳,呼蜜为蜂糖。太一十神有君基、民基,避唐明皇讳改作棋,至今不改。《本草》有薯蓣,避唐代宗讳改云薯药,避英宗讳又改为山药,则与薯蓣似不相干,今当云山蓣可也。

这段记载说明,避讳会使词语偏离原来的形式,从而导致理据难明。例如"薯蓣"经过两次避讳而成为"山药",就变得与原来的形式"薯蓣"毫不相

① "腌"用作此义的用例还很多,如《董西厢》第五折:"入时衣袂,脱体别穿一套,煞噷地做些腌躯老。"《勘头巾》第一折:"则你那帮闲钻懒腌身分,到官中也不索取词因。"

② "汉语音节语素化,是指汉语单语素复音词音节语素化,即取单语素复音词几个音节中一个音节而赋之以复音词之整体意义,使该音节成为构词语素,或独立成为一个单音词,或与其他语素构成一个复合词。"参陈宝勤:《汉语词汇的生成与演化》,商务印书馆 2011 年版,第 18 页。

干。赵彦卫认为“今当云山蓣可也”，因为“山蓣”是理据清晰的形式。

在趋利避害的心理驱动之下，避讳在民间极为盛行，凡是会引起不愉快的字眼，都可以成为避而不言的对象，从而产生了形形色色的避讳词。例如明李豫亨《推篷寤语》卷七《订名物之疑》：“有讳恶字而呼为美字者，如‘伞’讳‘散’，呼为‘聚立’；‘箸’讳‘滞’，呼为‘快子’；‘灶’讳‘躁’，呼为‘欢喜’之类，今因流传之久，至有士夫间亦呼为快子者，忘其始也。”又如清徐珂《清稗类钞》：“北人骂人之词，辄有‘蛋’字，曰‘浑蛋’，曰‘倒蛋’，曰‘王八蛋’。故于肴馔之‘蛋’字辄避之。鸡蛋曰‘鸡子儿’，皮蛋曰‘松花’，炒蛋曰‘摊黄菜’，溜蛋曰‘溜黄菜’，煮整蛋使熟曰‘卧果儿’，蛋花汤曰‘木樨汤’。”

因避讳而产生的新词的理据常常比较难明，需要结合文化心理和词语意义两方面的线索才能探明。例如：

【见喜】

替夫人奶奶们道喜，姐儿发热是见喜了。（清《红楼梦》二回）

例中的“见喜”指出天花。天花是一种急性传染病。清代王士雄记载：“上年秋燥冬暖，路无霜雪，河井并涸，吾杭自九月间起，天花流行，十不救五，小儿之殇于是者，日以百计。”[①]由此可见，此病在古代有一定的致死率。“见喜”的字面意思是显现出可喜的事情，然而小孩染上天花则性命堪忧，当悲而不当喜。人们用“见喜”指出天花，应该是避讳的结果。

【宛转】【馄饨】

讳说虾儿呼宛转，羞言饺子唤馄饨。（清孟笙《杭州竹枝词》）

上面所引诗句告诉我们，清代的杭州人讳言“虾儿”“饺子”，而代之以“宛转”“馄饨”，可见“宛转”“馄饨”是避讳的产物。“宛转”“馄饨”是什么意思呢？作者自注说：“杭语虾儿、饺儿为男女之私处，故说虾为宛转，说饺为馄饨。”由此可知，在清代的杭州话中，“虾儿”可指男性的私处，“饺儿”可指女性的私处，因此才要避讳。用“宛转”代“虾儿”，是因为虾有弯曲的特征；用“馄饨”代“饺儿”，是因为二者都是有馅儿的面食。男女的私处得名“虾儿”“饺儿”的理据是形态的相似，用“宛转”“馄饨”代替之后，其理据便模糊了。

---

① 李成文主编：《温病学派医案》(八)，中国中医药出版社 2015 年版，第 58 页。

第四章　近代汉语词汇理据探求的方法

概念词化是用有限的语符表达一个复杂概念内容的过程，是从整体的概念内容到部分地语符映射为语言形式的编码过程；词语理据的探求正好相反，是从有限的语言形式中推导出它所蕴含的整体概念内容的过程，是从语言形式到概念内容的解码过程。①

目前，有关近代汉语词汇理据探求方法的成果较为少见。在训诂著作中，探求理据（溯源）往往只是训诂方法之一，而理据探求实践具体如何展开这一方法论问题，少有学者论及。

张志毅总结出"语素与语义结构分析法""从造词法探求词的理据""同根词比较法""探求词的典故历史源头"等方法，对本研究有借鉴意义。② 王艾录、司富珍指出："探究复合词理据的基本方法之一就在于揭示其内部形式，复合词的内部形式被揭示出来了，它的理据探究工作也就有了观察的窗口、入门的向导。"③学者们已经为理据探求指出了大致方向，但具体如何揭示词的内部形式仍需要进一步探讨。想要揭示词的内部形式，首先必须弄清其构成成分的语素义，这一点极为关键，也极为不易。

以双音词为例，至今为止，语素辨认问题仍然没有真正解决。也就是说，判断一个词是单纯词还是合成词并不是件容易的事情。吕叔湘曾说：

> 辨认语素跟读没读过古书有关系。读过点古书的人在大小问题上倾向于小，在异同问题上倾向于同。大小问题如经济，一般人觉得它跟逻辑一样，不能分析，读过古书的人就说这是"经世济民"的意思，经和济可以分开讲，是两个语素。异同问题如书信的信和信用、信任的信，一般人觉得联不上，念过古书的人知道可以通过信使的信

① 黄洁：《汉语名名复合词语义认知研究》，复旦大学出版社 2018 年版，第 3 页。

② 张志毅：《词的理据》，《语言教学与研究》1990 年第 3 期。

③ 王艾录、司富珍：《汉语的词语理据》，商务印书馆 2001 年版，第 49 页。

（古时候可以单用）把前面说的两种意思联系起来，认为信只是一个语素。①

赵元任认为辨识语素“比较可取的办法是采用读书识字的人的最大限度的分析”，因为“采用语文修养较高的人最大限度的分析比较容易取得一致的结果”，若不然则答案会大有分歧。②

词语理据研究存在诸多困难，但也并非无处着手。在一种语言体系中，同类语言现象达到一定数量就可归纳出规则，这种规则类推到其他语言事实中，就是规则的使用，亦即演绎。本章借鉴、抽绎、归纳前人理据探求实践中的方法，结合词语考释的方法，针对近代汉语词汇的特点，整理出几点探寻词语理据的方法。

第一节　审辨形音

审辨形音是传统训诂的重要方式之一，形音指词语的文字形式和语音形式。这里试着结合近代汉语词汇的特点，提出一些不同于已有训诂方法，且适用于探求近代汉语词汇理据的方法。主要是异形词互证和因声求义，因声求义又包括破假借和辨重叠。

一、异形词互证③

近代汉语词汇中有许多异形词，异形词的来源主要是误字、俗字和借字。近代汉语文献中俗字、借字、误字频现与异形词丰富这种现象之间存在因果关系，我们可以将异形词作为切入点，解决俗字、借字、误字等问题，从而解释词语的理据。一组异形词中，可能存在能体现（或部分体现）该词理据的成员，将各成员所提供的理据信息拼接起来，便可得到该词理据的完整信息，这一方法我们称之为“异形词互证法”。

（一）异形词互证的原理

一组异形词中可能存在能体现（或部分体现）该词理据的成员，形成这一结果的原因主要有两个：

① 吕叔湘：《汉语语法分析问题》，《吕叔湘文集》（第二卷），商务印书馆1990年版。

② 赵元任著，吕叔湘译：《汉语口语语法》，商务印书馆1979年版，第79、94页。

③ 本小节内容已发表，收入本书时细节有改动。参王勇：《近代汉语合成词理据探寻方法——异形词互证》，《汉语史研究集刊》（第二十五辑），四川大学出版社2018年版。

1. 时代较早的词形多为有理形式

时代较早的成员可能是最能反映造词理据的形式。造词之初，其内部形式和构成成分间的意义往往较为明晰，其意义的直解度高，用文字记录时也相对容易。因而异形词的早期成员往往最能体现其造词理据。例如：

【藏摩】【藏攗】【藏掖】【藏檿】【藏拽】

(1) 亭亭自抬举，鼎鼎难藏摩。（唐元稹《高荷》）

(2) 伶人有杂手伎号藏攗者在焉。丁顾夏曰："古无咏藏攗诗，内翰可作一首。"英公即席献诗曰："舞拂桃珠复吐丸，遮藏巧伎百千般。主公端坐无由见，却被傍人冷眼看。"（宋彭乘《墨客挥犀》卷八）

(3) 见胚胎破绽难藏攗，有点污唵嗜强打迭。（元曾瑞《哨遍·秋扇》）

(4) 跷跟儿掩映着真圈套，里勾儿藏掖着深窟窍。（元邓玉宾《村里迓古·仕女园社气球双关》）

(5) 散乐则立教坊司，掌天下妓乐，有驾前承应杂戏、飞竿、走索、踢弄、藏檿等伎。（明叶子奇《草木子》卷三下）

(6) 百计弥缝，万般辗转。弄藏拽，图幸免。（明冯惟敏《朝天子·感述》）

上面五种形式是同一个词的五种异写形式，该词有两个意义，例(1)(3)(4)(6)为"隐藏；藏匿"，例(2)(5)为"变戏法；表演魔术"，后者由前者引申。该词的前一语素"藏"意义明确，无须讨论。后一语素写作"摩、攗、掖、檿、拽"五种形式，五字中只有"掖"与"藏掖"的意义有关，清《红楼梦》五一回："你来把我这边的被掖掖罢。"又第九七回："黛玉微微的点头，便掖在袖里。""藏掖"也是该词在现代汉语中的规范形式，因此我们很容易据此认定该词当写作"藏掖"，其他四个字形都是记音字。但这一结论是错误的。

"掖"表"藏"义首见于元代[见例(4)]，而表"隐藏；藏匿"义的"藏摩"唐代已产生[见例(1)]，很显然"藏掖"并非该词产生之初可以体现其理据的形式。从目前的材料来看，"藏摩"是该词最早的形式。"摩(攗)"在唐代未见表"藏"义的用例，但有表"塞；塞进"义的用例。"塞；塞进"义与"藏"义存在逻辑关系，后者是前者的结果或目的，因此《汉语大词典》释"掖"时将两个意义归并为一个，表述为"塞进；藏"。"摩"表"塞；塞进"义的用例如：

(7) 东夏诸尼衣皆涉俗，所有着用，多并乖仪。准如律说，尼有五衣：……五裙。四衣仪轨与大僧不殊，唯裙片有别处。梵云俱苏洛迦，译为篅衣，以其两头缝合，形如小篅也。长四肘，宽二肘，上可盖脐，下至踝上四指。着时入内，抬使过脐，各蹙两边双排擪(于协反)脊。(唐《南海寄归内法传》卷二“尼衣丧制”)

“各蹙两边双排擪脊”即用双手扯住(裙子)左右两边交叉扯至背后，然后并为一股塞进脊背之后。① 又如：

(8) 苾刍白佛。佛言：“若缘梯上当结下裙，平地作时不应如是。”自注：“言结下裙者，谓捉裙后边下缘，向前腰间急擫也。”(唐《根本说一切有部毗奈耶杂事》卷六)

(9) 先时，吏部尚书刘晏裹头至慢，每裹，但擎前后脚擫之，都不抽挽。或曰：“尚书何不抽两翅?”晏曰：“两边通耶?”时人多哂之。兵部尚书严武裹头至紧，将裹，先以幞头曳于盘水之上，然后裹之，名为“水裹”。擫两翅皆有褶数，流俗多效焉。(唐封演《封氏闻见记》卷五“巾幞”)

例(8)中“捉裙后边下缘，向前腰间急擫”意谓搴起裙子后幅的下沿，紧紧地塞进腰间。例(9)中“但擎前后脚擫之，都不抽挽”即抓住前后脚交叉塞进去，而不将两脚抽出拉紧。

据此，我们认为“藏擪”是该词早期的且能体现其理据的形式。“藏擪”是近义并列式复合词，“藏”取“掩藏”义，“擪”取“塞进；藏”义②。“擪”从元代开始借“掖”来记录，故产生了“藏掖”；明代在沿用“掖”的同时又偶借“拽”来记录，从而产生了“藏拽”。③

---

① 具体做法该书中有详细的介绍，该书卷二“着衣法式”云：“其着裙法式聊陈大况：……绕身既讫，抬使过脐，右手牵其左边上角，在内牵向腰之右边。左边上裙取外边而掩左畔(近右手边为右裾，近左手边为左裾)，两手二畔举使正平，中间矗直即成三福，后以两手各蹙至腰，俱将三叠向后掩之，两角各抬三指俱插向脊使下，入腰间可三指许。斯则纵未系绦，亦乃着身不落。”

② “擪”同“擫”，又误作“檿”。故“藏擪”又作“藏擫”“藏檿”。

③ “擪”的“塞；塞进”义引申自其“按压”义，将物品按进某一空间即“塞；塞进”。唐《根本说一切有部苾刍尼毘奈耶》卷二〇：“或时撮聚一角反擪腰边，犹如蛇头。”唐《新集藏经音义随函录》十六册“反擪”：“按也，谓插也。”可洪的解释意谓“擪”本为“按”义，在此引申为“插”义。“插”义与“塞；塞进”义相关，当塞进的事物呈长形或片状且质地坚硬时即“插”，因此“掖”有时又可理解为“插”，如《儿女英雄传》第八回：“说着，掖上那把刀，迈步出门，往外就走。”

【牵夫】【捧夫】【纤夫】[1]

(1) 汴州境内最弊最苦是牵船夫。……见县令李式,年甚少,有吏才,条疏牵夫,甚有道理。(唐杜牧《与汴州从事书》)

(2) 回艇临塘路,捧夫欣路平。(宋卫宗武《归舟》诗)

(3) 老姑起把船,新妇为纤夫。(明吴嘉纪《挽船行》)

"牵夫"首见于唐代,北宋沿用,如《新唐书·百官志》:"每岁孟秋,群牧使以诸监之籍合为一,以仲秋上于寺,送细马则有牵夫、识马小儿、兽医等。""捧夫"则首见于南宋袁说友《江舟捧夫有唱湖州歌者,殊动家山之想,赋吴歌行》一诗的诗题。"纤夫"首见于明代。据例(1)可知"牵夫"即"牵船夫","牵"最能体现该词的理据,"牵"是古字,"捧""纤"是今字。

"纤夫"似乎也能体现该词的理据,因为"纤"唐代已见,且可指"拉船前行的绳子"。实则不然。该字虽唐代已见,但当时的意义是"牵牲口的绳子",表示"拉船前行的绳子"则首见于明代;而"牵夫"唐代已见,且理据清晰。因此,"纤夫"即便体现了理据,也非该词的原始理据,而是俗词源。曾昭聪曾指出这一现象,他认为:"从汉字的历史发展出发可分析异形词中的某些后起词形的理据或'伪理据'。"[2]曾先生所言甚是,但只在因古今字而形成的异形词范围内讨论这一规律,未能展现这一规律在异形词中的普遍性。

2. "望文知义"心理驱使后起词形成为有理形式

汉民族的语言习惯是"望文知义",纯粹的表音字不符合汉民族的用字习惯。正如王云路所言:"先民给事物命名,多在字的形音义上找到联系,形声字、会意字都属于此种类型。有些联绵词在使用中也会加上表义偏旁,或产生偏旁类化,如徘徊、踌躇、逶迤、婀娜等。"[3]在上述心理的驱使下,人们在用文字记录词语时,往往企图找到最合适的字——能显示该词各构成成分意义的字,这一过程便是对理据的探寻。这一尝试或成功或失败。失败的结果有两种,一是产生俗词源,然后依据俗词源记录;二是使用任意同音字记录。成功的结果也有两种:一是明确词语理据并准确记录该词的所有构成成分;二是明确词语的部分理据并准确记录相关成分。因此,在众多字形中,可能有溯源成功后选取的字形。在这种情况下,后出形式反而比早出形

① 该例引自曾昭聪:《近代汉语异形词理据探讨》,《钦州学院学报》2015 年第 1 期。

② 曾昭聪:《近代汉语异形词理据研究论略》,《绵阳师范学院学报》2013 年第 7 期。

③ 王云路:《试论外族文化对中古汉语词汇的影响》,《中古汉语论稿》,中华书局 2011 年版。

式更能体现词语的理据。例如:

【促掐】【促恰】【促却】【促狭】【促侠】

(1) 你既肯度脱弟子成仙了道,怎生又要把我掉在大江之中,险丧性命? 你好促掐也!(《元曲选·竹叶舟》四折)

(2)〔彭大云〕他两个同坐着哩,不知怎么新人不死,是小姑娘死了。〔周公做哭科云〕桃花女,你好促恰也!(《元曲选·桃花女》三折)

(3) 我晓的你恼我,为李瓶儿,故意使这促却来奈何我。(明《金瓶梅词话》二七回)

(4) 怪小淫妇儿,使促狭灌洒了我一身酒。(同上六八回)

(5) 白玉堂暗使促侠假作逊让,托着北侠的肘后,口内道:"请了。"用力往上一托。以为将北侠搡出,谁知犹如蜻蜓撼石柱一般,再也不动分毫。(清石玉昆《侠义传》七八回)

(6) 饶你这般管教他,真是没有一刻的闲功夫,没有一些快乐的肚肠;他还要忙里偷闲,苦中作乐,使促狭,弄低心,无所不至。(清《醒世姻缘传》六二回)

"促掐/促恰/促却/促狭/促侠"是一组异形词,根据该词所出现的句法环境,它应该有名词和形容词两种用法:例(1)(2)中作谓语中心语,是形容词;例(3)(4)(5)(6)中作宾语,是名词。我们认为,该词的名词用法当释为"坏心",即恶毒心肠或不良居心。① 例(6)中"促狭"的"坏心"义更显豁。"促狭"与"低心"同义,"低心"即"坏心"②。该词的形容词用法当释为"缺德",即缺乏好的品德,指人做坏事,恶作剧,开玩笑,使人为难等。

记录这组异形词前语素的字相同,均为"促"。"促"有"狭小;狭窄"义,与"坏心"义相关,心胸狭窄的人往往有恶毒心肠或不良居心。据此,该词可暂时表示为"促○"。各成员记录后语素的字各不相同,分别是"掐""恰"

---

① 已有研究对该词的解释不甚一致。李申认为:"促狭,犹言缺德。……使促狭,即作缺德的事,干恶作剧以捉弄人。"(参李申:《金瓶梅方言俗语汇释》,北京师范学院出版社 1992 年版,第 386 页)《汉语大词典》释为"指捉弄人、恶作剧的手段",以例(4)为书证。二者释义各有所长,但都不甚准确。李氏对"促狭"和"使促狭"的解释都可取,但将二者合为一条解释则不可取。"缺德"正是"促狭"的形容词用法的意义,但"使促狭"中"促狭"应该释为名词。《汉语大词典》释为名词,但认为"促狭"是一种手段则不准确。

② 《汉语大词典》《近汉》释"低心"为"坏心"。又"低人"指坏人,如清《醒世姻缘传》六七回:"这外科十个倒有十一个是低人,这艾满辣是那低人之中更是最低无比的东西。""低心"也可以出现在"弄""使"后形成"弄低心""使低心",如清《醒世姻缘传》八〇回:"趁着我害病,大家献浅,请他出来,叫他使低心,用毒计,唬杀孩子,愁我不死么!"

“却”“侠”“狭”。前四字的意义均无法与该词的意义产生联系，唯独“狭”有“狭窄”和“见识或心胸狭隘”两个意义，与该词的意义密切相关。据此，可以确定该词的有理形式是“促狭”。

“促狭”产生于中古时期，是同义并列复合词，本义为“窄小；狭隘”，裴松之注《三国志·魏志·文帝纪》引《献帝传》：“营中促狭，可于平敞之处设坛场，奉荅休命。”以空间“狭隘”隐喻心理空间“褊狭”，产生“心性褊狭；心胸狭窄”之义。[①]《三国志·魏志·袁绍传》：“良性促狭，虽骁勇不可独任。”褊狭之人往往嫉妒心、报复心强，尖刻而恶毒。因此，“促狭”又引申出“坏心”之义。

该词的“坏心”义用“促狭”这一词形记录的用例首见于明代，虽然较“促掐”“促恰”两种形式出现得晚，但该词的“坏心”义当产生较早，只不过常用其他四种非理形式来记录罢了。[②]

（二）异形词互证的过程

异形词互证是在可能的情况下，将一组异形词的各成员放在一起比较，让各成员为研究者提供理据信息，相互证发以探明理据。异形词互证的过程如下：

第一，尽量多地搜集一组异形词的成员。一组异形词的成员越多，提供的理据信息可能就越多，探明该词理据的概率就越高。

第二，汇总每一个音节位置上的字，逐一考查各位置上各字的意义是否与词语的整体意义存在联系，存在联系的字所记录的语素有可能就是词语的构成成分。

第三，对第二步得出的有理形式进行证明，确定词语的内部形式。

假设“A ○○○/○ B ○○/○○ C ○/○○○ D”是一组异形词（其中的大写字母为意义明确的语素[③]，“○”表示意义不明晰的语素），将上述四个成员放在一起互参，就会形成一个完整的、理据明晰的四字格词语 ABCD。其过程如下图[④]：

---

① 空间“狭窄”与心理“狭隘”相因，“匾窄”也有这两个意义。如元杨景贤《刘行首》四折：“刘行首，此处敢匾窄，不如你高堂大厦幺？”此为空间“低矮狭窄”。《水浒传》三九回：“这人虽读经书，却是阿谀谄佞之徒，心地匾窄，只要嫉贤妒能，胜如己者害之。”此为“心胸狭窄”。

② 汪维辉先生提醒笔者：“‘促狭’可能是流俗词源的反映，可以做进一步考查。”汪先生所言应该重视，该词的理据还可进一步探讨。

③ 指与整体词义联系明晰的语素。

④ 该图所展现的是理论上存在的最能说明异形词参证作用及其过程的情况，实际研究中可能很难遇到如此整齐的互补状态。

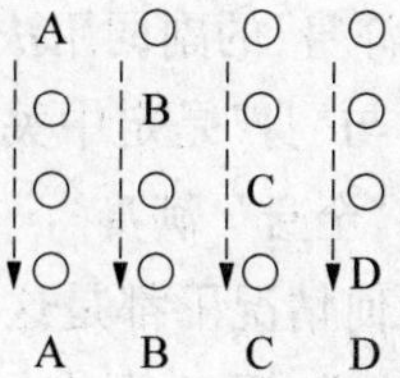

上图所描述的互证过程适用于单音到四音的合成词。将异形词放在一起相互比参，不仅可以找到正字(体现构词理据的字)，而且还能找到俗字、误字和借字等，以助文献的校勘整理。

异形词互证法可用于探寻单纯词和合成词的理据，用于探寻合成词的理据尤为有效。用异形词互证法探寻合成词的理据，可以分为整体考查和局部考查两种。

1. 整体考查

一组异形词中，可能存在能体现该词理据的成员，因此在考查一组异形词的理据时，首先应从整体上进行。例如：

【浑身】【浑深】【横顺】

(1) 嫂子，你是也使了些谷，浑身替你念佛的也够一个万人。(清《醒世姻缘传》三二回)

(2) 我们这两家姑娘可是不怕人相，也难说比那月里红鹅，浑深满临清唱的没有这们个容颜，只是不好叫大官人自己看的。(同上一八回)

(3) 行至中途，有一腰店，天色将晚，差人肚饿瘾发，遂进店摆灯烧烟，割肉打酒，问乔要钱，又要打烟。乔曰："钱已用完，不如走到城内，今晚消夜打烟罢了。"二差不依，只想与乔摆些口案，横顺要钱。(清刘省三《跻春台·审豺狼》)

"浑身/浑深/横顺"记录同一词语，该词义为"反正；不管怎样"。除该义外，"浑身"有多个意义，如"全身；遍体""自身；身体""全身塑像"等，但均与该义无关。究竟哪个成员是该词的有理形式，学者们看法不一。徐复岭认为"浑深"等由"横竖"或"横是"音变而来。① 王群认为"浑身"是有

① 徐复岭：《明清小说词语误释举例》，《济宁师专学报》1999 年第 5 期；《〈金瓶梅词话〉注释、校勘拾误》，《济宁师范专科学校学报》2003 年第 1 期。徐复岭认为这组异形词有"会胜""恒属""恒数""横是""浑深""浑身""浑是"等成员。(参徐复岭：《明清小说词语误释举例》，《济宁师专学报》1999 年第 5 期；《〈金瓶梅词话〉注释、校勘拾误》，《济宁师范 (转下页)

理形式[①]。冯春田等认为:"'浑身'的副词用法是由其相应的实词意义发展来的。从结构形式来看,'浑'与'身'是定中关系,'浑'是形容词,意为'全''满','身'为名词,'浑身',即'全身''满身',……'浑身'在总括对象意义即概括所有的基础上产生了'任何情况下都是这样'的语法意义。"[②]《近汉》认为"浑深"是有理形式。晁瑞认为"浑身,是名词,由名词发展为副词,甚为罕见,倒是形容词发展为副词,比比皆是。由此这个词应该是两个形容词性语素构成,'深'为大义,浑深,为联合型合成词。"[③]

我们认为,该词的有理形式是"横顺"。"横"表示"横的方向",与"纵"相反;"顺"表示"纵直"义,与"横"相反。[④]"横""顺"反义联合,表示无论如何、不管怎样。同义词"横竖""横直"的理据与该词相同,可证"横顺"即该词的有理形式。"横竖"的早期用例如《元曲选外编·射柳捶丸》二〇回:"横竖我的面皮比他大些,这功劳都是我的。""横直"在今武汉、温州、南昌、黎川、梅县、福州、厦门、雷州、长沙、娄底等地均使用。[⑤]

"横竖""横顺""横直"意义相同,构成语素的意义分别相同,语素间的语义结构也相同,三者都是理据清晰的形式。

"浑"是"横"的记音字,"横"在今西南官话中读 xuən,江淮官话湖北浠水也读此音,与"浑"同音。身,《广韵》失人切,书真开三平臻;深,《广韵》式针切,书侵开三平深;顺,《广韵》食闰切,船稕合三去臻。近代深臻合流,因此"身""深"同音,二字与"顺"声母同类,韵母有开合之别。现代汉语方言中"顺"有读为开口呼的,如广西南宁平话、江西黎川读 sen[⑥],徐州汴塘话"顺"韵母为"en"[⑦]。"横顺"的"顺"读作开口呼也有可能是受到合口呼的"横 xuən"的影响而发生异化,失掉了介音"u"所致。

综上,"横顺"是该词的有理形式,"浑身""浑深"是异写形式,"浑"是前语素的记音字,"身""深"是后语素的记音字。

(接上页)专科学校学报》2003 年第 1 期)我们认为,这些形式应该记录了三个词:(1)横顺,异写形式有"浑身、浑深、会胜";(2)横竖,异写形式有"恒属、恒数"等;(3)横是。

① 王群:《明清山东方言背景白话文献副词研究》,中国海洋大学出版社 2010 年版,第 1 页。

② 冯春田等:《明清山东方言语法研究》,山东教育出版社 2012 年版,第 396 页。魏红的看法与冯春田相同,参魏红:《明清山东方言特殊语法词研究》,齐鲁书社 2012 年版,第 103—112 页。

③ 晁瑞:《〈醒世姻缘传〉方言词历史演变研究》,中国社会科学出版社 2014 年版,第 25 页。

④ "顺"表示"纵直"义的用例产生较晚,如田野《火烧岛·爱与死的搏斗》:"孤零零一个小岛,横十里,顺十里。"但"顺"的意义当中含有"纵"这一意义要素则是毋庸置疑的。

⑤ 详参李荣主编:《现代汉语方言大词典》,江苏教育出版社 2002 年版,第 5402 页。

⑥ 同上,第 4435、4436 页。

⑦ 阚桂英:《徐州汴塘话音系研究》,四川师范大学 2008 年硕士学位论文,第 35 页。

【官防】【关防】【官房】

(1) 君瑞悬梁，莺莺觅死，法聪连忙救。“您死后教人打官防，我寻思着甚来由?”(金《董解元西厢记》卷八)

(2) 多则是没来由葫芦提打关防，待推辞早承向。(《元曲选·魔合罗》三折)

(3) 也不索长词短状，直和你见銮舆打一会官房。(《元曲选外编·延安府》四折)

该词意义清楚，即“诉讼”。《近汉》在“打官防”“打官房”后均说明“同‘打关防’”，即认为能体现该词理据的形式是“关防”。我们认为，该词的有理形式是“官房”。

“关防”本指“关隘”，唐杜甫《塞芦子》：“延州秦北户，关防犹可倚。”引申为“禁止；防范；限制”“严封”等义。《近汉》虽认为该词有“官司”(诉讼)义，但我们认为该义与前述“关防”的本义和引申义均无关。

官防，《近汉》释为“诉讼之事；官司”，金《董解元西厢记》卷八：“我去后必定有官防，君莫怕，我待做头抵。”该词的前语素“官”与其整体意义相关，而后语素“防”取何义尚需考查。

“官房”有“政府办事处；公家的房舍”义，引申指“诉讼之事；官司”，例(3)即其用例。官府正是诉讼之地，因此“官房”由“政府办事处”转指在此发生的事件——“诉讼之事；官司”。同义词“官司”有相同的引申轨迹，本指“官府”，《敦煌变文校注》卷三《燕子赋(二)》：“官司有道理，正敕见明宣。”引申指“诉讼”，《元曲选外编·西游记》四本一四出：“自从摄将这女子来，他两家打官司。”

根据以上分析，“官房”是能体现该词理据的形式，“官防”“关防”是该词的异写形式，“关”是前语素的记音字，“防”是后语素的记音字。

2. 局部考查

一组异形词中若无成员直接体现它们所记录的词语的理据，则需要逐一考查每一个音节位置上的字形，以获得该位置上的理据信息，从而确定该位置上的语素。在逐一考查之后，将所得信息加以综合论证，最终确定词语的理据。

【析半裂三】【拆半裂三】【柝半裂三】【折半列三】【折半烈三】【折半裂三】

禅籍中有一个四字格，目前所掌握的异形词有以上六个①，我们可以将以上异形词放在一起，互相比参，从而弄清该词的理据，确定能体现该词理据的形式。先看用例：

(1) 云门示众："析半裂三，针个鼻孔在甚么处？为我一一拈出来看。"(宋《虚堂录》卷五)

(2) 示众云："拆半裂三，人人道得。去一拈七，亦要商量。"(宋《联灯会要》卷二九)

(3) 师云："仰山有知人之鉴，只是用处太过。山僧则不然。他回头我稽首，柝半裂三，捉襟见肘。"(宋《虚堂录》卷五)

(4) 折半列三，针筒鼻孔在什么处？与我个个拈出来看。(唐《云门广录》卷二)

(5) 折半烈三：折，当从木作析，音锡，劈析也。烈，当作列，分解也。烈，火盛貌。非义。(宋《祖庭事苑》卷一)

(6) 云门示众："折半裂三，针筒鼻孔在什么处？为我一一拈出来看。"自代曰："上中下。"(清《宗鉴法林》卷四九)

第一个音节位置上的字有"折、析、拆、柝"，第二个音节位置上的字均为"半"，第三个音节位置上的字有"裂、列、烈"，第四个音节位置上的字均为"三"。第二、四两个音节位置上用字十分统一，说明"半""三"二字为书写者所认可，二字所记录的语素即该词的两个语素，则该词可表示为"〇半〇三"。

第三个音节位置上的"裂、列、烈"同音。该四字格有同义形式"折半破三""拆半破三"，第三个音节位置上的字为"破"，与前述三字中的"裂"同义，因此"〇半〇三"中的第三个音节位置上的语素即"裂"。该四字格可进一步表示为"〇半裂三"，其中"半""三"同为数词，因此该词当为 ABab 式四字格。第一个音节位置上的语素当与第三个音节位置上的语素语法性质相同，且意义相同、相反或者相类。第一个音节位置上的字有"折、析、拆、柝"，它们字形相近，四字中"析"有"劈；剖"义，"拆"(同"坼")有"裂开；分裂"义，

① 将 ABCD 四个位置上的字进行组配，还可以发现更多的异形词。需要指出的是：该词意义尚不十分明确，据笔者观察，可能有二义：一为运用自如，二为因有分别心而不断产生妄见。

符合 ABab 式四字格的要求，因此“析”“拆”二字中至少有一个记录了第一音节位置上的语素，但孰正孰误难以判断，或均为正字。[①] 而“折”“柝”是形近误字。[②]

以“ABCD”表示我们所讨论的对象，根据已掌握的异形词加以分析，我们认为，A 位置上的字可以是“析”“拆”，B 位置上的字是“半”，C 位置上的字是“裂”，D 位置上的字是“三”。当 ABCD 四个位置上的字同时满足上述条件时，ABCD 便是理据明确的词。根据这一要求，前列诸异形词中，“析半裂三、拆半裂三”是理据明晰的形式。

异形词互证是探寻近代汉语合成词理据的可行方法之一，但在使用该方法时必须注意以下几种情况：

首先，必须区分异形词和同音同义词，不能误将后者当前者。意义相同、读音相同不一定就是异形词。张志毅、张庆云曾指出：“有些声音相同的同义词又常被误认为异形词，如‘界线/界限’‘察访/查访’等。”[③]

其次，一组异形词并非只有一个有理形式。一些异形词是分别以某概念的不同属性为内部形式而产生的，各个成员分别有其理据。近代汉语中这类异形词如“打劫/打截”，二者同音，且同为“攻打；劫掠”义。二词用例如《敦煌变文校注》卷二《韩擒虎话本》：“遂却继自家旗号，显其衾虎之名，引军打劫，直到石头店。”元张国宾《汗衫记》四折：“您要的是轻裘肥马不公钱，却打截俺这忍饥寒的范丹、原宪。”这组异形词中两个成员的相异成分“劫”“截”于义各有所取：“劫”取其“抢夺；强取”义，“截”取其“阻拦；阻挡”义。因劫掠活动常发生在半道上，故“打劫”又云“打截”。与此同理的还有“劫路/截路”（拦路杀害或抢劫）。属于此类的例子还有“匆促/匆卒”“促急/猝急/卒急/促疾”“打恭/打躬”“缝连/缝联”等。这一点曾昭聪已有论述，曾文所举的例子如“梅雨/霉雨/煤雨”“摽说/漂说/瞟说”“牙门/衙门”。[④]

最后，不能误将体现流俗词源的形式当作有理形式。“人们根据语音的相似，既不考虑语音的历史发展，也不考虑词义的演变过程，而去牵强附会

---

① “析”在敦煌文献中作扸、𣏾、栿、拆、柝、折、𣂔、析等形，“木”旁常与“扌”相混，“斤”常与“斥”“片”等相混。字形参黄征：《敦煌俗字典》，上海教育出版社 2005 年版，第 436 页。

② “折”为常用词，其意义十分丰富，但均与“分裂”义较远。“柝”有“分裂”义，是“㯓”的异体，《说文·木部》：“判也。”“判”即“分开”义。但该字的常用义为“古代巡夜人敲以报更的木梆”，如《易·系辞下》：“重门击柝，以待暴客。”在近代汉语特别是口语性的文献中，当用其常用义。因此“折”“柝”从意义上看当非正字。再加上它们的字形与“析”“拆”极为相近，故而我们认为它们是形近误字。

③ 张志毅、张庆云：《理论词典学》，商务印书馆 2015 年版，第 236 页。

④ 曾昭聪：《近代汉语异形词理据探讨》，《钦州学院学报》2015 年第 1 期。

地推测词源，就形成了所谓俗词源。”[①]如“包弹”，唐已有之，且又可作“褒弹、褒谈、保弹、弹包、弹剥”等形。该词义为“指摘；批评”。宋代便已据“包弹”的形式产生了流俗词源，宋王楙《野客丛书》：“包拯为台官，严毅不恕，朝列有过，必须弹去，故言事无瑕疵曰‘无包弹’。”此是据其字形“包”而误以为该词与包拯有关。实际上唐李义山《杂纂》卷上“不达时宜”条就有“筵上包弹品味”一语。又“强会”条下有“见他文字驳弹。”足见“包”指包拯实为无稽之谈。张相引刘克庄《溪庵》诗“包弹靡靡萧萧制，指摘深深款款诗”云：“玩此诗，包弹与指摘作对，似乎包弹二字平用，俱为动辞。”[②]所言甚是。事实上，该词当以“驳弹”为正。

二、因声求义

“因声求义”即通过语音去探寻词义，主要包括破假借和同源词系联。这里所谓的“声”包括概念的声音属性和词的语音形式，因而“因声求义”的内涵相较于通常的用法要宽泛许多。拟声词、音译词等含有声音理据的词语，都必须“因声”才能求得其理据。

文字的假借造成了形与义的疏离，如果仅仅从字面上考虑词的意义和理据，往往会犯“望文生训”的错误。词语的变形重叠会衍生出一个与基式语音联系紧密但不完全相同的音节，该音节并非语素，因此无义。若据其字形进行解说，同样也会陷入“望文生训”的误区。因此，遇到上述情况，必须因声求义。

(一) 破假借

近代汉语词汇的产生以口语为基础，有些词语以听音为字的方式被记录下来；有些词发展到现在，书写形式发生了很大变化，这两种情况均导致字义与词义脱节。这就需要求诸声音，追根溯源。从声音入手，探寻词的音义联系，恢复词的形义联系，是探求词语理据的基础工作。例如：

【拘猒】【拘卷】

(1) 家资诸杂物色便共承分亭支，若也听人拘猒，左南直北，拗捩东西，不听者，当日猒手趁出门外，针草莫与。(P. 4075 背《养子契》)

“拘猒”当为“勾引；诱惑”义，请比较相似的语境：

---

① 高名凯、石安石：《语言学概论》，中华书局 1963 年版，第 142 页。

② 张相：《诗词曲语辞汇释》，中华书局 1979 年版，第 708 页。

(2) 不许闲人拘扇，腹心异意。(дx.12012《清泰二年(935)正月一日炖煌乡张富深养男契》)

(3) 侍奉六亲，成竖居本，莫信闲人拘闪，左南直北。(S.5647《养男契样文》)

(4) 或若到家被恶人拘卷，盗切(窃)他人牛羊园菜麦粟，一仰庆顺祇当，不忓主人之事。(P.3150《癸卯年(943?)慈惠乡百姓吴庆顺典身契》)

“拘扇”“拘闪”和“拘卷”均为“勾引；引诱”义[①]，“拘𩓝”和它们的用法相同，因此也应同义。

“𩓝”有“欺骗”义。《汉语大词典》：“欺骗。《淮南子·主术训》：‘上操约省之分，下效易为之功，是以君臣弥久而不相𩓝。’高诱注：‘𩓝，欺也。’”[②]至于“卷”，陈晓强认为：“‘卷’有卷入义，‘拘卷’之‘卷’，即为卷入、勾结。”[③]我们认为，此说可商，“卷”是“誸”的借字。

“卷”和“誸”语音相近。卷，《广韵》居转切，上声狝韵见母。誸，《广韵》姑泫切，上声铣韵见母。狝韵与铣韵同用，“卷”与“誸”音近。《重刊北京五大部直音会韵》卷下：“誸，音卷，诱也。”由此可知，“卷”和“誸”有通假的语音条件。

誸，《玉篇·言部》：“诱也。”《集韵·铣韵》：“诱也，诈也。”该语素可以和其他表“诱惑”义的语素连用，主要有“誸诱”“誸惑”“誸引”“诱誸”等。例如唐义净译《根本说一切有部毘奈耶》卷二三《急难施衣学处》：“若其大众知汝欲来誸诱苾刍者，必当与汝作驱摈羯磨。”唐玄奘译《阿毘达磨顺正理论》卷六二《辩贤圣品》：“又若见说修七处善，是则应执七心现观。如是等说，其数寔多。岂可随言起种种执，扰乱圣教，誸惑有情？”《宋书·索虏传》：“为大丈夫之法，何不自来取之，而以货誸引我边民，募往者复除七年是赏奸人也。”《敦煌曲子词集·倾杯乐》：“又被良媒，苦出言词相诱誸。”

近代汉语词汇的文字假借往往以方音为基础，而目前近代汉语时期不同时代各地域的方音研究还十分缺乏，唯有唐五代时期西北方音的研究相对而言较为充分。以方音为基础的文字假借不能以通语音系加以解释，而

① 陈晓强：《敦煌契约文书语言研究》，人民出版社2012年版，第87—88页。

② 《汉语大字典》《中文大辞典》《故训汇纂》虽然都收释了“𩓝”的“欺骗”义，但所列书证都只有《淮南子》一例。这一现象不符合语言的社会性，“𩓝”的意义或许还有探讨的必要。

③ 陈晓强：《敦煌契约文书语言研究》，人民出版社2012年版，第87页。

方音的研究成果又不敷为用，在此情况下，我们可以通过搜罗异形词并加以比参的方法，找到一些以方音为基础的文字假借的规律。例如，"竖""朔""索"存在声音上的对应关系，因而有"卓竖＝卓朔＝卓索""磔竖＝磔朔＝磔索"等异形词。[①] 这些对应展现的是一些语音对应规律，据此我们又可以解决一些文字借用问题。又如：

【暴】【穷暴】【贫暴】【暴囚】【抱官囚】【变报】【变暴】

(1) 名分轻薄俸钱些小，家私暴。我又不会耕种得锄刨，倚仗着笞杖徒流绞。（元岳伯川《铁拐李》一折）

例(1)首句说"名分轻薄俸钱些小"，说明家底很薄，"暴"字的意义与例句不相谐，应该借作"薄"。"家私暴"即家底薄。"暴"和"薄"可以通假。例如"穷薄""贫薄"义为"贫穷"，两个词中语素"薄"又都可以写作"暴"：

(2) 今萧女奁具万计，及早成婚，即日可化穷薄为豪富。（宋洪迈《夷坚志》支癸卷五）

(3) 昔日荣华，眼前穷暴，身无所倚。（元施惠《幽国记》二二出）

(4) 家中贫薄，宁可守饿而死，岂乐黄金为重？（《敦煌变文集·秋胡变文》）

(5) 身贫暴，志趣高。（元陈德和《落梅风·袁安高卧》）

相关的例子又如"暴囚"，指已判死刑，待上报批准执行的囚犯。请看例证：

(6) 逐朝家如暴囚，怕不将性命丢。（《元曲选·救风尘》二折）

"暴"字看起来能和死刑犯挂钩，然而获死罪的囚徒并非都是暴徒，因此"暴"极有可能不是"凶恶残酷"义。我们认为，"暴"通"报"。"报囚"的说法汉代就已经产生了，例如：

(7) 初，延年母从东海来，欲从延年腊，到雒阳，适见报囚。（《汉

① 参王长林、王勇：《"吒沙"源流考——兼论词语合流及单纯词的再复合化》，《语文研究》2016年第1期。

书·酷吏传·严延年》)

“报囚”,颜师古注:“奏报行决也。”与“暴囚”同义。也叫“抱官囚”,例如:

(6) 富贵何时润髑髅,守钱奴与抱官囚。(宋黄庭坚《四休居士》)

“抱”同样借作“报”。因为“抱官囚”也写作“报官囚”,例如:

(7) 枉了俺这大罗仙,来度脱你个报官囚。(《元曲选·竹叶舟》)

“报”可以和“抱”相通,根据前文可以知道,“暴”和“薄”“报”相通。我们又能找到“薄”和“抱”相通的例证。例如“薄蓝”义为“(身体)羸弱”,也写作“抱蓝”:

(8) 鬓发耽珊,身子薄蓝,无语似痴憨。(元张可久《寨儿令·收心》)

(9) 效何郎枉撒暂,病躯老已抱蓝,老双渐尽打怜,小苏卿便张喊。(明佚名《一枝花·道情》)

因此,“暴”“薄”“报”“抱”四个字可以相通。

近代汉语中又有“变报”一词,义为“变故;急遽的变化”,例如:

(10) 我自爹爹许了你之后,念念在你。那里晓得有此变报,埋没我在这老穷酸手里。(清《醉醒石》三回)

“报”的意义难以和该词的意义挂钩。根据前面总结的“报”“暴”相通的规律,该词的理据就一目了然了:“报”通“暴”,取“急骤;猛烈”义。“变报”又写作“变暴”,例如:明朱橚《普济方》卷一一〇:“夫乌癞,初觉皮肉变暴,肌腠之间,淫淫跃跃如虫行动。”

【付搭】【附搭】

(1) 有付搭名色,非驾驭之才。隆冬盛暑最难挨,努着力挣揣。(明陈铎《醉太平·推车》)

该例中“付搭”指车夫。“付”通“附”，取“搭；乘”义，如唐刘长卿《归弋阳山居留别卢邵二侍御》：“渺渺归何处，沿流附客船。”近代汉语中有“附搭”一词，义为“搭载”，例如：

(2) 其余剩数钱斛，并令擘画附搭发运司纲运，般载上京。(宋苏颂《奏乞那移诸路有剩常平广惠仓钱斛赴府界》)①

车夫的功能就是驾车搭载乘客，因此“搭载”转指“车夫”。

“付搭”还有“捎；寄”义②，例如：

(3) 是日石玉得接付搭家书，即晚自于灯下看观明，已知岳父母康健，郡主来书贺喜添欣。(清李雨堂《狄青五虎将全传》)

该义是“搭乘”义的引申义。在这个意义上，“付”同样通“附”。

【灌丧】【灌颡】

“灌丧”是“喝”的贬义说法，例如：

(1) 我昨日灌丧了酒了，你别愤怨，打了那里，让我瞧瞧。(清《红楼梦》四四回)

(2) 那黄汤难道灌丧了狗肚子里去。(同上四五回)

以上两例中语素“丧”的意义都无法和“灌丧”的词义挂钩，“丧”应借作“搡”。文献中有写作“灌颡”的例子，例如：

(3) 无二鬼日处其间，好灌颡的是两盅鬼酒，好说的是两句鬼话。(清褦襶道人《枭鬼雄魂记》)

“颡”同样通“搡”。“搡”有“吃喝；吞塞”义，含有厌恶的感情色彩。例如清范寅《越谚》卷上：“薄粥搡大肚，荒年自受苦。”又写作“嗓”，例如清《醒世

---

① 该词在清代闽浙总督、巡抚的奏章中常见，如雍正三年六月初九日《福建巡抚黄国材为琉球国贡船附搭遭风难民国日期事题本》、雍正五年四月二十四日《署福建巡抚毛文铨为琉球国贡船附搭朝鲜遭风难民到闽事题本》等奏章中均使用该词。

② 该义《近汉》未收。

姻缘传》七六回："买些烧饼点心，嗓在自己肚里。"①

"搡"的"吃喝；吞塞"义由其"用力推"义辗转引申而来。"搡"由"推"义引申出"填塞"义，即把东西放进有空隙的地方。1936 年《牟平县志》："塞进曰搡。""填塞"义缩小范围，特指将食物用力塞进喉咙，即"吃喝；吞塞"义。其同义词"攮"经历了同样的词义发展过程，二者可以互证。"攮"也有"用力推"义。如清《醒世姻缘传》一回："计氏赶将来踩打，或将计氏乘机推一交，攮两步；渐渐至于两相对骂，两相对打。"由此引申出"以尖锐的东西扎入"义，与"填塞"义相近。如清《儒林外史》六回："半夜里不见了枪头子，攮到贼肚里。"最后引申出"吃喝；吞塞"义②。

"灌搡"一词仍然保留在今北方方言中，例如北京话："灌搡了几口马尿，又该胡说八道了。"③

（二）辨读音

辨读音即审辨变形重叠词、分音词、合音词等的语音形式，以恢复其原始面貌，进而探明词的理据。

1. 变形重叠

遇到理据模糊的双音词，我们可以利用变形重叠的语音规律进行检测，如果与规律相符，那么考查对象有可能是变形重叠词，然后再证实或证伪。

前文用"曲木"的变形重叠为例，说明了变形重叠理论在近代汉语词汇理据探求中的作用，下面再以"赤裸"和"古锥"④等的变形重叠为例，说明变形重叠理论的实践价值。

【赤骨律】【赤骨力】

(1) 问："有人问和尚即随因缘答，总无人问和尚如何?"师曰："困即睡，健即起。"云："教学人向什么处会?"师曰："夏天赤骨力，冬寒须得被。"（宋《景德传灯录》卷一〇）

(2) 杭州灵隐瞎堂慧远禅师因圆悟夜参，遂出问云："净躶躶空无一物，赤骨律贫无一钱。户破家亡，乞师赈济。"悟云："七珍八宝一时拏。"（宋元《宗门统要正续集》卷二〇）

---

① "搡"义同"攮"（又作囊、馕）。如《聊斋俚曲集·富贵神仙》："两个衙役，每日攮的是那臭酒饭。""攮""嗓"同义，二者可复合为"攮嗓"。如清吴璇《飞龙全传》："你只管自己攮嗓，不来请乐子吃些，实是可恶！"

② 参王勇：《〈越谚点注〉商榷拾遗》，《宁波大学学报》（人文科学版）2017 年第 4 期。

③ 董树人：《新编北京方言词典》，商务印书馆 2010 年版，第 176 页。

④ 例证已发表，请参王勇：《禅籍方俗词溯源》，《汉语史研究集刊》（第十七辑），巴蜀书社 2014 年版。

以上例句中的“赤骨律”“赤骨力”都是“赤裸”的意思，“赤”与“赤裸”的语义关系明显，而“骨律”“骨力”则不知何义。

“赤骨律”“赤骨力”，义为“赤裸”。“赤”有“空”义，如《韩非子·十过》：“晋国大旱，赤地三年。”陈奇猷集释：“焦竑曰：古人谓空尽无物曰赤。”引申为“赤裸”义，如唐韩愈《山石诗》：“当流赤足蹋涧石。”“骨律”“骨力”的声音结构符合顺向变声重叠的模式，因此考虑它可能是重叠形式。

我们认为，“赤骨律”“赤骨力”由“赤裸”变形重叠而来。

“赤裸”的“裸”可读作“果”。《正字通》：“羸，裸本字，通作果。”由果（实即“裸”kuo）顺向变声重叠则为 kuo luo，江苏江阴、无锡、宜兴等方言中写作“赤角落 tshɑʔ koʔ loʔ”，正是该词在现代方言中的遗留。

“kuo luo”转为“ku lu”，由歌戈部转入鱼模部。这一转变有方音实例的证明。据刘晓南的研究，宋代四川方音中有歌戈部与鱼模部通押的四个韵例，其中两个涉及与“果”仅声调有上去之别的“过”字，分别为“释惟一杂古《偈颂》之三十二‘过互步睹故土’”和“苏轼《参寥子真赞》‘富口武过语五’”[①]。无理据或理据模糊的词语极易发生音变，邢向东等指出，理据不明的词语很容易发生音变，如秦晋两省沿河方言中的“藏老咪咪”中的“老咪咪”的音节换位，形成“咪老老”，换位后“老老”理据不明，很容易发生音变，因此在府谷、神木话讹变为“摞摞 luo luo、la la”等。[②] 基于以上两点，“kuo luo”可以转为“ku lu”当无疑问。

音节“ku”可以用“骨”“羖”等字记录。骨，入声没韵。据李范文的研究，“入声韵尾（收声）的消失，并不是从宋代开始的……入声韵尾的消失早在唐五代时已经出现‘消失的痕迹’。”[③]“骨”失去塞音韵尾，则入鱼模部，正读“ku”。《王梵志诗》：“自着紫臭翁，余人赤羖攊。”《广韵·姥韵》：“羖，公户切”，正属鱼模部，“骨”与“羖”记录同一语音形式，说明“骨”的入声韵尾的确已经失去。

“ku lu”今苏州方言记作“骨录”，从现代音的角度来看最为存真。除此之外，禅籍中的记音形式还有两类，一类是“骨律”，一类是“骨力”“骨立”“骨历”。

骨，见母没韵，近代入鱼模部，韵母为“u”；律，来母术韵，近代也入鱼模

① 刘晓南：《宋代四川语音研究》，北京大学出版社 2012 年版，第 139—140 页。

② 邢向东等：《秦晋两省沿河方言比较研究》，商务印书馆 2012 年版，第 206 页。

③ 李范文：《宋代西北方音》，中国社会科学出版社 1994 年版，第 325 页。

部，韵母为“iu”。据洪艺芳的研究，唐五代西北方音中“鱼、虞、模各韵彼此之间同用不分”①，所以“ku lu”可以记作“骨律”。唐五代时期止摄、遇摄常相混，敦煌文献中“起＝去”“以＝与”“之＝诸”“衣＝于”等是其体现。宋代四川方音中支微与鱼模相叶的也有 51 例。② 因而，“ku lu”又可作“骨力”“骨历”“骨立”“羖䍽”等。

大约发展到《集韵》成书之前，“ku lu”已被当作一个单纯词，因而被收入《集韵》，写作“䯍䯁”。《集韵·麦韵》：“䯍，䯍䯁，倮也。古获切。”又《锡韵》：“䯁，䯍䯁，倮也。狼狄切。”③

【骨碌锥】【骨律锥】

(1) 日里话，暗嗟切，快磨古锥净挑揭。（南唐《祖堂集》卷一九）

(2) 有转变识机宜，到这里如虎戴角；骨碌锥守窠臼，于个中似龟负图。（宋绍隆等编《圆悟录》）

(3) 但只韬名晦迹守本分，作个骨律锥老衲，以自契所证，随己力量受用，消遣旧业融通宿习。（同上）

(4) 芝峰老骨锥，不在明白里。（宋《虚堂录》卷六）

“骨碌锥”“骨律锥”即“古锥”，“骨碌”“骨律”由“古”变形重叠而来。“古锥”，义为“不锐利的机锋”，又作“骨锥”。日僧无著道忠说：“锥元锐利，而古锥则尖退锋钝，无复颖脱之能，以比老来无聪明之机智也。”④“古”顺向变声重叠，则为“骨碌”“骨律”。变化过程为：ku→ku lu。

【懵懂】【朦胧】【懵憕】【懵腾】

“懵懂”一词常见，又作“蒙懂”“懞懂”“蒙董”“瞢懂”等形。该词有两个意思，一是“模糊不清”，如例(1)；二是“蒙昧；无知”，如例(2)。后者由前者引申。

(1) 解作无根树，能描蒙懂云。（宋邓椿《画继·轩冕才贤》）

(2) 好笑我真懞懂。（明冯梦龙《挂枝儿·情淡》）

---

① 洪艺芳：《从敦煌通俗韵文看唐五代西北方音的韵类(上)阴声韵》，《敦煌学》(第二十辑)，1995 年。

② 刘晓南：《宋代四川语音研究》，北京大学出版社 2012 年版，第 77 页。

③ 董志翘认为“赤骨力”即“赤䯍䯁”，亦即“赤裸”义。今苏州方言，谓赤倮为“赤骨录”，“录”乃“力”之音转耳。(参董志翘：《〈五灯会元〉词语考释》，《训诂类稿》，四川大学出版社 1999 年版)据我们的研究可知，“律”“力”是“录”的音转，而非相反。

④ [日]无著道忠：《葛藤语笺》，(日本)禅文化研究所 1992 年版，第 117 页。

“懵懂”义同“懵”,《玉篇·心部》:“懵,心乱,心迷也。”《广韵·董韵》:“懵,心乱皃。”《集韵·东韵》:“懵,懵懵,无知皃。”《集韵·董韵》:“懵,《广雅》:‘闇也。’”常重叠表示“模糊不清”[如例(3)]和“蒙昧;无知”[如例(4)]。“懵”还可与其他语素组合成词,如例(5)(6)。

(3) 铄铄雾上景,懵懵云外山。(南朝梁江淹《贻袁常侍》诗)

(4) 上帝懵懵,莫知我冤。(唐岑参《感旧赋》)

(5) 然仆又自思,关东一男子耳,除读书属文外,其他懵然无知。(唐白居易《与元九书》)

(6) 权贵之子,鲜离上国,周旋百司之务,懵昧四方之事。(宋范仲淹《上执政书》)

以上用例说明“懵”与“懵懂”意义相同,都有“模糊不清”和“蒙昧;无知”两个意思,且“懵”具有一定的构词能力。

“懂”字不可单用表示“懵懂”的意思。《广韵·董韵》:“懂,懵懂,心乱。”从《广韵》的解释可以看出,“懵懂”被视为单纯词中的一个音节。

与“懵懂”意义相同且语音上密切相关的词有“朦胧”,该词既有“模糊不清”义[如例(7)],又有“蒙昧;无知”义[如例(8)]。

(7) 斜抱云和深见月,朦胧树色隐昭阳。(唐王昌龄《西宫春怨》诗)

(8) 我待要题个话头,又不知他可也甚些机彀,倒不如只做朦胧,为着东君,奉劝金瓯。(元关汉卿《谢天香》第四折)

与“懵懂”一样,“朦胧”的第二个音节“胧”无义,整个词语的意义由“朦”承载。因此,《说文新附》说:“胧,朦胧也。”

我们认为,“朦胧”是“朦”的顺向变声重叠形式,即 muŋ→muŋ luŋ。当一个词语的声母格局为 * -l-(* 为任意声母),且后一音节无实义时,l-常可与 t/th-相替换,即 * -l-→ * -t/th-。[①] 此规律还可推至四音节的词语,即 * -l- * -l-→ * -t/th- * -t/th-。例如“必流不剌 pi liu pu la”同“必丢不搭 pi

① 蒋冀骋认为“骨堆”“骨朵”由“果赢”音转而成,是同源词。这也符合这一音变规律。参蒋冀骋:《近代汉语词汇研究》,湖南教育出版社 1991 年版,第 199 页。

tiu pu ta”。①

“蒙”“朦”“懞”“懵”“瞢”等音义相近，是同源词，因此“懵懂”也是“蒙”“瞢”等词顺向变声重叠的结果。“懵懂”又可作“懵憕”，《集韵·去嶝》：“懵憕，神不爽。”还可作“懵腾”，如唐韩偓《马上见》诗：“去带懵腾醉，归因困顿眠。”②

我们运用变形重叠理论使上述近代汉语词汇的理据得以阐明，若不借助于变形重叠理论，而是从字面去探求上述词语的理据，必将南辕北辙。

2. 切脚词

“原单音词的音节一分为二，分解为声母和韵母两个部分。这两个部分又各自扩充为一个独立的音节，第一个音节为切脚上字，与原单音词双声；第二个音节为切脚下字，与原单音词叠韵。上字和下字组合成一个双音节单纯词③，就是‘切脚词’。”④切脚词又叫切脚语、分音词、嵌 L 词等。

梁玉璋分析了福州方言“切脚词”上字、下字的声韵结构：“‘切脚词’上字，保留原单音词的主要元音和主要元音以前的部分。‘切脚词’下字，把原单音词的声母改为[l]，并保留整个韵母部分。”⑤例如：

(1) 滑[kouʔ˥]＞[ko louʔ˥]滑落　　(2) 摆[pɛ˨˩]＞[pɛ˨˩ lɛ˨˩]摆动

上面两个词都符合切脚词的生成规律，但是例(2)同时又符合顺向变形重叠的规律。为了区别，只要是符合变形重叠规律的，我们就将其归为变形重叠词；否则归入切脚词。

切脚词是近代汉语词汇中常见的现象。宋代笔记中已有相关记载，例如：

《缃素杂记》云：“古语有二声合为一字者，如不可为叵，何不为盍；

① 用例如《李云卿》第二折：“凭着我这个嘴头子必流不剌的，顶名儿也冲他些酒肉吃。”《黑旋风》第二折：“我这里七留七林行，他那里必丢不搭说。”

② “登”（包括以之为声符的字）和“腾”在近代汉语词汇中常相通，如“迷颩模登”又作“迷丢没邓”“迷颩没腾”。元李直夫《虎头牌》第一折：“为甚么叨叨絮絮占着是迷丢没邓的混。”元马致远《黄粱梦》第四折：“我这里稳丕丕土坑上迷颩没腾的坐。”元周文质《叨叨令·悲秋》曲：“睡不着也末哥，孤孤另另单枕上迷颩模登靠。”“不登登”又作“不邓邓”“不腾腾”。如《杀狗劝夫》三：“你怀中倚恃着财丰盛，动不动和人争，不登登按不住杀人性。”《小尉迟》二：“恼的我不邓邓忿气盈腮，可怎生另巍巍把咱单搠，不由我这胡髯乍满颔颏。”同上：“黑漫漫杀气遮了日色，恶哏哏的人离了寨栅，不腾腾马践尘埃。”

③ “双音节单纯词”原文作“复合词”，不确。今改正。

④ 梁玉璋：《福州方言的“切脚词”》，《方言》1982 年第 1 期。

⑤ 同上。

而犬为奭，酷宠为孔，从西域二合之音，盖切字之原也。学者不晓龙钟、潦倒之义正如二合之音是也，龙钟切为癃字，潦倒切为老字，谓人之老羸、癃疾者即以龙钟、潦倒用之，其义取此。”《宋子京笔记》云：“孙炎作反切语，本出于俚俗常言，故谓就为鲫溜，凡人不慧者即曰不鲫溜，谓团曰突栾，谓精曰鲫令，谓孔曰窟龙，不可胜举。而卢仝诗云：‘不鲫溜钝汉。’林逋诗云：‘团栾空绕百千回。’是不晓俚人反语，逋虽变突为团，亦其谬也。”《容斋随笔》云“切脚语”：“世人语音有以切脚而称者，亦间见之于书史中。如以蓬为勃笼，槃为勃阑，铎为突落，叵为不可，团为突栾，钲为丁宁，顶为滴顐，角为矻落，蒲为勃卢，精为即零，螳为突郎，旁为步廊，茨为蒺藜，锢为骨露，窠为窟驼，是也。”（宋孙奕《履斋示儿编》卷二二）

后世关于切脚语的记载层出不穷，此处不再逐一罗列。除了古人笔记中常引的诸如“精为即零”之类的例子外，近代汉语词汇中的切脚词还有不少。例如：

【铺笼】

遥望一铺笼，马莲墩更不同，乱纷纷茅塞成何用。（明冯惟敏《黄莺儿·嘲妓兰池》）

“铺笼”是“蓬”的切音（phuŋ→phu luŋ），义为“蓬；丛”[①]。这个切脚词至晚在宋代已经产生，就是前面所引《容斋三笔》“切脚语”条“以蓬为勃笼”中的“勃笼”。近代汉语中“勃”与“铺”“蒲”等语音关系密切，常可替换。

【铺潦】

像狄大哥叫你使铁钳子拧的遍身的血铺潦，他怎么受来？（清《醒世姻缘传》六〇回）

“铺潦”是“泡”的切音（phau→phu lau），指“燎泡；皮肤因伤起的水泡”。

---

① 济南方言中还保留了这个用法，如“一铺笼”是数量词，指一蓬丛生的草木。参李荣主编：《现代汉语方言大词典》，江苏教育出版社2002年版，第60页。

【吸嚁】

撺断的昏撒多，主张的自吸嚁，几曾见双撮泥金袖。（元高安道《哨遍·嗓淡行院》）

“吸嚁”是“笑”的切音（siɛu→xi liəu），义为“笑”。

第二节　追溯源头

有些词在产生之初理据便已模糊，例如缩略词、隐阙词以及变形重叠词等；有些词则在发展过程中不断演变，或形式发生了变化，或意义产生了改变，使得理据越来越模糊。想要弄清这些理据模糊甚至业已消失的词的理据，我们必须追溯到它们的原始形式。下面以“词形变易”“语境吸收”“词义演变”三方面为例，说明溯源在近代汉语词汇理据探求中的作用。

一、词形变易

词形即词的外在形式，词形变易主要指词形的省缩，涉及缩略词和语义支点词等类型的词语。对于这些词语，我们要尽量对它们进行“复原”操作，通过溯源来恢复更多语义信息，从而探明词语的理据。

词形的缩略会导致语义信息的丢失，从而降低词语的直解度。① 因此，我们必须恢复缩略词的原形式，才能探明其理据。例如：

【不良人】

(1) 忠惶恐，私就卜问，被不良人疑之，执送县。（唐张鷟《朝野佥载》卷五）

“不良人”是对巡捕差役的称呼。清梁章钜《称谓录·隶》引《说铃续》：

① 俞理明强调：“缩略选择的不是语素（意义代表），选择过程中不考虑代表成分的词性、语义和结构关系，不能从这些方面来分析评判缩略词的是非。被选用的是原词语的提示符号（形式代表），他的理据在于它的原形式。”“缩略选用的形式虽然有表意作用，但在缩略过程中它只是原词语形式的代表，而不是以语素的角色参与构词，因此，缩略中被选用的形式，有时恰好有较好的表意性，而多数时候却不具备这种表意性。”参俞理明：《汉语缩略研究——缩略：语言符号的再符号化》，巴蜀书社2005年版，第38、51页。

“缉事番役，在唐称不良人，有不良帅主之。”“不良人”的形式与其意义相悖，俞理明对其理据进行了初步探索，他说：“在唐代的文献中我们看到，缉事番役全称是‘捉不良脊烂’，缩略为‘不良’，也可称‘不良人’‘不良汉’。”[①]例如：

(2) 觅婢不得，并失金银器物十余事。录奏，敕令长安、万年捉不良脊烂求贼，鼎沸三日不获。不良主帅魏昶有策略……不良往金城坊空宅，并搜之。（唐张鷟《朝野佥载》卷五）

(3) 铉百端拷讯不得，乃令不良枷楦，以手力绊其足，以木按其足间。（《旧唐书·杨慎矜传》）

俞理明认为，例(2)中“捉不良脊烂”字面上相当于“抓坏蛋（的）”，缩略为“不良”。[②] 可从。至于“不良脊烂”为何指“坏蛋”，不属于俞先生研究的问题，因此没有提及。这里对“脊烂”加以补说。中古近代汉语中有“打脊”一词[③]，明徐渭《南词叙录》“打脊”条云：“古人鞭背，故詈人曰‘打脊’。唐之遗言也。”[④]唐代杖刑打背、腿、臀三个部位，《旧唐书·刑法志》：“决杖者，背、腿、臀分受。”“脊烂”是“打脊烂”的缩略，意谓杖打脊背至烂。例如：

(4) 当官自慵懒，不勤判文案。寻常打酒醉，每日出逐伴。衙日唱稽逋，佐史打脊烂。（唐《王梵志诗》二七四首）[⑤]

“佐史打脊烂”意谓属吏杖打迟到旷职者的背脊至烂。有罪过才会被“打脊”“打脊烂”，因此“脊烂”所代指的是“该打脊至烂的罪人”。“不良”“脊烂”都指有罪的人。

语义支点的例子如：

【官家】太子属官。唐吴兢《贞观政要》卷四：“陛下不可以亲教，官

---

① 俞理明：《汉语缩略研究——缩略：语言符号的再符号化》，巴蜀书社 2005 年版，第 36 页。

② 同上，第 36—37 页。

③ 也叫“棒脊”，如《敦煌变文集·燕子赋》：“阿你浦（逋）逃落籍，不曾见你膺王役，终遣官人棒脊，流向担（儋）崖象白。”

④ 用表达刑罚或应该接受惩罚等意义的语言单位作为骂詈语是常见的语言现象，如《元曲选·东堂老》一折：“他老子在那里做官来，他也是小哥！诈官的该徒，我根前歪充，叫总甲来，绑了这弟子孩儿。”“该徒”本指应该受到徒刑，上面的例句中相当于“混蛋”。

⑤ 项楚注：“衙日：官府当衙之日，其时众官吏参见长官。……稽逋：迟到称‘稽’，旷职为‘逋’。唱念迟到旷职姓名以责考勤，称为‘唱稽逋’。”参项楚：《王梵志诗校注》，上海古籍出版社 2010 年版，第 573 页。

寀无因以进言，虽有具寮，竟将何补？”(《近汉》638 页)

【宫曹】太子属官。唐张籍《送白宾客分司东都》：“病辞省阕归闲地，恩许宫曹作上宾。”(同上)

“宫寀”和“宫曹”都是太子的属官。“寀”和“曹”都是僚属的意思，“宫”在这里显然指太子。但是“宫”单用并不能指太子，也就是说“宫”的意义和整个词的意义无法挂钩。这里的“宫”代指“东宫”(太子)，可以看作是“东宫”的省略。这样我们就探明了这两个词的内部形式：“东宫＋僚属”；它们的理据也因此而明晰，我们可以将“宫寀”“宫曹”的理据描述为：偏正式复合词，“宫”转指“东宫”，即太子；“寀”“曹”指僚属。

二、语境吸收

语境吸收所导致的词义变化需要在特定的语境中实现，只有研究词义变化的具体语义环境、句法环境和篇章组织，才能弄清语境吸收的过程，进而探明词语的理据。例如：

【好】

(1) 韦曲花无赖，家家恼杀人。绿樽须尽日，白发好禁春？(唐杜甫《奉陪郑驸马韦曲》诗之一)

(2) 调谎！娘娘若醉了，好少人扶？(明梅鼎祚《玉合记·宸游》)

上面两例中的“好”功能同“岂”，“白发好禁春”即“白发岂禁春”，“好少人扶”即“岂少人扶”。“好”为何会有相当于“岂”的用法？这是语境吸收的结果。请看下面的例子：

(3) 燕子语雀儿：“好得辄行非！问君向者语，元本未相知。”(《敦煌变文集·燕子赋》)

(4) 燕子语雀儿：“好得合头痴！向吾宅里坐，却捉主人欺。”(同上)

上面两例中的“好”都可以理解为“岂”，但是又和“岂”性质不同。“好得辄行非”是反问句，“好”在此仍可理解为“可以”，这句话可以用直陈的语气表述为“不好辄行非”。“不好”即“不可以”或“不能”。[1] 例如洪深《香稻米》

---

① 苏州人仍用“不好”表示“不要”“不能”“不可以”，例如“不好这样讲”。

第二幕："我们不好不买外国货么？"

当"好"以"可以"义长期处于反问句中时，逐渐吸收反问的语气，从而等同于"岂"。但是，我们必须知道，表反问的功能不是"好"本身所具备的，也不是它的某一意义引申出来的，而是语境吸收的结果。

三、词义演变

词语在使用过程中，意义往往会发生变化，但词形却不随之发生改变，从而导致了形义的疏离。随着词义的变化，词的理据往往逐渐模糊。因此，想要探明衍生词的理据，就必须追溯它的源义直至其本义。越接近本义，其理据就越明晰。

【白】

(1) 近来得了个细疾，白不得好。（明《金瓶梅词话》三回）

(2) 我倒也想他的，白没个信儿。（清《醒世姻缘传》四九回）

(3) 成日价叫你们查一查，都归拢一处，你们白不听，就混撂。（清《红楼梦》七七回）

以上三例中的"白"是副词，义为"总是；一直"。该义由中古时期产生的"空白；空无所有"义引申而来[①]。"空无所有"蕴含"遍指"的概念属性，亦即含有"全部"义。[②] 因而，通过隐喻操作，由空间域的"全部"来概念化时间域的"全部"，即从时间起点到时间终点，也就是"一直"。如此，词形"白"就获得了"总是；一直"这个新义。

【初】

"初"有表"全；都"义的副词用法，可以表示范围、程度、语气，多用于否定句。例如：

(1) 自是疾渐痊，不旬日复旧。初忘饮食，惟恣游览。"（《太平广记》卷六三引《集异记》）

(2) 文如翻水成，初不用意为。（唐韩愈《寄崔二十六立之》）

---

① 如成语"一穷二白"。《新唐书·苗晋卿传》："奭持纸终日，笔不下，人谓之'曳白'。"

② "无"具有"遍指"的意义特征。[参徐江胜：《语义感染在词汇化中的作用》，《汉语史学报》（第十三辑），上海教育出版社 2013 年版]因此"空""白"等与"无"同义的词可发展出"全部"义。

“初”有“当初；本来”义，用以标识时间起点。汉魏时期，开始与否定副词“无”“不”等连用，表示“本来不……”的意思。例如《诗·豳风·东山》“勿士行枚”。郑玄笺：“亦初无行陈衔枚之事。”孔颖达疏：“初无，犹本无。”后来，“初”由标识起点转指从起点到说话的时刻（终点）的一段时间，“初不”表示“从来不……”的意思。例如《后汉书·独行传·彭脩》：“受教三日，初不奉行，岂非过邪？”这时“初”表示的是“总是；一直”，也就是从过去到现在，是对过去一段时间的总括。进而由表示对过去一段时间的总括发展为对一切情况的总括，义同“全；都”。词形“初”又用以表达“全；都”这个概念。

【光景】

(1) 钱秀才道：“光景自是有些，那里得到千金。”（清《醉醒石》三回）

(2) 第四公子……学成这副奴颜婢膝，不做官也没用处。喜得门前这些清客，没光景也不上门。（同上七回）

上两例中“光景”义为“钱财”。[①] 但光景与钱财关系十分疏远，看不出它们之间有什么联系。[②] 我们认为，“光景”的“钱财”义是其“生活状况”义的转喻义。“光景”可以指生活状况，例如：

(3) 女子心下着忙，叫老妈打听家里母亲光景。（《初刻拍案惊奇》卷十二）

(4) 我年已衰迈，岂还有取乐好色之意？但老而无子，后边光景难堪。（《二刻拍案惊奇》卷十）

例(3)中“光景”指生活状况。例(4)中“光景”指生活、日子，“光景难堪”即日子难过。日常生活中衣食住行方方面面均需要开销，亦即过日子与钱财关系十分密切，因此发生转喻，以生活转指钱财。“光景”指生活状况，实由其本义“风光；景象”义引申。

(5) 凌晨光景丽，倡女凤楼中。（南朝梁·萧纲《艳歌篇十八韵》）

---

① 雷汉卿：《近代方俗词丛考》，巴蜀书社 2006 年版，第 311 页。

② 遇到这种情况，第一步仍然需要考虑引申的情况，若经过一番考索，无法找到其引申的路径，然后再另寻他路。

(6) 是时山水秋,光景何鲜新。(唐·韩愈《酬裴十六功曹巡府西驿途中见寄》诗)

例(5)和例(6)中“光景”均形容自然景象,其描写对象从自然转为人时,即产生了“生活状况”义。

【刁骚】【刁搔】【刁萧】【雕骚】【彫颼】【彫骚】

刁骚,《近汉》释为“(头发)稀疏而不润泽”,书证如下:

(1) 休把青铜照双鬓,君谟今已白刁骚。(宋欧阳修《斋宫尚有残雪》)

《近汉》还收录了“刁搔”“刁萧”“雕骚”三个参见条。下面是各条的首引书证:

(2) 白发刁搔两鬓侵,老来灰尽少年心。(《元曲选外编·陈母教子》楔子)

(3) 短发刁萧满镜丝,河梁携手暮何之。(元侯克中《即事》)

(4) 青春过了,朱颜渐老,白发雕骚。(元白朴《庆东原》)

除以上四个被该词典收录的形式外,还有“彫颼”“彫骚”等意义相关的形式。例如:

(5) 渐消磨双脸春,已彫颼两鬓秋,终朝不乐眉长皱。(元钱霖《哨遍》套曲)

(6) 愁鬓早彫骚。冷芙蓉窥人暗里相嘲。(明徐复祚《投梭记·出守》)

以上六个形式是同义词还是异形词?要回答这个问题,就必须逐一解释它们的理据。这六个形式的前字有“刁”“雕”“彫”三个,后字有“搔”“骚”“萧”“颼”四个。“刁”“雕”“彫”三字《广韵》均音“都聊切”,三者应记录同一个词素或音节。“搔”“骚”“萧”“颼”四字中,“搔”“骚”二字《广韵》音“苏遭切”(平豪心,sɑu),“萧”音“苏彫切”(平萧心,sieu),“颼”音“所鸠切”(平尤山,ʃĭəu)。这四个字的声调均为平声;声母均为清擦音,只是发音部位有舌尖前和舌叶的差别;韵母上古均属幽部(səu、siəu、ʃĭəu),中古有所分化。

"骚""萧"上古同音。《广雅·释诂三》:"骚,蹇也。"王念孙疏证:"骚之言萧也。"《左传·桓公十一年》:"郧人军于蒲骚。"释文:"骚,音萧。"因此,这四个字也可能记录了同一个语素或音节。

根据上述分析,我们认为,以上六个词形是一组异形词。

"刁""雕""彫"三字同音,它们的意义和上面所讨论的各项意义都无关。不过我们发现,与它们同音的"凋"与"萧条凄凉""凋零稀疏"义相关,且"凋"与"雕"通。例如"凋零"又作"雕零",五代齐己《灵松歌》:"八月天威行肃杀,万木雕零向霜雪。"因此,"凋"与"骚""搔"复合,即"刁搔""雕骚""彫骚""刁骚";与"萧"复合,即"刁萧";与"飕"复合,即"彫飕"。

"骚""搔""萧""飕"四字都是对风声的模拟,也就是说四字记录了同一个拟声词。[①] 例如《初学记》卷一引汉应劭《风俗通》:"小风曰飕。"汉赵壹《迅风赋》:"啾啾飕飕,吟啸相求。"《文选·张衡〈思玄赋〉》"拂穹岫之骚骚",吕向注:"骚骚,风声。"《文选·荆轲歌》"风萧萧兮易水寒",李周翰注:"萧萧,风声也。"[②]

风声和"(头发)稀疏而不润泽"有什么关系呢?我们发现,二者之间还有"萧条凄凉"义作为连通的桥梁。

劲风常起于秋冬,此时天气寒冷,万物凋零,一片萧瑟。因此,模拟寒风声音的词,其意义引申为"萧条凄凉"。《淮南子·时则》:"天地始肃。"高诱注:"肃,杀也。""杀"指"秋冬天气寒冷,草木枯落的样子"。《素问·六元正纪大论》"终为肃",张志聪集注:"肃,肃杀也。"摹拟风声的双音节拟声词也大多有"萧条凄凉"义。例如唐祖咏《晚泊金陵水亭》诗:"江亭当废国,秋景倍萧骚。"唐元稹《遣病》诗之三:"今来渐讳年,顿与前心别,白日速如飞,佳晨亦骚屑。"前蜀韦庄《抚盈歌》:"銮舆去兮萧屑,七丝断兮沉寥。"

木片零落、枝叶稀疏是萧条凄凉秋冬时节的突显景象,因此表"萧条凄凉"义的词又引申出"(草木)凋零稀疏"义。例如南朝梁江淹《待罪江南思北归赋》:"木萧梢而可哀,草林离而欲暮。"宋文天祥《先两国初忌》诗:"北风吹

① "搔""骚""萧""飕"本是同一个词,但是因为字形的原因,它们逐渐分化为同源词,所以"骚""萧""飕"三个词又可以互相组合,或与其他成分组合成同义词。相互组合的如"萧骚""萧飕""飕飗"等,五代齐己《小松》诗:"后夜萧骚动,空阶蟋蟀听。"宋文天祥《先两国初忌》诗:"北风吹黄花,落木寒萧飕。"元虞集《金人出塞图》诗:"肉食湩饮田为遨,八月草白风飕飗。"与其他成分组合的如"萧屑""骚瑟""骚屑"等,唐韦应物《对春雪》诗:"萧屑杉松声,寂寥寒夜虑。"南朝齐谢朓等《侍筵西堂落日望乡联句》:"芸黄先露早,骚瑟惊暮秋。"汉刘向《九叹·思古》:"风骚屑以摇木兮,云吸吸以湫戾。"

② "萧"从"肃"得声,"肃"也可用以记录拟声词。例如《诗·小雅·鸿雁》:"肃肃其羽。"毛传:"肃肃,羽声也。"《后汉书·列女传·董祀妻》:"处所多霜雪,胡风春夏起,翩翩吹我衣,肃肃入我耳。"都是对风声的模拟。又如《广雅·释诂四》:"飁,风也。""飁"也可从"萧"作"飍"。

黄花，落木寒萧飕。”人暮年时须发稀疏和草木在秋冬时枝叶稀疏相似，因此“（草木）凋零稀疏”义引申出“（须发）稀疏”义。例如宋陆游《初秋书怀》诗：“二十年前已二毛，即今何恨鬓萧骚。”明《二刻拍案惊奇》卷四十：“愁万种，醉乡中两鬓萧。”

综上，“骚”“搔”“萧”“飕”等是一组形容风声的同源词，它们可单独使用，或互相组合，或与其他成分组合表“萧条凄凉”义，引申指“（草木、须发等）凋零稀疏”。“刁搔”等是一组异形词，它们所记录的词是同义复词，前语素为“凋”等，后语素为“搔”等摹拟风声的同源词，两个语素都取“凋零；萧瑟”义。

第三节　探求文化

无论何种语言，它的词汇中都存在大量的富有文化意蕴的词语[①]，这些词语必须结合其创造者的文化背景才能得到合理的阐释，甚至还会“囿于后世的生活经验作出想当然的理解”[②]。这里我们从物质文化、制度文化和心理文化三个方面举例说明。

包含物质文化理据的词如：

【装腰】【腰包】【裹肚】

在现代汉语中，“腰包”指钱包。钱包和腰部有什么关系？《现代汉语词典》（第7版）解释说“系在腰间的钱包”，这就是对“腰包”的文化理据的挖掘。古人出行，大多用包袱、帕子之类的工具将随身携带的贵重物品包裹起来，系在腰间，因此这类包袱被称作“腰包”。如今我们形容人极其富有，可以说“腰缠万贯”，同样体现了这一文化现象。

“腰包”这个词首见于宋代文献，如宋林希逸《赠僧宗仁回江西》：“少别溪干去，于今识者稀。腰包留一钵，顶相称三衣。”但这种文化现象的产生不晚于唐代，如唐慧然集《镇州临济慧照禅师语录》：“师到径山，装腰上法堂见径山。径山方举头，师便喝。径山拟开口，师拂袖便行。”“装腰”就是收拾行李，“腰”指腰包。

---

① 黄金贵将词语分为文化词语和通义词语两类，有文化意蕴的词语是文化词语，无文化意蕴的词语是通义词语。通过统计，他发现语言中文化词语的数量是通义词语的两倍。参黄金贵：《论古代文化词语及其训释》，《古代文化词义集类辨考》，上海教育出版社1995年版。

② 如《诗经》中的“七月流火”被理解为“比喻七月份天气像火一样炙热”。参杨琳：《训诂方法新探》“文化求义法”，商务印书馆2011年版。

腰包也叫“裹肚”，如明《古今小说》卷二：“一日挑了油担出门，中途因里急，走上茅厕大解，拾的一个布裹肚，内有一包银子，约摸有三十两。”同样是因为缠裹在腰间而得名。

包含制度文化理据的词如：

【福分】

(1) 右弟子厶甲自结坛散食，……楼台魍魉等并诸眷属，并愿舍于所乐，离于所居，来就道场，领斯福分。(《敦煌愿文集·结坛散食回向发愿文》)

(2) 各于今日今时，欢喜受此福分。(同上)

上面两例中的“福分”指祭品[①]，它的理据要结合古代文化来加以阐释。《说文·肉部》：“胙，祭福肉也。”“胙”的本义是祭祀求福用的肉。从许慎对这个字的解释我们可以看到，古人献上祭品祭祀的目的是求福。因此，祭品便和福产生了联系，它们是同一个事件概念中相关的概念要素，所以古人用福来转指祭品。表示“祭肉”的“胙”同时也用来表示“赐福”，[②]也是基于两个概念的相关性。

古人祭祀之后，会将祭品分给参与祭祀的人，这样的活动古人称之为“致胙”或者“分胙”。“致胙”指古时天子祭祀后，将祭肉赏赐诸侯，以示礼遇。如《国语·齐语》：“葵丘之会，天子使宰孔致胙于桓公，曰：‘余一人之命，有事于文武，使孔致胙。’”韦昭注：“胙，祭肉也。”“分胙”指祭祀完毕分享祭神之肉。如宋陆游《家居》诗：“馈浆烦郡府，分胙媿乡邻。”因此，“祭品”又和“分”产生了联系。

根据古人的祭祀文化，我们探明了“福分”的理据：古人祭祀求福时将祭品献给神鬼，祭祀结束后将祭品分给参与祭祀的人。“福”本是祭祀的目的，转指祭品；“分”为“分给；散发”义。

【脚婆】【汤婆】【汤夫人】【锡夫人】

“脚婆”也叫“汤婆”，盛热水后放在被子中取暖的用具，用铜或瓷等制成，形状扁圆。如今江南一带仍在使用。古文献的用例常常能够提供该器物的一些属性。例如：

---

① 该词还有另外一个意思，即注定应享的幸福。如宋佚名《张协状元》四七出：“只怕奴家福分微。”

② “胙”有“福佑；赐福”义，如《国语·周语下》：“天地所胙，小而后国。”韦昭注：“胙，福也。天之所福，小则得国，大则得天下。”

(1) 小姬暖足卧，或能起心兵。千金买脚婆，夜夜睡天明。(宋黄庭坚《戏咏暖足瓶》之一)

(2) 西门庆令他解衣带，如意儿就知他在这房里歇，连忙收拾伸铺，用汤婆熨的被窝暖洞洞的，打发他歇下。(明《金瓶梅词话》六七回)

上面的例子提供了汤婆的多个属性：功能要素“暖脚；暖被窝”、结构要素“汤(热水)”、时间要素“夜间”、空间要素“被窝里”。清顾张思《风土录》卷三：“床中暖足器有汤婆子。按：东坡与杨君素札云：‘送暖脚铜缶一枚，每夜热汤注满，塞其口，仍以布单裹之，达旦不冷。’云云。即今汤婆子之制也。”这则记载又为我们提供了结构要素“铜；布单”。

根据以上属性，我们可以确定，语素“汤”的依据是汤婆的结构要素“汤(热水)”，语素“脚”的依据是汤婆的功能要素“暖脚”。至于后语素“婆”的依据，则涉及社群文化。

称汤婆子为“婆”的依据是古代的夫妻伦理，具体而言就是“夫为妻纲”。在此制度的规定之下，妻子的地位较低，暖被窝是妻子的职责之一。古代文献对此有较多记载。例如：

(3) (崔子玉)：“你那脚头妻身归地府，他都是世海他人。”(元《冤家债主》四)

(4) 我那亲哥哥，如今天气热，你便杀了我，到那寒冬腊月里害脚冷，谁与你焐脚？(元李文蔚《燕青博鱼》三折)

“脚头妻”即妻子，因为睡在丈夫的脚头而得此名称。妻子睡在丈夫脚头的一大原因就是为丈夫暖脚。因妻子和汤婆子都有暖脚的功能，故用妻子来喻指汤婆子。宋代以来，人们称普通人的妻子为“婆”，例如宋陆游《老学庵笔记》卷六：“吏勋封考，三婆两嫂；户度金仓，细酒肥羊。”明《醒世恒言》卷二七：“不正夫纲但怕婆，怕婆无奈后妻何！”因此，称汤婆子为“婆”。

至此，我们结合物质文化和制度文化，探明了“汤婆”的理据：偏正式复合词，内部形式为“热水＋老婆”。“汤”指热水；“婆”指妻子，因为汤婆子和妻子一样有暖脚的功能，因此用妻子喻指，进而用表达妻子的词形“婆”来表达。“脚婆”的“婆”的理据同样如此。

“婆”指妻子，可以用汤婆子的另一个名称“汤夫人”来佐证。“夫人”同样指妻子，只不过它通常指诸侯的妻子，或者用作对已婚妇女的尊称，与

“婆”所指称的对象有地位上的差别。因此，汤婆子又被称为“汤夫人”。例如：

(5) 曩夜婢子登榻，倾跌，堕汤夫人泡两足耳。（清蒲松龄《聊斋志异·长亭》）

因为汤婆子可以用锡制作，因此又称为“锡夫人”。例如：

(6) 锡夫人者，俚谓之汤婆。鞴锡为器，贮汤其间，霜天雪夜，置之衾席，用以暖足，因目为汤婆。竹谷罗学温文之曰锡夫人。（元无名氏《东南纪闻》卷三）

包含心理文化理据的词，例如：

【富贵】【贫穷】【破家散宅】【家徒四壁】

(1) 上堂云：“仲冬严寒普遍世间，富贵即易贫穷即难，唯我林泉之人无易无难。为什么如此？”良久云：“无人处向你说。”（宋《法演禅师语录》卷三）

“富贵”和“贫穷”是常用词，但例(1)中二词的意义并不普通。“富贵即易贫穷即难”违背常理，若用世俗观念理解，则扞格难通。这里“富贵”指富有知识情解。禅宗提倡顿悟，要求学人自证自悟，发明自足本性，不可向外驰求，以防让言语知见等世俗情解蒙蔽了澄洁本性。“富贵”本指拥有大量财产、物资，禅门中用来比喻拥有大量知识见解。不能以自己为主的人容易随人学语，记持一些言语知见，因此“富贵易”；而荡尽情识却难，即“贫穷难”。也可单说“贫”和“富”，例如：

(2) 香严所谓昔年贫未是贫，今日贫始是贫。昔年犹有卓锥地，今日锥也无。（清《破山禅师语录》卷一一）

“贫”即荡尽情识，“锥也无”的境界较之于“有卓锥地”更高，值得褒扬。与此同理，“破家散宅”“家徒四壁”等世人极力避免的灾祸却是禅僧们追求的境界，例如：

(3) 若要易会，不必泥在三条椽下。但向逆顺堆中，攧扑不碎，自觉省力，便是破家散宅时节至矣。(宋《密菴和尚语录》)

(4) 有祖以来，家徒四壁，本自空牢牢地。无端递代相承，将无作有。(宋《希叟绍昙禅师广录》卷一)

"富贵"与"贫穷"这对极为常见的概念在禅宗文化中被赋予了与世俗理解完全相反的意义和情感，这一意义的转变唯有结合促使其转变的禅宗文化方能合理地解释。又如"了事"在世俗文献中可指"完成事情"，而在禅宗文献中特指"了却生死大事"，因此"了事"引申出"彻悟"的意义，这一意义的产生也是由禅宗文化所决定的。如此之类数量众多，不胜枚举。[①]

不明词语得以形成的文化理据，就可能导致释义失误。例如：

【落草】【落路入草】【落路下草】

(1) 世间也只有这一个方法路径，若才不从此去，少间便落草，不济事。(宋《朱子语类》卷四〇)

(2) 大抵看文字，不恁地子细分别出来，又却鹘突；到恁地细碎分别得出来，不曾看得大节目处，又只是在落草处寻。(同上卷五五)

(3) 看书且要依文看得大概意思了，却去考究细碎处。如今未曾看得正当底道理出，便落草了，堕在一隅一角上，心都不活动。(同上卷一二一)

有学者认为以上三例中之"落草"皆"停于草率、随便"之义。并认为下面两个禅籍文句中的"落草"也应如此理解[②]。

(4) 壁立万仞，依前却来，撞墙撞壁，有什么近傍处。虽然如是，已是落草了也，不免将错就错。(宋《圆悟录》卷一三)

(5) 师曰："……如何是本身卢舍那？良久处好会取。若不委知，遂落草向你道与我过净缾来。"(宋《古尊宿语录》卷二八)[③]

---

① 又如"痴钝"有时被褒扬，南唐《祖堂集》卷一六："师每上堂云：'近日禅师太多生，觅一个痴钝底不得。……只如五祖大师下，有五百九十九人尽会佛法，唯有卢行者一人不会佛法，他只会道。'"痴钝者无"心""佛""智"等名词、概念，比那些谈论"佛法"的禅师更与"道"相符。

② 冯青：《〈朱子语类〉词汇研究》，社会科学文献出版社 2014 年版，第 211 页。

③ 冯青引该句至"向你道"止，断句有误。

冯青认为例(4)“草率的结果只能是将错就错,其义甚明”,例(5)“如果不是真正知道的话,那只能是草率地向你说”。如此理解,与该词的本来面目相去甚远。

“落草”本为宗门语,指“陷入言句或知识见解”。禅宗提倡不立文字,教外别传,明心见性,认为语言文字无法描摹至微至妙的“道”,想要通过思量、卜度经教而获得证悟的修行路径是邪路而非正道。因此禅门把“直指人心”作为修行之正道,将偏离正道比作落入道旁的草丛,因此有“落草”之说。更能体现该词理据的早期形式有“落路入草”和“落路下草”。

(6) 安在沩山,三十年来,吃沩山饭,屙沩山屎,不学沩山禅,只是长看一头水牯牛,落路入草便牵出,侵人犯人苗稼则鞭打。(南唐《祖堂集》卷一七)

(7) 东禅齐拈云:“且道石霜会洞山意否?若道会去,只如诸上座每日折旋俯仰迎来送去,为当落路下草,为当一一合辙?”(宋《景德传灯录》卷一五)

“草”在宗门内常用以比喻言语知见,例如:

(8) 因僧举洞山参次,示众曰:“兄弟,秋初夏末,或东去西去,直须向万里无寸草处去始得。”又曰:“只如万里无寸草处,且作么生去?”师闻之乃曰:“出门便是草。”(同上)

上例中的“草”都一语双关,既指现实中的草,也指言语知见,“万里无寸草处”即无言语知见、思量卜度之处,“出门便是草”即只要向外驰求,就会落入言语知见当中。

从学人的角度讲,陷入言语知见为“落草”;从禅师的角度讲,不得已而用言句启悟学人也是“落草”。如例(5)即禅师慈悲为怀,不得已而开一线道,落草开悟学人。前引《朱子语类》三例中的“落草”与宗门语“落草”一脉相承,当释为“偏离正道”①。

① 雷汉卿释“落草汉”为“比喻不在正路上的人”,甚确。参雷汉卿:《禅籍方俗词研究》,巴蜀书社2010年版,第467页。

第四节　同义词互证

中古近代汉语词汇中,同义词十分丰富。表达同一概念的诸多同义词存在理据明晰度的差异,有的显豁易知,有的晦涩难明,因此可以让理据易知的词提供理据信息,从而揭示理据难明的同义词的理据。这就是我们所谓的互证。

杨树达《字义同缘于语源同例证》以丰富的例证证明同义词的理据往往相同。沈兼士认为《积微居小学金石论丛》所论"撮其要旨,约具三纲",其中一纲即"字义同缘于受名之故同",即词义同缘于理据同。

同义词的理据往往相同,作为一种规律,可以用来探求词语理据。同义词互参主要基于两大规律:一是词义的类同引申,二是词的词法结构、语义结构、意义结构三者之间的对应关系。[①]

同义词在探求词语理据时有较大的参证作用。而近代汉语词汇同义词极为丰富,因此同义词互证是近代汉语词汇理据探求的重要方法之一。

一、同义词互证词义来源

词义来源,指派生出新义的源义,它关注的是词义的引申。同义词互证词义来源的依据是类同引申规律。类同引申指同义词的意义发展往往经历相似的路径。例如"数""亟""骤"三个词都由"疾速"义引申出"屡次"义;"通""达"两个词都有"贯通""到达"等六个意义;"殊""绝"两个词都有"断绝""超过"等四个意义。

表 5-1　同义词"数""亟""骤"类同引申

数	① 疾速。 《礼记·曾子问》:"不知其已之迟数,则岂如行哉!"	② 屡次。 《汉书·汲黯传》:"上常赐告者数。"
亟	① 急迫;赶快。 《诗经·豳风·七月》:"亟其乘屋。"	② 屡次;多次。 《左传·隐公元年》:"亟请于武公。"
骤	① 疾速。 《周礼·夏官·大司马》:"车骤徒趋。"	② 屡次。 《左传·宣公三年》:"宣子骤谏。"

① 意义结构指合成词的意义构成,即语素义的组合框架,注重义类。语义结构"指两个或两个以上的语义成分按照一定规律组成的语法结构。"参范晓等:《语法理论纲要》,上海译文出版社 2003 年版。

表 5-2　同义词“通”“达”类同引申

通	① 贯通	② 到达	③ 懂得;通晓	④ 通报;传达	⑤显达;亨通	⑥共同的;通常的
达	① 畅通	② 到达	③ 通晓;明白	④ 表达;传达	⑤显贵;贤达	⑥通行的;共通的

表 5-3　同义词“殊”“绝”类同引申

殊	① 断绝	② 超过	③ 特出;卓越	④ 甚;极
绝	① 断绝	② 超过	③ 特异;独一无二	④ 极;最

这些相似的路径若得以证实,则可作为词义引申规律,并可以用作其他同义词词义发展过程的参照。上面三个表[①]所展示的引申规律,可以用来参证其他同义词的词义来源,从而探明理据。

根据上述规律,我们将同义词参证词义来源的过程绘制成表 5-4(“○”表未知意义,下同)。表中待证词是意义已明确但理据待明的词,参证词与待证词在我们所关注的意义(表中的②)上同义。如果已经探明参证词的意义②由①引申,那么就可以预测待证词也有意义①,它的意义②由①引申。然后对这个推测进行证实或证伪,探明待证词的理据。

表 5-4　同义词互参过程

	同义单纯词	词义关系
参证词	a	①……→②
	a_1	①……→②
	……	①……→②
待证词	a_n	○……→②
理据预测		○=①;②由①引申

例如,“族”有“一般”义,这个意义并非它的本义,那么用词形“族”表达“一般”的理据是什么?我们可用同义词互证的方法来解决这个问题。“族”“众”“庶”是一组同义词,“众”和“庶”都由“众多”义引申出“一般”义。根据以上语言事实,我们可以归纳出“众多→一般”这一词义演变规律,进而逆推“族”的“一般”义也是由“众多”义引申出的,然后求证。经证明,“族”有“众多”义,如《韩非子・喻老》:“有形之类,大必起于小;行久之物,族必起于少。”王先慎集解:“族,众也。”

---

① 表 5-1、5-2、5-3 是在王云路等《汉语词汇核心义研究》(北京大学出版社 2014 年版)第 175、247、250 页表格的基础上略加修改而成的。

根据以上分析，词形“族”可表达“众多”义，多则普通、一般，因此引申出“一般”义，词形“族”增加了表达“一般”的功能。

【旱】【干】【晒】【晾】

在近代汉语中，“旱”和“干”都可以表示“搁置；冷落”。例如：

(1) 你每说的只情说，把俺每这里只顾旱着。（明《金瓶梅词话》六八回）

(2) 我看他们那里是不放心，不过将来探探消息儿罢咧。这两天，都被我干出去了。（清《红楼梦》九〇回）

(3) 从今日起，且干着他，不理他。（清《儿女英雄传》三〇回）

“旱”和“干”为何会有这样的意义？单看这两个词，难以探明它们的理据。我们不妨从它们在“搁置；冷落”这一意义上的同义词“晒”“晾”入手。例如：

(4) 你若是没了银钱，他就改变了心肠，晒你个冰凉。（清《白雪遗音・马头调・劝嫖》）

“晒”的“搁置；冷落”义由它的“晾晒”义引申。晾晒时，把东西放在日光下，让其自然晒干，也就是把东西放在一边，由此引申出“搁置；冷落”义。“晾”和“晒”同义，也引申出“搁置；冷落”义。周立波《暴风骤雨》第一部二：“这时他躺在炕上，光顾抽大烟，把一个老实巴脚的老田头晾在一边。”

“干”是晾晒的结果或目的。事件的结果可以转指事件本身，即“干”转指“晾晒”等行为，也就是“使干燥”，如“干杯”“干鱼塘”等。“旱”和“干”同义，在方言中有“使干燥”义，如广东梅县。[①] 因此，“干”“旱”也引申出“搁置；冷落”义。

上面是单纯词的例子。同义词互证法同样适用于合成词，例如：

【不忆】【不省】【未记】【未省】

(1) 未曾饮炭，肠热如烧。不忆吞刃，腹穿似割。（唐张鷟《游仙窟》）

郭在贻说：“‘不忆’与‘未曾’相对成文，当亦有‘未曾’之意。但何以有

① 参李荣主编《现代汉语方言大词典》，江苏教育出版社 2002 年版，第 1760 页“旱水”条、第 1761 页“旱塘”条。

此意思，则殊费解。友人计君伟强调不忆即不记得，不记得亦犹言未曾矣。似可备一说。”①

“不忆即不记得，不记得亦犹言未曾”，此说可从。“不记得”和“未曾”两个意义之间的关系可以用同义词“不省”“未记”“未省”等参证。三个词都有“未曾”义，例如：

(2) 从来恨人意，不省似今朝。(唐白居易《恨词》)

(3) 佛言商人听吾语，我于过去百千生，下至寸草不曾偷，未记黄昏偷他物。(《敦煌变文校注》卷五《佛说阿弥陀经讲经文(二)》)

(4) 梦想何曾间，追欢未省违。(唐窦巩《江陵遇元九呈十二韵》)

“不忆”“不省”“未记”“未省”四个词的字面意思都是“不记得”，它们由上述短语义发展出词汇义“不曾”，说明“不记得”义与“不曾”义存在密切联系，后义由前义引申。

【比逐】

(1) 饶你信雄解拈枪，比逐秦王较百步。(宋《五灯会元》卷一三)

“比逐”义同“比”，意义明确。但“逐”为何能与“比”复合而有介词“比”的用法，“比逐”的内部形式如何，则需要略加考寻才能知晓。

我们认为，“逐”与“比”同义，“逐”的“比”义由其“追赶”义引申。“比”有“齐同；等同”义，它的“比较”义由此引申。“追赶”蕴含“齐同；等同”义，后者是前者的目的。因此，含“追赶”义的动词均有虚化为“比较”义动词进而语法化为表比较的介词的可能，“比逐”的“逐”即该规律的体现。它的同义词“追”“赶”都遵循这条发展规律。

“追”有“追赶”义，因此它发展出“赶得上”义，例如：

(2) 生廉追伯夷，直过史鱼。(《三国志・魏志・高堂隆传》)

(3) 宠赠追胡广，亲临比贺循。(唐苏颋《赠司徒豆卢府君挽词》)

上两例的“追”《汉语大词典》释为“赶得上；比配”，甚是。“赶得上”暗含“比较”。

① 郭在贻：《〈游仙窟〉释词》，《杭州大学学报》(哲学社会科学版)1981年第4期。

此外,“赶”有“追赶”义,在一些方言中与介词“比”功能相同。如冀鲁官话中“赶”有“等于”义,“老将出马,一个赶俩”。“等于”也可以理解为“比得上”。中原官话、晋语、兰银官话、西南官话中[①]“赶”与介词“比”同义,如“我赶你高”。

至此,我们认为,“比逐”是同义复词。需要说明的是,“逐”单独使用时尚未见表“比较”的动词用法和介词用法,但这不影响其作为语素在意义上的发展。

【照顾】

(1) 师问:“一字阵圆,作家战将何不出阵与杨岐相见?”僧云:“和尚照顾话头。”(宋《杨岐方会和尚语录》)

(2) 化土出问:“促装已办,乞师一言。”师曰:“好看前路事,莫比在家时。”曰:“恁么则三家村里十字街头等个人去也。”师曰:“照顾打失布袋。”(明《续传灯录》卷一九)

上两例的“照顾”为“小心;留意”义,该义由“看护;看守”义引申而来。西南官话当阳方言有“照护”一词,有两个关系密切的意义,一为“看护;看守”,用于人则为“看护”,用于物则为“看守”;一为“小心;留意”。后者显然为前者的引申义,看护病人、小孩或者看守东西均须特别留意、小心,因此可引申出“小心;留意”义。

“照顾”是同义复词,“照”“顾”均有“看视”义。含“看视”义的词往往具有引申出“看护;看守”义并进一步引申出“小心;留意”义的可能。“看”就是这样的例子。“看”有“看视”义。由“看视”义引申为“看护”义,用例甚多。例如:

(3) 出无夫婿见,病困绝人看。(唐《王梵志诗》〇二四首)

(4) 少失恃怙,居家丧尽,无人见看,是以困苦,褴褛如此。(元魏《杂宝藏经》卷四《贫人以麨团施现获报缘》)

(5) 儿欲入山修道去,好住娘。兄弟努力好看娘,好住娘。(《敦煌曲校录·好住娘》)

以上三例中的“看”都是“看护”义。在此义的基础上又引申出“小心;留意”义,与“照护”语用环境相同。例如:

---

① 在武汉、宜昌等地方言中“赶”用作介词时只用于否定句中。如:“我赶不倒他(我比不上他)。”

(6) 南山有鳖鼻蛇，是你诸人好看取。[①] (南唐《祖堂集》卷七)

(7) 公问："诸家因缘不劳拈出，直截一句请师指示。"通厉声指曰："看火！"公急拨衣，忽大悟。(宋《五灯会元》卷一八)

通过"看"的意义发展脉络的参证，"照顾"的"小心；留意"义由其"看护；看守"义引申当无可疑。[②]

二、同义词互证内部形式

江蓝生曾指出："汉语在构词法上有一种类化构词的倾向。所谓类化构词，是指甲、乙两个字(语素)以某一结构方式组合为合成词，那么跟甲或乙词性、意义相同的字(语素)，可以替换甲或乙进入这一结构，构成两个或两个以上跟原合成词同义的词。比如，'乘凉'一词，唐代有'趁凉''追凉''逐凉'等同义词，其中'趁''追''逐'为同义词，都是追随、追赶的意思。""根据类化构词的规律，可以帮助我们在考求词语的意义时确定一个合理的思路。"[③]

江先生提出的研究思路可以用于同义词的理据研究。仔细观察"不忆""不省""未记""未省"这四个同义词，不难发现，它们的直接成分不仅功能相同，而且意义相同："不""未"都是否定副词；"忆""记"为"记得"，"省"为"知道"，意义相近。它们的内部结构如下表所示：

图5－5　同义词"不忆""未记""未省""不省"的内部结构

同义词	内部结构		
	意义来源	词法结构	内部形式
不忆	不曾←不记得	状中	不＋记得
未记	不曾←不记得	状中	不＋记得
未省	不曾←不知道	状中	不＋知道
不省	不曾←不知道	状中	不＋知道

---

① 雷汉卿认为"看取"义为"观察"，似不确。参雷汉卿：《禅籍方俗词研究》，巴蜀书社2010年版，第437页。

② "看"与"小心"义的关系具有跨语言的普遍性，高增霞指出，"由'看'的意义引申出注意、预防、警示的意义是具有普遍共性的现象，如英语里的look out、watch out，Basque语的begira(看)、begira gero！(小心！)Zulu语的beka(看、注意、小心)以及澳大利亚To'aaaa'ita语的ada，都可以表达警告、告诫、提醒注意的意义，而这一意义又都是来自于'看'。"参高增霞：《汉语的担心—认识情态词"怕""看""别"的语法化》，《中国社会科学院研究生院学报》2003年第1期。

③ 江蓝生：《演绎法与近代汉语词语考释》，《语言学论丛》(第二十辑)，商务印书馆1998年版。

这个例证已经向我们展示了同义词在参证词义来源和内部形式方面的价值，下面我们分异素同义词和换素同义词两种类型举例分析。

根据同义词是否有相同的语素，可将同义词分为异素同义词和换素同义词。“同义词的大多数，都是词的语素间语法结构相同。如：‘安静/宁静/清静’‘包含/包括/包罗’，都是并列结构；‘本相/原形/真相’‘矗立/耸立/屹立’，都是偏正结构；‘标明/表明’‘夸大/夸张’，都是动补结构，等等。”①因此，无论是异素同义词，还是换素同义词，同义词之间的词法结构和语义结构都有可能相同，故可以互相证发。

（一）异素同义词互证

语素全异同义词的参证过程如下表所示（表中“?”表示未知结构，下同）：

表 5-6　同义词互证过程（语素全异同义词）

	异素同义词	词法结构			语义结构		
参证词	ab	并列	偏正	……	①+①	①+②	……
参证词	a_1b_1	并列	偏正	……	①+①	①+②	……
参证词	……	并列	偏正	……	①+①	①+②	……
待证词	a_nb_n	?	?	……	○+○	$○_1$+$○_2$	……
理据预测		?=并列	?=偏正	……	○=①	$○_1$=① $○_2$=②	……

表 5-6 中参证词 ab、a_1b_1 与待证词 a_nb_n 是同义词，参证词词法结构相同，或同为并列，或同为偏正、动宾、述补等。当同为并列时，其前后两个语素的意义往往相同，因此其语义结构为“①+①”；当同为偏正、动宾等时，其前后两个语素意义有别，因此其语义结构为“①+②”。由此可以预测 a_nb_n 的词法结构与参证词相同，前后语素的意义亦与之相同。例如：

【浇裹】【缴缠】【绞缠】【盘绞】【盘缴】【盘缠】

“浇裹”有“日常费用”的意思，如例(1)；也有“支出日常费用；使用”的意思，如例(2)。

(1) 聘才道：“也有三百金。”文辉道：“也够浇裹了。论起来，我做了三品京堂，一年的俸银也不过如此。”（清《品花宝鉴》二回）

① 张志毅、张庆云：《理论词典学》，商务印书馆 2015 年版，第 266 页。

(2) 儿子在任所寄到了过年盘缠，奴才还够浇裹。(清《后红楼梦》一五回)

《汉语大词典》:“浇，指饮食；裹，指衣服。”这一说法不可从，因为文献中并未见“浇”有“饮食”的意思。

下面利用“浇裹”的异素同义词来探求它的内部形式。我们找到“盘缠”“缴缠”“绞缠”“盘缴”“盘绞”等几个与“浇裹”同义的词。下面是它们的用例：

(3) 人户送纳之时，如有使官布袋者，每一布袋，使百姓纳钱八文，内五文与擎布袋人，余三文即与仓司充吃食、铺衬、纸笔盘缠。(宋王溥《五代会要》卷二七)

(4) 三缸共一千五百斤，共该银四万八千两，还有杂项缴缠使用，将有五万余两，只点得三夜。(明《西游记》九一回)

(5) 拚了一百两银子，可买一个童女。连绞缠不过二百两之数，可就留下自己儿女后代，却不是好?(同上四七回)

(6) 端福道：“五百钱不卖去?”那人道：“不够盘绞。”(清《歧路灯》一三回)

(7) 晁大舍每天托了坐监为名，却常在京居住，一切日用盘缴，三头两月是通州差人送来。(清《醒世姻缘传》六回)

根据上面五个参证词的构成情况，我们推测，“浇裹”的“裹”取“缠裹”义，并非指衣着。因为这五个词的构成成分“缴”“绞”“盘”“缠”等都有“缠裹”义，也就是说它们都是同义复词。至于“浇”，它所记录的可能也是表“缠裹”义的语素。

由此，我们推测，“浇裹”是同义复词，它的语素“浇”和“裹”都是“缠裹”的意思。

“浇裹”的“缠裹”义与“钱物”义产生联系，有其文化理据。古人出行时将财物用包袱包裹起来，系在腰间。因此，古人用收拾包裹的行为——“缠裹”来转指这个行为所涉及的对象“钱物”，使得“浇裹”产生了“日常费用”义。

最后，我们还要证明“浇”的意义。“浇”本身并无“缠裹”义，我们认为，“浇”通“缴”①。这两个字在《中原音韵》中同属萧豪韵见母，“缴 kiɛu”为上声，

① 也有可能通“绞”。“绞[kjau]”在《中原音韵》中同样属萧豪韵见母上声。

“浇 kieu”为阴平。它们读音相近，仅声调有别，可以通假。此外，近代汉语中有“缴裹”一词，是“浇裹”的正体（能体现词语理据的形式）。例如明《清夜钟》第七回：“一日拼缴裹他二钱银子，不消五钱东道，也是个经济嫖，极是两便。”

“绞缠”“盘缠”“浇裹”等词同为“花销；费用”义，“绞缠”“盘缠”理据清晰，而“浇裹”则理据模糊。因此我们可以用已知参证未知，见下表：

表 5-7　同义词互证（语素全异同义词）——合成词“浇裹”的理据

<table>
<tr><th rowspan="2"></th><th rowspan="2">异素同义词</th><th colspan="4">理据</th></tr>
<tr><th>词法理据</th><th>文化理据</th><th>认知理据</th><th>内部形式</th></tr>
<tr><td rowspan="5">参证词</td><td>缴缠</td><td rowspan="5">并列</td><td rowspan="5">古人出行时将财物用包袱包裹起来，系在腰间。</td><td rowspan="5">费用←缠束包裹（行为转喻对象）</td><td rowspan="5">缠束＋缠束</td></tr>
<tr><td>绞缠</td></tr>
<tr><td>盘缠</td></tr>
<tr><td>盘缴</td></tr>
<tr><td>盘绞</td></tr>
<tr><td>待证词</td><td>浇裹</td><td>?</td><td>?</td><td>费用←○（行为转喻对象）</td><td>○＋缠束</td></tr>
<tr><td>内部形式预测</td><td>浇裹</td><td>?＝并列</td><td>古人出行时将财物用包袱包裹起来，系在腰间。</td><td>费用←缠束包裹（行为转喻对象）</td><td>缠束＋缠束</td></tr>
</table>

【梢空】【掠虚】

(1) 你说得也煞好，只是你南家说话多生梢空。原注：“谓虚诳为梢空。”（宋《三朝北盟会编》卷二二）

(2) 却来这里弄唇舌，想梢空，恐使不得。（同上卷五五）

梢空，《近汉》释为“虚诳；哄骗”，并加按语说：“从说话人身份看，似为少数民族语。”

我们认为，“梢空”并非少数民族语，词典编撰者不清楚该词的理据，所以根据说话人的身份来确定该词的来源。“梢”是“捎”的误字，偏旁“木”和“扌”常相混。[①] 该词的同义词“掠虚”可以作为参证。请看下面的例子：

① 蒋冀骋、吴福祥所著《近代汉语纲要》（湖南教育出版社 1997 年版）第 513 页引本例作“捎空”。

(3) 为人却要心明了，莫学掠虚多帝(事)了。(《敦煌变文集·无常经讲经文》)

(4) 包、黄诸君各精进，捐去旧习甚善。但恐似此一向掠虚，则又只是改换名目也。(宋朱熹《答傅子渊》)

掠虚，《近汉》释为“虚妄作为；妄言”。将二者相互比较，我们会发现：前语素“捎”和“掠”都有“拂；掠”的意思，后语素“空”和“虚”都有“空虚”的意思。据此，我们可以看出两个词都是动宾结构的复合词，内部形式为“拂掠+空虚”。“掠空”又有换素同义词“撮空”，例如明苏汉英《梦境记》七出：“天生一副油花骨，捣鬼撮空都惯熟。”“撮空”和“捣鬼”连言，可以看出它同样是动宾结构的复合词。

(二) 换素同义词互证

同义语素的替换会产生一大批换素同义词，通过同义语素替换产生新词是汉语词汇相似性衍生和系统性的主要表现形式。

一组换素同义词有以下特点：(1) 结构关系相同，如“皆悉”是同义复词，语素“咸”与“皆”同义，通过替换而得到同构同义词“咸悉”；(2) 替换前的旧词和替换后的新词有相同的语素；(3) 存在替换关系的语素往往同义。与异素同义词相比，换素同义词的参证作用更大。假设 AB、AC 是换素同义词，那么 AC 的结构应与 AB 相同，同时 B 和 C 可能同义。已知 B 的意义，我们就可据以推测 C 的意义，反之亦然。例如“揣度”“揣量”“揣测”“揣料”是一组换素同义词，“度”“量”“测”“料”可能同义，若我们已知四个语素中任意一个的意义，便可据以推知其他三个语素的意义。事实证明，“度”“量”“测”“料”都是“测量”的意思。因此，“揣度”是同义复词，它的两个语素都是“测量”义，其他三词与之相同。我们可将这一规律公式化：若 AB=AC=AD=AE=……=AN，则 B=C=D=E=……=N。

与语素全异同义词相比，部分换素同义词的互参作用更为重要，因为部分换素同义词除了存在替换关系的语素外，其他语素相同，在词语整体意义的限定下，存在替换关系的语素可能同义或同类(至少在具体语境中可看作同义语素)。

需要注意的是，不可将替换关系和同义关系的对应绝对化，存在替换关系的各语素并非都是同义关系。如禅宗熟语“将头觅头”“舍头觅头”同义，“将”“舍”可相替换，但并不同义。又如“长休饭”“长离饭”[①]同义，“休”“离”

① 永别饭，即行刑前给罪犯吃的饭。

可相替换，也不同义。

换素同义词互证过程如下表所示：

表5－8　同义词互证过程(换素同义词)

	换素同义词	词法结构			语义结构		
参证词	ab	并列	偏正	……	①＋①	①＋②	……
	ab_1	并列	偏正	……	①＋①	①＋②	……
	……	并列	偏正	……	①＋①	①＋②	……
待证词	ab_n	？	？	……	①＋○	①＋○	……
理据预测		？＝并列	？＝偏正	……	○＝①	○＝②	……

表5－8中，ab、ab_1……ab_n 是一组换素同义词，b、b_1……b_n 存在替换关系，根据ab、ab_1 可以推知 ab_n 的词法结构和内部形式，从而确定语素 b_n 的意义。

下面，我们以近代汉语的实例来展示换素同义词在理据探求中的作用。

【浇裹】【揽裹】【缴裹】/【揽缠】【缴缠】【绞缠】【裹缠】【盘缠】

前面以异素同义词互证的办法证明了“浇裹”是同义复词，“浇”“裹”都是“缠裹”义。这里，我们还可以用换素同义词互证的方法，得出同样的结论。

“缴裹”中“缴”可以替换为“揽”，形成“揽裹”；“裹”“缴”“揽”“绞”等可以替换“盘缠”的“盘”，形成“裹缠”“缴缠”“揽缠”“绞缠”等表“花费；开销”义的复合词。例如：

(1) 叫我找八十两银子，一切揽裹都使不尽，还有五两银子分哩。(清《醒世姻缘传》六八回)

(2) 十四郎，此中与绵袄子两领，并裹缠钱三索省。只十七八程，可到，恐伊别乱破钱也。(宋欧阳修《与十三侄奉职一通》)

(3) 从今后，除了家私缴缠外，拴衣做鞋，籴米买柴。(《元曲选外编・金凤钗》三折)

(4) 这两日倒要些银子揽缠，且落得用了。(明《金瓶梅》六回)

(5) 拼了一百两银子，可买一个童女，连绞缠不过二百两之数。(明《西游记》四七回)

通过以上换素同义词，我们可以得出，“浇”“搅”“缴”“绞”“盘”“裹”“缠”等七个字应同为“缠裹”义。最后通过求证，证明“浇”“搅”借作“缴”或“绞”，从而获得“缠裹”这一假借义。“浇”的情况前文已说明。“搅”和“绞”在《广韵》中同为“古巧切”，“搅”“绞”“缴”同为见母，而且韵母都属效摄，读音相近，因此可以相假借。

表5-9　同义词互证(换素同义词)——合成词“搅缠”的理据

	换素同义词	词法结构	内部形式
参证词	缴缠	并列	缠裹＋缠裹
	裹缠	并列	缠裹＋缠裹
	盘缠	并列	缠裹＋缠裹
	绞缠	并列	缠裹＋缠裹
待证词	搅缠	?	○＋缠裹
理据预测	搅缠	并列	○＝缠裹

【扯淡】【扯白】【扯闲篇】【扯寡话】

“扯淡”意义明确，指“胡言乱语；闲聊”。例如：

(1) 但不可空过，也要扯淡几句。(明《西游记》六四回)

(2) 无事闲扯淡，就中滋味酸甜，古来十万八千年版，一霎飞鸿去远。(清《桃花扇》一〇出)

该词的理据目前未得确诂。清翟灏《通俗编》卷一七：“扯淡当作‘哆诞’，于义庶有可通。”张惠英认为：“‘淡’音同‘弹、蛋’，‘蛋’北京地区指男阴。所以，‘扯淡’犹如‘含鸟、咬卵’。”[①]刘瑞明认为，“扯淡、扯蛋”有两个义项：①胡说；②漫无边际的闲谈。“扯淡”是“扯蛋”的谐音。义项①蛋—卵—乱，三曲折。而义项②蛋—卵—圆—远，则是四曲折。[②] 以上三种意见均以通假为着眼点。我们认为，“淡”即本字，无须通假。通过换素同义词“扯白”的参证，我们可以探明该词的确切理据。

“扯淡”“扯白”是换素同义词，“扯白”义为“胡言乱语；闲聊”。例如：

---

① 张惠英：《金瓶梅俚俗难词解》，社会科学文献出版社1993年版，第49页。

② 刘瑞明：《谐音隐实示虚趣难词与谐音文化概论》，《陇上学人文存·刘瑞明卷》，甘肃人民出版社2014年版。

(3) 你这个精精伶伶,说话才是书呆子。我们下力的人,不摆龙门阵,不扯白谈经,站到打瞌睡,活路做不清。(清刘省三《跻春台·卖泥丸》)

"淡"和"白"在这两个同义词当中存在替换关系,因此二者极有可能同义。经考查,"白"有"空白;空无所有"的意思,"淡"有"无聊;无关紧要"的意思,这两个意义的核心含义都是"没有实际内涵"。例(3)中"扯白"与"谈经"相对,"经"指正经有用之话,"白"指"无关紧要(的话)"。"淡"的核心意义是"空"。如宋刘克庄《沁园春·梦中作梅词》:"日暮天寒,山空月堕,茅舍清于白玉堂。宁淡杀,不敢凭羌笛,告诉凄凉。"由"空"义引申出"无聊;没趣"义,如例(3)。

与"扯淡""扯白"结构相同的同义短语还有"扯寡话""扯闲篇"。例如:

(4) 我扯这一番寡话,原只为了耸动国王。(明《西洋记》六一回)

(5) 这时,真是走的不算远,他们还可以说话,扯闲篇。(陈靖、黎白《云岭雪海》)

"闲篇"的"闲"义为"等闲;无关紧要","寡话"的"寡"义为"淡而无味",都和"淡""白"意义相近。

经过换素同义词的参证,我们认为,"扯淡"的"淡"取"无聊;无关紧要"义;"扯淡"是有理形式,"扯蛋"是记音形式,该词是动宾结构的复合词。[①]

【折倒】【折到】【折腾】【腾倒】

"折倒"也作"折到",是宋金时期产生的新词[②],义为"折磨;摧残"。例如:

---

① 景盛轩在《词源丛札》"扯淡"篇中指出"淡"是"谈"的借字,他说:"'扯蛋'来源于'扯淡',而不是相反。……'淡'为'谈'之假借字。'谈''淡'皆为古浊声定母字,保存古音,则音为dàn,今可用'淡'记音。今浙江人'谈'仍读若'蛋'。"又进一步解释"谈"的理据说:"《说文·言部》:'谈,语也。'段注:'谈者,淡也。平淡之语。'为何叫谈,就是因为谈论的内容平淡,谈论的方式散漫,所以叫谈。"(参景盛轩:《词源丛札》,商务印书馆 2017 年版,第 34—35 页)我们不同意这一看法,有三点理由:第一,作"淡"本身可通,景先生也说"'谈'一产生就和'淡'有了不解之缘,扯谈就是扯淡。谈的结果往往清淡,无聊,没意思。"第二,按照景先生所引的段玉裁的说法,"谈"由"淡"孳生,则应以"淡"为原初形式。第三,我们的研究证明,"白""闲"均取"无聊;无关紧要"义,"淡"与它们同义,因此也是有理形式。

② 据张海媚的研究,该词是宋金时期的新词,元明时用例逐渐增多。参张海媚:《金代诸宫调词汇研究》,南京大学出版社 2014 年版,第 69 页。

(1) 一个少年身已，多因那薄幸种，折倒得不戏。(金《董解元西厢记》卷一)

(2) 因吾打得浑身破，折到得朋头露脚。(金《刘知远诸宫调》卷一二)

该词的理据是什么？“折倒”“折到”两种写法中哪一个更能体现它的理据？换素同义词“折腾”可以给我们提供信息。“折腾”有“折磨；摧残”义，例如：

(3) 我们的祖国母亲，再也经不起那样大的折腾了。(巴金《探索集·究竟属于谁》)

(4) 我们这地方的穷苦人叫军阀王家烈、地主二阎王折腾的少吃没穿。(陈其通《万水千山》第二幕)

“折倒”和“折腾”在“折磨；摧残”义上同义，因此“倒”和“腾”可能同义或近义。“倒”有“转移；挪动”义，如元马致远《青衫泪》第三折：“我子待便摘离，把头面收拾，倒过行李。”元无名氏《桃花女》第三折：“石小大哥，与我取两领净席来，铺在车儿前面，我行一领倒一领。”“腾”也有此义，例如清《儒林外史》二〇回：“家里一个钱也没有，我店里是腾不出来。——就算腾出些须来，也不济事。”①

进一步考查，我们发现“折”也有“转移；挪动”义，例如明《金瓶梅词话》六八回：“因拿起钟儿来，说：‘爹，这酒寒些。从新折了，另换上暖酒。’”例中的“折了”即倒掉，将酒杯里的酒转移到酒杯之外。又如清《红楼梦》九一回：“(宝蟾)只管把果子折在一个碟子里，端着就走。”②“折在一个碟子里”就是将东西转移到一个碟子里。

据此，我们认为“折倒”和“折腾”都是同义复词，“折”“倒”“腾”都取“转移；挪动”义。因此“腾倒”也有“转移；挪动”义，例如：

(5) 可怜踪迹转如蓬，随例量移近陕东；便似人家养鹦鹉，旧笼腾倒入新笼。(宋王禹偁《量移后自嘲》诗)

---

① 二者又分别由“搬移；转移”义引申出“腾空”义，如元无名氏《千里独行》楔子：“俺今夜倒下个空营，着悬羊击鼓，饿马提铃，将这十万军兵，四下里埋伏了。”《儿女英雄传》第二一回：“连那左邻右舍也跟着腾房子，调桌凳，预备落作。”

② 《近汉》释为“倾倒；倒出”，倾倒正是转移的一种具体表现。

"折倒""折腾""腾倒"的本义是"反复转移,事情颠来倒去地进行",转移事件反复发生,就是"折磨;摧残",因此表达"转移;挪动"义的词也可以表达"折磨;摧残"义。例如"腾倒"有"转移;挪动"义,又有"折磨;摧残"义,后一义的用例如:

(6)(严蕊)着实被他腾倒了一番,要他招与唐仲友通奸的事。(明《二刻拍案惊奇》卷一二)

"折腾"有"折磨;摧残"义,又有"转移;挪动"义,后一义的用例如:

(7)翻来覆去的,他的脑中只折腾着这一句话:"报应!报应!"(老舍《四世同堂》七〇)

(8)门都向外开,窗户一扇都关不上!拆了又安,安了又拆,折腾了几十回。(冰心《我的学生》)

例(7)"脑中只折腾着这一句话"即"这一句话"在脑海中不断隐现,即在消失和出现的两种状态中转移。例(8)"折腾了几十回"即在"安"和"拆"两种状态中转移。

综上,"腾倒"和"折腾"的"折磨;摧残"义由"转移;挪动"义引申。虽然未见"折倒"表"转移;挪动"义的用例,但它的语素"折"和"倒"都有"转移;挪动"义,因此二者复合可表"折磨;摧残"义。

第五节 反义词互证

反义词是意义相反或相对立的一组词,具有相反而又相成的特点。在探寻某一词的理据时,其反义词可以提供视角,有助于确定思考问题的维度。

反义词之所以可以作为理据探求过程中的参证因素,是因为"反义词必须有相同的上位概念,其语义上的相反或相对是在同中确定的异"[①]。例如,"长"和"短"是反义词,二者的上位概念都是长度;"宽"和"窄"是反义词,二者的上位概念都是宽度。这一相同的上位概念限定了它们在语义发展前后

① 董秀芳:《词汇化:汉语双音词的衍生和发展》(修订本),商务印书馆2011年版,第105页。

都须隶属于同一上位概念，因此根据反义词中的一个词的发展可以推知另一个词可能存在的演变。例如，“上”与“下”是反义词，二者同属纵向空间概念，若其中的“上”映射至心理空间表示“开心”，我们可以推知，其反义词亦有映射至心理空间表示“沮丧”的可能。

一、反义词互证词义来源

与同义词互证一样，我们将反义词互证分为反义词参证词义来源和反义词参证内部形式两个方面。

反义词互证与同义词互证的原理和过程相似，不同的是同义词互证求同，而反义词互证求异。参照同义词互证的过程，我们可将反义单纯词的互证过程表示为下表：

表 5－10　反义词互证过程

	反义词	词义关系
参证词	-a	①……→②
	$-a_1$	①……→②
	……	①……→②
待证词	a	○……→-②
理据推论	a	○=-①；-②由-①引申

上表中，a 是待证词，-a、$-a_1$ 等是参证词（a 的反义词，“-”表示意义相反）。若我们知道-a、$-a_1$ 等的意义②与 a 的意义-②构成反义关系，且意义②由意义①引申而来，那么我们可以推知意义-②由意义-①引申而来。例如：

【夏】【下】←→【举】

吐鲁番出土的租佃类契约文书中有一个表“租借”义的词“夏”。该词可单用，也可以和其他成分构成“夏价”“夏人”“夏田人”等复合词或短语。例如：

(1) 延昌廿四年甲辰岁二月七日道人智贾□田阿□众边夏南渠常田一亩，交与银钱五文。钱即毕，田即苻。［60TAM326：01/6《高昌延昌二十四年(584 年)道人智贾夏田契》(2—250)］

(2) ［　　］阿欢从同乡人范酉□□□孔进渠常田贰亩，々□交与银钱□文。…… 钱主傅阿欢，夏田人范酉隆。知见人左素胡。

[64TAM10：35《唐傅阿欢夏田契》(2—208)]

(3) 武城乡傅阿欢□范酉隆边夏孔进渠廿四年中常田贰亩。即交与夏价银钱拾陆文，钱即日交相付了。……田主范酉隆，夏田□傅阿欢。[64TAM10：34《唐贞观二十三年(649)傅阿欢夏田契》(2—207)]

(4) 夏人张□□；知见赵士元；保人张小洛。[69TAM137：1/1，1/3《唐西州高昌县张驴仁夏田契》(3—89)]

"夏"何以有"租借"义？蒋礼鸿云："《释名·释天》：'夏，假也。''夏''假'二字上古通用。"[①]王启涛曾赞同蒋礼鸿的看法[②]，但后来舍弃了这一看法，认为"夏"是"下"的借字，并进一步指出，"下"的"租借"义由"播种"义引申而来。他说：

> 我们注意到："夏田人"与"佃田人""租田人"往往可以互换，这在唐代契约文书中常见，而且，表示"租借"的"夏"只出现在田地、葡萄园、菜园等与土地有关的租借契约中，它应该是一个专门表示田地租赁的社会方言词或行业词语。我们注意到：在汉语史中，"佃"先是指耕种，后来引申为指租佃耕种，在吐鲁番文献中这两种意义同时存在，那么，"夏"是不是也有同样的词义发展路径呢？今考吐鲁番出土的唐代契约文书中有"下子""下……子"，指播下种子，恰好同时又有"夏子"，也指播下种子。很明显，"夏"通"下"。……所以，"夏"是不是与"佃"一样，先指播种，后来引申为租借田地播种？不敢断言，尚需方家研究。[③]

我们认为，"夏"是"下"的借字，但"下"的"租借"义并非由"播种"义引申而来，而是由其"施予"义引申。

交换概念可以将施予概念和接受概念涵盖其中，因此古汉语中出现了很多"施受同辞"的现象，例如"受""乞"等既有"施予"义，又有"接受"义；"借"既可表"借出"，也可表"借入"。租借概念处于交换概念的辖域之中，它既可以用"施予"义的词语来表达，也可以用"接受"义的词语来表达。

"施予"义可发展为"租借"义的下位义——"借出"。"下"有"施予"义，

---

① 蒋礼鸿主编：《敦煌文献语言词典》，杭州大学出版社1994年版，第341页。

② 王启涛：《吐鲁番出土文书词语考释》，巴蜀书社2004年版，第600页。

③ 王启涛：《吐鲁番出土文献语言导论》，科学出版社2013年版，第137—138页。

例如：

(5) 臣有父，尝饿且死，君下壶飡饵之。(《战国策·中山策》)

(6) 四月十二日，郡坊上官什件下细马两疋。(73TAM506：4/32—17之一《唐天宝十四载某馆申十三载四月至六月郡坊马食踖历牒》)

这一词义发展过程可以用同义词"贷"的发展佐证。"贷"本为"施予"义，《说文·贝部》："贷，施也。"段注："谓我施人曰贷。"《广雅·释诂三》："贷，予也。"如《左传·文公十六年》："宋公子鲍礼于国人，宋饥，竭其粟而贷之。"后来发展为"借贷"义，此义易知，例不赘举。按照上述原理，"施予"义的反义词"接受"当可从相反的方向发展出"租借"义的下位义——"借入"。下面来看以"施予"概念的反义概念"接受"为理据，将"租借"概念词汇化为"借入"的例子。

"举"有"取"义，在此意义上与表"施予"义的"下"构成反义词。例如：

(7) 锥刀之遗于道者，莫之举也。(《吕氏春秋·下贤》)

(8) 子贡好废举，与时转货赀。(《史记·仲尼弟子列传》)

(9) 部兵皆群盗，横相侵牟，棱案罪杀之，虽亲故无脱者，至道不举遗。(《新唐书·阚棱传》)

例(7)高诱注："举，犹取也。"例(8)司马贞《索引》引刘氏云："废，谓物贵而卖之；举，谓物贱而收买之。"例(9)之"举"与例(7)完全同义。

"举"由"接受"义引申出"借入"义。例如：

(10) 贫者举假贷贳，贵买生口以赎其妻。(《三国志·吴志·明帝纪》注引《魏略》)

(11) 坊迎送帖马往来，便食前件斛㪷，合郡填还。令献等逐急举便，随时供讫。见今被诸头债主牵撮，无物填还，具食历如前，伏望商量处分。[73TAM506：4/32—4之一《唐天宝十三载(754年)礌石馆具七至闰十一月帖马食历上郡长行坊状》(4—458)]

(12) 每乡人举债，必收利数倍。(宋曾慥《类说》卷七)

上述三例中的"举"均为"借入"义。"举"有"借入"义，其语义结构当为：

“承租者”+“接受”+“出租物”。那么,“举”是以概念要素“接受”为理据,将“承租者”和“出租物”结合起来词化的结果。与此相反,还可以从其反面将概念要素“施予”作为理据,把“出租者”和“出租物”结合起来词汇化。如此看来,“下”的“租借”义当由其“施予”义发展而来,该意义的语义结构为:“出租者”+“施予”+“出租物”。上述参证过程可以通过下表展现:

表 5-11　反义词互证——“夏”的“租借”义的来源

	反义词	意义关系
参证词	举	接受→借入
待证词	下	○→借出
理据预测	下	○=施予

二、反义词互证内部形式

与复合同义词一样,复合反义词有结构的异同与语素的异同,据此可分为换素反义词和同构反义词。同构反义词规律性差,暂不予讨论。

换素反义词即用反义语素替换原词中的一个语素,从而形成反义词。用符号表示可为:AB=-AC;B=-C。其原理与换素同义词一样,其区别在于换素同义词是同义相替换,换素反义词是反义相替换。利用这一规律,可以大致推测:一对反义词中,存在替换关系的语素必为反义语素。例如:

【结夏】【解夏】

“结夏”是佛教用语,指从阴历四月十五日(或说十六日)至七月十五日,禁止僧尼外出,认为外出易伤害昆虫草木,应在寺院内坐禅。又称为“安居”“禁足”等。例如:

(1) 若佛子,常应二时头陀,冬夏坐禅,结夏安居。(后秦《梵网经》卷二)

“结”本有“打结”“束缚;缠扎”义,又有“钳制;闭住”义,这些意义都蕴含“限制”义,“结夏”即限制外出坐禅过夏。相反,“结夏”结束后便允许外出行脚,谓之“解夏”。例如:

(2) 尔时,世尊成道之后,在波罗榇鹿野苑内,通及佛身,合八人,六月十六日安居,至九月十五日,合九十三人解夏。(隋《佛本行集经》

卷三九)

"解夏"是"结夏"的换素反义词,"解"和"结"意义相反。

许多反义词是通过仿拟类推的方式创造而成的,这一造词方式往往会形成非理词。例如第四章中提到的"泰山→泰水→行潦""泰山→邱垤""开张→关张"等。对于这些词,换素反义词参证是探明其理据的最佳方法之一。

这一方法还可以推衍至存在如下关系的反义词上: AB=-aC,A 与 a 为同义语素,那么 B=-C。

第六节 类义词互证

类义词指表示同一类事物的词[①],如"父""母""兄""弟""姊""妹"等都是表示亲属的类义词。同构词是内部结构规则相同的词,如"地震—海啸"都是主谓式复合词,"修正—提高"都是后补式的复合词。同构词的类型有并列、偏正、后补、动宾、主谓、重叠、附加等。一组类义词中常常有一定数量的同构词,将它们搜集起来,综合比较,可以为词语理据提供一些线索。例如:

【鬼朴】【呆才】【贼胚】【奴胎】

《王梵志诗》中有"鬼朴"一词:

(1) 生坐七宝堂,死入土角觴。桑车相勾牵,鬼朴还相哭。(唐《王梵志诗》〇一〇首)

项楚认为该诗中"鬼朴"一词指送丧的死者眷属,"朴"指肉脯。解说如下:

鬼朴:唐人俗语,指行将化为鬼物之人。《通鉴》唐则天后长寿元年:"太后至垂拱以来,任用酷吏,先诛唐宗室贵戚数百人,次及大臣数百家,其刺史、郎将以下不可胜数。每除一官,户婢窃相谓曰:'鬼朴又来矣。'"梵志诗之"鬼朴",则指送丧之死者眷属,如〇七一首:"前死后

① 类义词也指同一上义词之下的在同一层级上的组词。参钟明立:《古代汉语词汇引论》,广东教育出版社 2015 年版,第 297 页。

人埋，鬼朴悲声送。”又二七一首：“鬼朴哭真鬼，连夜不知休。”盖自梵志视之，凡生人皆为候补鬼物，故皆得以“鬼朴”称之。唯“朴”字颇难索解，姑进一说如下。《战国策·秦策》三：“郑人谓玉未理者璞，周人谓鼠未腊者朴。周人怀朴过郑贾曰：‘欲买朴乎？’郑贾曰：‘欲之。’出其朴，乃鼠也，因谢不取。”（《尹文子》载此事云“周人谓鼠未腊者为璞”，“璞”即“朴”之同音借字）故知死鼠未腊者称为“朴”，“朴”者，肉脯也。而古人确有称待死之人为“肉脯”之说，《南史·张融传》：“浮海至交州，于海中遇风暴，终无惧色，方咏曰：‘干鱼自可还其故乡，肉脯复何为哉！’”“肉脯”即张融自称，此与“鬼朴”之语同一联想也。①

我们认为，“朴”指未经加工成器的材料。《说文》：“朴，木素也。”段注：“素犹质也。以木为质，未雕饰，如瓦器之坯然。《士丧礼》《周礼·槀人》皆云：‘献素献成。’注云：‘形法定为素，饰治毕为成是也。’引伸为凡物之称，如《石部》云：‘磺，铜铁朴’是也。作璞者，俗字也。又引伸为不奢之称，凡云俭朴是也。《汉书》：‘以敦朴为天下先。’假朴为樸也。”由段注可知，又凡器未成者，皆谓之朴，如瓦器之坯、铜铁矿石等。唐代有“矿朴”一词，义同《说文》的“铜铁朴”，例如：

(2) 犹夫矿朴纳于镕范。（唐刘禹锡《献权舍人书》）

正如项先生所言，“生人皆为候补鬼物”，也就是成鬼的材料，因此称之为“鬼朴”。这和把可以冶炼出铜铁的材料称作“铜铁朴”的道理相同。

“鬼朴”是定中结构的复合词，它的意义结构为“成品（或成品的某种性质）＋材料（或者半成品）”，表示某样人，能成为某样人的人，能做某事的人，或应该受到某种惩罚的人。

近代汉语中，和“鬼朴”词法结构和意义结构相同的词很多，大都带有贬义色彩。能够进入这个语义结构，表示“材料（或者半成品）”的语素有“材（才）”“胚（坯）”“胎”等。

以“材（才）”为中心语的有“狗材”“可憎才”“吃敲才”“呆才”等。例如：

(3) 你在窑中等着，我如今寻那两个狗材去。（《元曲选·东堂老》三折）

---

① 项楚：《王梵志诗校注》，上海古籍出版社 2010 年版，第 47 页。

(4) 近东墙,住左邻,觑了可憎才有就因。(《元曲选外编·东墙记》一折)

(5) 若不是江村四月正农忙,扯住那吃敲才决无轻放。(《元曲选·秋胡戏妻》四折)

(6) 哎! 你个不了事的呆才,可元来在这手儿里搦着。(《元曲选·㑳梅香》二折)

"材(才)"即材料,因此又有"○材料"的形式。例如:

(7) 恰正午怎盼的日头落,不曾见这急色的呆才料。(《元曲选·㑳梅香》二折)

(8) 伙计,你只安心做买卖,休要理那泼材料,如臭屎一般丢着他。(明《金瓶梅词话》八六回)

(9) 妇人道:"呸! 浊才料! 把奴的钗梳凑办了去,有何难处?"(同上一回)

以"胚(坯)"为中心语的有"贼胚""花子胚""贱胚"等。例如:

(10) 杜伏威大叫:"在狱众多好汉,有胆量的一齐随我打出狱去,杀这贼胚,替民除害!"(明《禅真逸史》二五回)

(11) 据他说来——他们父兄自己就是花子胚,就是流氓。(张天翼《春风》)

(12) 老爷无设法,叹一声气将头摇几摇,着各具结将案销,喊声"贱胚滚蛋罢"! (胡祖德《沪谚外编·嘲公堂上拆姘头》)

以"胎"为中心语的有"奴胎""死像胎""苦胎""贫胎"等。例如:

(13) 呸! 原来你是个辱门败户小奴胎。(《元曲选·金钱记》三折)

(14) 你是个坏人伦的死像胎,你这般毁夫主畅不该。(《元曲选·渔樵记》第二折)

(15) 我适来担到庙前,见一苦胎,与它厮缠。(宋佚名《张协状元》)

(16) 一个大贫胎,称秀才。(同上)

通过以上类义词语的参证，我们可以确定“成品（或成品的某种性质）+材料（或者半成品）”是近代汉语时期较为能产的语义结构。“鬼朴”与“贼坯”等类义词语都属定中结构，表示某样人，能成为某样人的人，能做某事的人，或应该受到某种惩罚的人等；“朴”与“材”“胎”“胚”等同义，都指未经加工成器的材料。

第七节　同模词互证

同模词指利用同一固定模式所产生的词。同模词有固定的组合模式和意义类型并具有能产性。袁宾指出：“近代汉语拥有多种词语的固定模式和一大批模式词语……固定模式的词语有一定的字数、有部分固定不变的字（词素或语素），因而这类词语具有比较稳定、比较明显的结构类型和意义类型。同时，固定模式具有能产性……人们了解固定模式的结构和意义类型，接受新造词语并无困难。”①

基于同模词的上述特征，某一词语的构成成分只有符合词语模在各个位置上所预置的要求，才能产生相应的意义。例如“七○八○”这一有标模的词语模，只有当“○”中填入的两个成分同义、反义或同类时（如“七颠八倒”），才能满足该词语模的要求，从而推测出“杂乱；丰富”的意义。因此，我们可以根据一个词语的整体意义与其意义较为明晰的构成成分来逆推其未知成分，然后根据其字形或语音来证实或证伪，这一过程我们称之为“同模词互证”。其过程如下图所示：

表 5-12　同模词“胡○乱○”互证过程

	同模词	词语模	常项（标模）	变项	核心意义
参证词	胡言乱语	胡○乱○	胡、乱	言、语	胡乱地做某些事情（具体事件由变项的意义决定）。
	胡思乱想			思、想	
	胡诌乱道			诌、道	
	胡拉乱扯			拉、扯	
待证词	胡蹦乱 A	？	？	蹦、A	
理据预测	胡蹦乱 A	胡○乱○	胡、乱	A 与“蹦”同义或同类	同上

① 袁宾：《近代汉语概论》，上海教育出版社 1992 版，第 113 页。

董秀芳将固定模式称为“词法模式”，并说：“（词法模式）所包括的比‘词语模’更宽一些，‘词语模’中必须包含一个固定不变的词（李宇明称之为‘模标’），我们的词法模式不但包括有标志性语素的，也包括没有标志性语素但在组成成分的形类和语义类上有规则可循的构词模式。”①此论述说明有模标的词语模可以进一步抽象化为无模标的词法模式。无模标的词语模同样可用以探寻词的理据，本书第四章第六节已详细论述，这里再举几例。

【揎拳捋袖】→【捋臂揎拳】【揎袍捋袖】

“揎拳捋袖”义为“捋起袖子，伸出拳头”。在其基础上形成了“捋臂揎拳”“揎袍捋袖”等形式。例如：

(1) 欺良压善没分晓，揎拳捋袖行凶暴。（元杨景贤《刘行首》二折）

(2) 不喇喇紧骤骅骝，我便款兜，慢收，揎袍捋袖，征驂驰骤，显神通变化搊搜。（元无名氏《锁魔镜》三折）

(3) 为人性刚，喜则眉花眼笑，怒则捋臂揎拳。（清夏敬渠《野叟曝言》四七回）

“揎袍捋袖”“捋臂揎拳”是无理形式，它们是在“揎拳捋袖”的基础之上，按照 ABab 式四字格的内部结构模式改造而成的。语言使用者之所以要将该词理解为 ABab 式的四字格，我们认为有以下两方面的原因：首先，该词在语法结构上符合 ABab 式四字格的要求；其次，语素“揎”的意义已陌生化，不为一般语言使用者所理解。“揎拳捋袖”中 B 和 b 的位置上分别为“拳”和“袖”，二者虽同为名词，但非同义或类义，因此人们便下意识地将 B 和 b 位置上的成分变为同义或类义，从而创造出“捋臂揎拳”“揎袍捋袖”等词语。

【歪厮缠】→【歪斯胡缠】

(1) 堪笑西门暴富，有钱便有主顾，一家歪斯胡缠，那讨纲常礼数。（明《金瓶梅词话》一二回）

该词各大辞书均未收释，其意义较为明白，即“无礼纠缠”。该词从结构上看，属于 ABab 式四字格，但实际上“斯”与“缠”并非同义、反义或类义关

① 董秀芳：《汉语的词库与词法》，北京大学出版社 2004 年版，第 101 页。

系，因此属于无理四字格。该四字格是三音词“歪厮缠”受ABab式词语模的影响而产生的。“歪厮缠”与“歪斯胡缠”同义，且前者的产生早于后者。例如：

(2) 兄弟唤做歪厮缠，则我叫做胡厮闹。(元无名氏《举案齐眉》二折)

“歪厮缠”由“歪”“厮”“缠”三个成分构成，三者的意义明确，分别是“不正；偏斜”“同‘相’”“纠缠”。在此基础上，加上与“歪”近义的“胡”[1]，形成“歪斯胡缠”。

词语模抽象化的程度不同，其对变项的限定程度就不同，因此其作为参证的价值也有别。例如“胡〇乱〇”式四字格的整体意义可以从其常项和变项的意义推知，整个结构仍较为松散，它对变项的语义要求并不十分严格。当词语模变为其整体意义无法从其构成成分的语义推知的构式时，词语模对变项的限定程度达到最高，此时变项的可预测性极高，因此其作为参证的价值也最高。

第八节　同源词互证

同源词是指具有相同音义来源的一组词。张永言指出，单纯词(单音的和双音的)的理据可以用汇集同根词或同族词进行综合考察的方法加以阐明。[2] 也就是说，单纯词的理据可用其同源词来参证。例如：

【竆】【腔】

“竆”是形声字，该字有两个意思。一是挖土。《篇海·穴部》引《类篇》：“竆，剜土也。”一是钻土。明李实《蜀语》：“穴土行曰竆。”这两个意思相关。

“腔”[3]也是形声字，《集韵·送韵》：“腔，穿垣谓之腔。”该字《广韵》《集韵》都音苦贡切，去声送韵溪母；“竆”字《篇海》音古孔切，上声懂韵见母。二字意义相近，声母都是牙音，韵母相同，声音上也相近。因此，二字同源，它们记录的词是同源词。

① 例(2)中的“胡厮闹”与“歪厮缠”同义，可见“胡”与“歪”的近义关系。

② 张永言：《关于词的“内部形式”》，《语言研究》1981年创刊号。

③ 该字《广韵·送韵》作“腔”。

形声字的声符往往有示源的功能，从“腔”字的构造可以看出其理据。“腔”的声符是“空”，它得名的依据正是“空”：“穿垣”就是使垣形成空洞，因此用行为的结果“空”转指行为“使空（挖空）”，进而用表达概念“空”的词形“空”来表达概念“使空（挖空）”。为了区别两个概念，文字上分化出一个新的字形“腔”（空→腔）。[①]

“窾”是“腔”的同源词，它们的理据相同。“腔”的词化依据是“空”，“窾”同样如此。

探明了单纯词的理据，由单纯词构成的合成词的理据才有探明的可能。例如：

【羸垂】【累垂】

(1) 不怕未来地狱生，如今且要肚羸垂。自家身上割些吃，有罪无罪便应知。（《敦煌变文集·佛说阿弥陀经讲经文》）

(2) 那个驴，更奇异，两耳累垂，四脚着地。（宋《法昌倚遇禅师语录》）

“累垂”“羸垂”义为“下垂”。语素“垂”与“下垂”义的联系十分明显，但是“累”“羸”与整个词的意义联系较为疏远，该词的理据尚不明确。

累，《广韵》音力委切，有“聚集；堆积”义，如《老子》：“九层之台，起于累土。”“聚集；堆积”义和“下垂”义有因果关系，聚集、堆积则重，重则下垂。明州本《集韵·贿韵》：“錗，重垂也。”[②]《新集藏经音义随函录》卷一一：“阴瘣，直睡反，重瘣病也，谓阴肿下垂而重也。”这两条释语中的“重垂”“下垂而重”都反映出“重”与“下垂”的联系。

“累”的同源字或有“堆积”义，或有“下垂”义。例如：

𨻳，《说文》：“磊也。”《广韵·贿韵》：“𨻳，𨻳䶍，果实垂。”音落猥切。礧，《广韵·队韵》：“礧硋，物坠也。”[③]

儽（同“傫”），《说文·人部》：“垂貌。一曰懒解。”《广韵·队韵》：“极困也。”《广雅·释诂二》：“儽，懒也。”《广雅·释训二》：“儽儽，疲也。”《玉篇·

① 以“空”为声符的字多有“空”义，例如，埪，《集韵·东韵》：“龛谓之埪。”椌，《广雅·释草》：“稿也。”《玉篇·禾部》：“椌，稻秆也。”莖，《玉篇·艹部》：“莖心草也。”蛇，《玉篇·虫部》：“蝉脱，蛇皮也。”帹，《广韵·东韵》：“衣袂。”腔，《说文新附·肉部》：“内空也。”谾，《广韵·东韵》：“谷空皃。”

② 述古堂本作“㬹”。

③ “礧硋”是复合词。“硋”即“坠”。《说文·石部》：“硋，陊也。”徐锴系传：“今作坠。”《汉书·天文志》：“星硋至地，则石也。”颜师古注引如淳曰：“硋亦坠也。”

人部》:“儽,羸病皃。”《广韵·脂韵》:“儽,懒懈皃。”[①]“垂”与“疲惫”“羸弱”“松懈”等义相因,人疲惫、羸弱之时精神不济,因此身体与精神均呈现出“瘫软”状。

膔,《广韵·皆韵》:“膔腜,形貌恶。”宋赵叔向《肯綮录·俚俗字义》:“膔腜,以貌丑曰膔腜,上力怀切,下二怀切。”又“物下重曰膔腜,上音蕾,下都罪切。”“形貌恶”“貌丑”都指人的皮肤因松弛而下垂。

穲,《广韵·歌韵》:“羸,谷积也。或作穲。”

“羸”当与“累”等同源。声音上,“羸”可借作“累”,[②]这是二者音近的表现。意义上,上文已说明“下垂”和“羸弱”相关。因此“累垂”与“羸垂”是换素同义词,存在替换关系的两个语素又是同源词。

通过同源词的参证,我们认为,“累垂”是同义复词,它的词化程度较高,“累”的同源词较多,因此产生了“阸䯝”“羸垂”等写法;由“下垂”义引申为皮肤松弛下垂而形貌丑恶的意思,从而又产生了从“肉”的“膔腜”。

第九节　词义系统参证

“很多词在历史演变中形成了多种意义,这些意义不是零散的、互不相关的,而是互相联系的,构成一个系统”[③],这就是词义系统。

词义系统中的词义演变规律是心理模型,具有普遍性,是类推的心理依据,我们所熟知的“类同引申”即在此心理模型的驱使下发生。如言语内容可演变为言语行为,禅籍中问候语“不审”“消息”和告别语“珍重”分别演化出表“问候”和表“道别”的动词义。比较词源学[④]和词义类型学的研究成果告诉我们,这些规律可能是跨语言的。如汉语、朝鲜语、越南语、老挝语、缅甸语、阿拉伯语。表总括的副词由诸多表示“聚集;协同”“完备;完结”义的动词虚化而来。[⑤]

---

① 如《老子》二〇章:“儽儽兮若无所归。”《孔子家语·困誓》:“儽然如丧家之狗。”

② 参王辉编著:《古文字通假字典》,中华书局2008年版,第507页;白于蓝编著:《简帛古书通假字大系》,福建人民出版社2017年版,第455、547页。

③ 蒋绍愚:《汉语历史词汇学概要》,商务印书馆2015年版,第402页。

④ 比较词源学主要研究语义类型和词源结构的普遍现象,它研究的是词源的“普遍的趋势”。比较词源学的理论基础是人类思维方法、认知方式、心理特征、精神文化、物质文明、自然环境的一致性、普遍性。参刘宝俊:《比较词源研究四则》,《民族语文》1999年第2期。

⑤ 参李宗江:《汉语总括副词的来源和演变》,《汉语史研究集刊》(第一辑上),巴蜀书社1998年版。

词义系统根据众多具体语言事实所呈现的意义演变规律而构建，可以从两个角度来观察。从概念词化的角度，我们可以观察到同样一个概念的词化过程中可能的词汇来源；从词义引申的角度，我们可以观察到同样一个概念语义的可能引申方向和引申结果。从这两个方面得出的词义系统都可以为词语理据的探求提供参证。

一、词义的演变规律

单个词的意义演变往往会受到诸多因素的影响，因此带有一定的偶然性。如果将同一概念域的词放在一起考察，就能看出意义演变的规律。[①]

词义的引申有规律可循。词义引申规律具有跨语言的一致性，这是人类的普遍认知模式的结果。掌握了词义引申的规律，我们就能据以构建词义系统，进而以词义系统为参照，向上追溯词源，向下预测发展。

词义系统所包含的词义引申规律从两种语言现象中获得：一为词义引申，一为单音词滋生过程中词源义的引申。词义的引申规律可以在同一语言内部进行归纳，也可以进行跨语言的归纳。以某一概念为中心，归纳所得的词义系统对该概念域内的词语的意义发展具有参证和预测作用，有助于探明词语的理据。例如：

【糊涂】

“糊涂”这个词，现代学者一般认为它是“混沌”的声转，也就是说它是一个单纯词。持这种看法的学者如吴泽顺[②]、白兆麟[③]等。

根据二者的读音，确实存在声转的可能：混沌 ɣuən duən＞糊涂 ɣu du。不过这只是一种可能而已，如果将“糊涂”放到“涂抹；覆盖”义的词义系统中，可能会得出不同的结论。

在不清楚“糊涂”的内部形式的情况下，可先按其书写形式探求它的理据：假定“糊”“涂”都取“涂抹；覆盖”义。“涂抹”含“覆盖”义。《广雅疏证·

---

① 本小节受到洪波的启发，他说：“了解和认识平行虚化现象具有重要意义。其一，可以据此追溯某些虚词的来源。汉语有着悠久的历史文献记载，大多数虚词的来源都可以通过历史文献解释出来，但也有少数虚词或者由于虚化的年代过于久远，或者由于文献材料不足而无法弄清它们的来源。这时我们就可以利用同分布者必同发展这条平行虚化规律去追溯其来源。其二，可以据此建立某些虚词的虚化链。一个实词如果经过两次或两次以上的虚化，便会形成一个虚化链。在建立虚化链时，可能会因材料不足而弄不清虚化链上各个环节之间的关系，或者因为材料不足而使虚化链出现缺环。这时我们同样可以利用同分布者必同发展这条规律来帮助建立虚化链。其三，可以据此推断或预测某些词的虚化方向。”参洪波：《论平行虚化》，《汉语史研究集刊》（第二辑），巴蜀书社 1999 年版。

② 参吴泽顺：《“混沌”转语记》，《无学斋文存》，岳麓书社 1999 年版。

③ 参白兆麟：《“馄饨”与“混沌”之家族》，《睎眠集》，安徽文艺出版社 2014 年版。

卷二下》:“幏、幎、幔、幕……,覆也。”王念孙云:“涂与覆义相近。故涂谓之镘,亦谓之塓,覆谓之幎,又谓之幔。幔、幎语之转耳。”“糊”表“覆盖”义还见于冀鲁官话,如“谷子地叫草给糊得看不见苗了。”①

下表展现了几个属于“涂抹;覆盖”概念范畴的词的词义分布情况:

表5-13　含“涂抹;覆盖”义词语的意义统计表

	泥	稠粥。像稠粥一样的浓液汁	寄食,以薄粥供口食	涂抹(黏合;粉饰;涂改)	昏暗;模糊	蒙混;敷衍;欺蒙	愚昧;无知	污染	污辱;污蔑
餬(糊)②		+	+	+	+	+	+	+	
涂(塗)	+			+		+		+	
污				+				+	+
蒙				+	+	+	+		

上表中有一些重复出现的语义引申现象,如“涂抹→昏暗;模糊→蒙混;欺蒙”“愚昧;无知→蒙混;欺蒙”“涂抹→污染”等,这就说明这些语义关系不是偶然发生的。我们可以将上表中所反映的词义系统用下图展示出来:

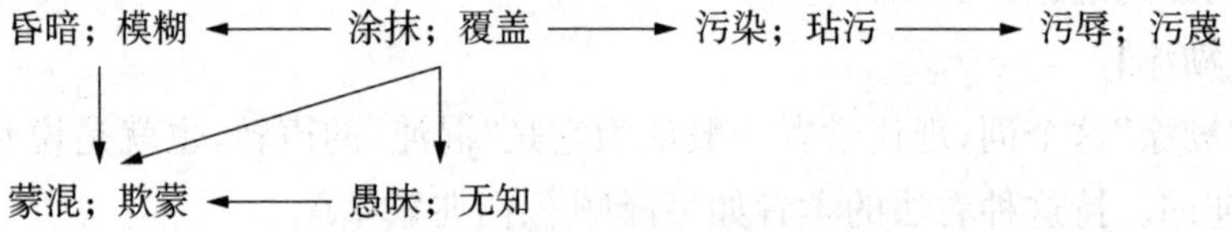

图5-1　“涂抹;覆盖”义词义系统

《近汉》“糊涂”条收了七个义项,依次是:❶头脑不清;不明事理。❷模糊;不清楚。❸遮蔽;混同;使模糊。❹含混。❺昏晕;神志不清。❻迷惑;迷惑。❼不认真;敷衍。这七个义项都在“涂抹;覆盖”义的词义系统中,因此,它们极有可能是“涂抹;覆盖”义的引申义。

“糊涂”恰好有“涂抹;覆盖”义,例如:

(1) 四边各留少白纸,用淡醋糊涂遍,以贴病上。(宋佚名《小儿卫生总微论方》卷二)

(2) 七个圈儿为岁数,年年用墨糊涂。(《全宋词》张镃《临江仙》)

---

① 许宝华、[日]宫田一郎主编:《汉语方言大词典》,中华书局1999年版,第7160页。

② 据《集韵》,该词还作“粘、黏、糊、䊀、粰、秄”等形。

由此可见,"糊涂"的词义系统完全被"涂抹;覆盖"义的词义系统所覆盖,"涂抹;覆盖"义是它的本义。"混沌"与"糊涂"虽然有语音和语义上的联系,它所表达的"昏暗;模糊"义可以引申出"愚昧;无知"等义,但却无法引申出"涂抹;覆盖"义。据此,我们认为,"糊涂"是同义复词,语素"糊"和"涂"都是"涂抹;覆盖"的意思。《近汉》未收该义项,不利于词语理据的研究。

二、概念的词汇来源

概念词化即将概念用语言符号固定下来的过程,其结果是形成以语音为物质形式、以概念(意义)为内容的词语。概念的词化必须以概念结构为基础,以概念结构中概念要素的选取为起点,接着将被选取的概念要素映射为语言符号,从而形成新词或新义。这些被选取的概念要素便成为新词或新义的概念要素理据。

概念结构中的概念要素数量众多,因此将概念词化时,可以作为依据的概念要素可以是多元的。其结果是不同意义的词语可以表达同一个概念,同一概念可以有多个词汇来源。

概念结构决定承载该概念的词汇的来源,概念结构中的各要素决定表达该概念的语言符号(词或语素)的选取。对于语言使用者来说,概念结构是大致一致的,因此,不同语言在将同一概念词化的过程中表现出一定的一致性。

根据 Bybee et al. 对 500 余种语言和 Heine et al. 对 46 种语言将来时词汇来源的调查,将来时的词汇来源可分为以下类别: come(来)、return(回)、go(去)、approach(走向)、intention(意图)、obligation(义务)、possessive(领有)、copula(是)、take(拿/将)、then(然后)、tomorrow(明天)、do(做)。出现频率较高的依次为: go(去)>come(来)>intention(意图)>copula(是)>possessive(领有)>obligation(义务)。上述意义有些直接发展为将来时,其词汇形式直接用以表示将来时,如"要""欲"等,有些则要经过一些中间环节,即意义的引申才能发展出将来时的意义。Bybee et al. 将将来时的发展规律描述如下:

(a) desire(欲望)>willingness(意愿)>intention(意图)>prediction(预测)[①]

(b) copula(是)/possessive(领有)>obligation(义务)/predestination(前目标)>intention(意图)>future(将来)

---

① 石毓智、白解红指出:"这里的'预测'相当于'将来'。"

汉语中，源自“意图”的词有“要”“欲”等，源自“来”的有“来”，源自“去”的有“去”“行”“且”，源自“拿”的有“将”，源自“回”的有“回”。①

上面的证据表明，一个词语或语素之所以能承载某一概念，一定是因为它能表现该概念词化时选取的用以作为理据的突出特征（焦点概念要素）。同样一个概念，以同一突出特征为理据词化，当语言中可表现这一特征的词或语素不止一个的时候，这些词或语素有可能在新的意义上形成同理据的同义词；以不同的突出特征为理据词化时，其结果是在新的意义上形成理据不同的同义词。

概念结构中的概念要素理论上是无限的，但常为人们所选取的作为词化理据的要素是有限的。通过大量汇集、分析承载某一概念的诸多同义形式，我们可以得出该概念词化时所选取的概念要素。某一概念越重要，被表达的概率就越高，其词化的理据便可能越丰富，反之则较为单一。

利用以上原理，如果我们知道某一概念可能的词化理据，便能确定哪些词语能用以表达该概念；反过来，如果某一语言材料用以表达某一概念，我们也可预测其可能的成词理据。这一过程主要分为四个步骤：搜集同义词→分析同义词→预测待证词理据→证明待证词理据。下面以“处理”概念为例，说明这一词语理据的探求方法。

（一）表“处理”概念的词语

“处理”指“安排（事物）；解决（问题）”。近代汉语中表达“处理”概念的词语数量众多，我们根据它们在《近汉》中出现的顺序整理为下表②：

表 5-14　近代汉语中表“处理”概念的词语

序号	词语	释义	内部形式
1	安办	安排；准备	放置＋办理
2	安泊	安置；安顿	放置＋停留
3	安插	①安置；使有着落　②布置；安排；处理	放置＋放入
4	安存	安置；使有着落	放置＋停留
5	安顿	安放；安排	放置＋放置
6	安放	安顿；安排	放置＋放置

① 有关将来时的研究，详参石毓智、白解红：《将来时的概念结构及其词汇来源》，《外语教学与研究》2007 年第 1 期。

② 意义相近而使用于特定领域的词未收入。如表“处理案件”义的“决断”“判决”等，表“谋划”义的“裁处”等。

续　表

序号	词语	释义	内部形式
7	安伏	安顿;放置	放置+停留
8	安排	①安置;摆设　②筹划;布置;准备	放置+排列
9	安设	摆放;安排	放置+放置
10	安稳	安顿;安置	放置+稳妥
11	安置	安排;打点	放置+放置
12	安住	安放;使固定	放置+停留
13	安着	安置;安放;安排	放置+放置
14	劃划	处置;安排	分开+分开
15	摆拨	处置;安排	排列+分配
16	摆布	安排;处置	排列+排列
17	摆划	处置;安排	排列+分开
18	擘划	处置;安排	分开+分开
19	擘画	处置;安排	分开+分开
20	布摆	安排;整理	排列+排列
21	布划	布置;规划	排列+分开
22	布画	布置;规划	排列+分开
23	布设	安排摆设	排列+放置
24	布署	安排布置	排列+放置
25	处理	处置;办理	停留+办理
26	处治	安排;处理	停留+办理
27	处置	处理;安排	停留+放置
28	措画	筹画;安排	放置+分开
29	措施	安排;处置	放置+办理
30	措手	着手;动手处置、办理	放置+工具
31	措置	处置;安排	放置+放置
32	分拨	安排;处理	分开+分配
33	分调	布置;安排	分开+分配
34	分发	分析处理;发付	分开+分配
35	分付	安排;布置	分开+分配

续 表

序号	词语	释义	内部形式
36	分豁	处理;摆布	分开+分开
37	分理	交代;处置	分开+办理
38	分派	安排;布置	分开+分配
39	分剖	安排;处断	分开+分开
40	划裁	裁划;筹划安排	分开+分开
41	决发	判断处理	分开+分配
42	理办	办理;处理	办理+办理
43	料持	准备;安排	办理+办理
44	料理	准备;安排	办理+办理
45	区处	处置;处理	分开+停留
46	区划	处置;决断	分开+分开
47	区画	处置;决断	分开+分开
48	区理	处理;办理	分开+办理
49	整顿	准备;安排	办理+放置
50	整理	料理;安排;收拾	办理+办理
51	整治	治理;整理	办理+办理
52	治度	安排;调遣	办理+分配
53	治料	料理;安排	办理+办理

(二) 表"处理"概念的词汇来源

分析上面53个表达"处理"概念的同义词,我们发现以下规律:(1)都是并列式复合词;(2)内部形式明显趋同,"放置+放置""分开+分开"等是最常见的语素搭配模式;(3)词汇来源较为丰富,但它们所表达的概念主要集中在"放置"等四个概念上,其频率等级为:"放置"47次>"分开"29次>"办理"20次>"分配"8次>"稳妥"1次、"工具"1次。下面简略说明表达前面四个概念的词的意义。

1. 来自表达"放置"概念的词汇

表达"放置"概念的词有:安、泊、插、存、顿、放、伏、排、设、置、住、着、摆、布、署、处、措。这些词当中,"安、顿、放、设、置、着、署、措"的"放置"义很明显,无须说明,其他词则需要略作解释。可以分为三类:

(1)“放入”类。这一类只有“插”一个成员。“插”是中间加进去或加进中间去的意思,这个动作的结果是将某事物放置到其他事物的中间,只不过规定了放置的方式。

(2)“停留”类。这一类有“泊”“存”“伏”“住”“处”五个成员。这五个词的核心含义是“停留”,即不继续前进或移动,这是“放置”的结果,因此可以用结果转指原因。

(3)“排列”类。这一类有“排”“摆”“布”三个成员。这三个词的核心含义是“放置”,但对放置的方式有所要求,即按照一定的次序放置。

2. 来自表达“分开”概念的词或语素

表达“分开”概念的词或语素有:刯、划、擘、画、分、豁、剖、裁、决、区。它们的核心义都是“将事物区分开来”,把纷繁的事物或问题区分开来是“处理”事件的子事件之一,“区分”是“处理”的前提。“区分”有“划分;区别”义,又有“处理;处置”义可以说明这点。这里对这些词或语素的意义略作说明。“刯”只出现在“刯划”一词当中,“刯划”同“擘划”。“擘”义为“分开;剖裂”,如《礼记·内则》:“炮之,涂皆干,擘之。”“划”义为“划分”,如北齐颜之推《颜氏家训·归心》:“九州岛未划,列国未分。”“画”义为“划分”,如《左传·襄公四年》:“芒芒禹迹,画为九州岛。”杜预注:“画,分也。”“决”义为“使断裂”,如《礼记·曲礼上》:“濡肉齿决,干肉不齿决。”“区”义为“区别;划分”,如《后汉书·党锢传赞》:“物性既区,嗜恶从形。”李贤注:“区犹别也。”

3. 来自表达“办理”概念的词汇

表达“办理”概念的词有:理、治、施、办、持、料、整。这些词的核心含义不同,但都属于“施为”这个大的范畴。

4. 来自表达“分配”概念的词汇

表达“分配”概念的词有:拨、调、发、付、派、度。这些词的核心含义都是“分配、交付事物”,“分配”义和“处理”义相关,它表达的是“处理”事件的一个环节,即经分析、决策后将具体事务交付给相应的人员完成。这里对这些词的意义略作说明。“拨”义为“调拨;分配”,如《水浒传》三回:“为因俺这里无人帮护,拨他来做个提辖。”“发”义为“散发;发给”,如《书·武成》:“散鹿台之财,发巨桥之粟,大赉于四海,而万姓悦服。”“付”义为“授予;交给”,如《广雅·释诂三》:“付,予也。”“派”义为“分配;分摊”,如《儒林外史》二回:“你们各家照分子派,这事情就舞起来了。”“度”义为“授予;给予”,如《敦煌变文集·庐山远公话》:“相公处分左右,取纸笔来度与。”

根据以上分析，我们将表达“处理”概念的词汇来源整理为下表：

表5-15 表达“处理”概念的词汇来源

词汇来源	词汇数量	词汇成员
“放置”类	17	安、泊、插、存、顿、放、伏、排、设、置、住、着、摆、布、署、处、措
“分开”类	10	剖、划、擘、画、分、豁、剖、裁、决、区
“办理”类	7	理、治、施、办、持、料、整
“分配”类	6	拨、调、发、付、派、度
其他类	2	稳、手

(三)“区分”一词的理据预测

根据以上词汇来源系统，可以逆推词语的意义来源及其理据。假设有表“处理”义的词A，我们可以逆推它可能用意义为“放置”“分开”“办理”或者“分配”的词来表达；若有表“处理；处置”义的词AB，我们可以逆推它的语素A、B的意义可能为上述各类意义中的一个或两个，然后予以证明。

例如，王锳解释“区分”一词的理据时说：“区分，与当时的‘处分’一词同义，‘处置’‘处理’的意思，动词。……有时写作‘区理’，其义亦同。……按古音‘区’‘处’二字声、韵相近而调小异(今武汉等地方言尚然)，故义或可互通。”①

王先生的说法是否合理呢？概念“处理”的词汇来源系统显示，表“分开”义的词是概念“处理”的主要词汇来源之一。中古近代汉语中，由“区”参与构成的表达“处理”概念的词有：区划、区理、区分、区处等，这些词的内部形式都在上文归纳的类型之内。据此，我们认为，“区”不是“处”的借字，而是取“分开”义。古人已有这样的认识。如《资治通鉴·唐禧宗光启三年》：“高令公坐自聋瞽，不能区理。”胡三省注：“区，分别也。理，调治也。”胡氏从词语理据的角度对“区理”的语素义进行了解释，符合语言事实。②

① 王锳：《唐宋笔记语辞汇释》(修订本)，中华书局2001年版，第143页。

② 《汉语大词典》据此将“区理”释为“分别处理”，则过分拘泥于语素义。

结　　语

近代汉语词汇理据研究是一个既旧又新的课题。说它旧，是因为对词语理据的研究几乎与词语同时产生；说它新，是因为目前尚未见以此为专题的系统研究成果问世。

本书以近代汉语词汇理据的探寻实践为旨归，围绕这一点，我们做了以下几项工作：

1. 从概念词化的角度重新定义"词语理据"

我们认为，"词语理据"是概念词化的理由和根据，亦即词语产生过程中做出各种选择的依据，包括概念要素，焦点要素选取、焦点要素映射以及语素组合的规则等。具体分为概念要素理据、词法理据、认知理据和文化理据。简而言之，就是指概念以某种语言形式被编码的依据，也可通俗地表述为事物获得名称的依据。

2. 重新认识词语理据和内部形式的关系

词语理据是概念词化的理由和根据，词的内部形式是"词语意义在最初形成时反映对象特点所采取的形式"。词语的内部形式是对概念的焦点要素（对象特点）的反映，它与作为词化依据的概念要素相对应。因此，词语的内部形式也就是词语的概念要素理据的反映。从这里我们可以看到，词语的内部形式与理据确实存在一定的关系：当概念要素理据直接映射为词语的内部形式时，词语的内部形式与概念要素理据一致；但是，词语的内部形式不是词语理据的构成部分，更不等同于词语的理据。

3. 重新归纳词语理据的类型

词语理据是概念词化的理由和根据，亦即词语产生过程中做出各种选择的依据。根据这一认识，我们将词语的理据归纳为概念要素理据、认知理据、词法理据和文化理据四大类。

4. 归纳近代汉语词汇理据难明的原因

导致近代汉语词汇理据难明的原因有很多,本书将其归纳为字形干扰、语素陌生化、词汇化、语义演变、特殊造词法、词语模影响、俗词源误导、外来词汉化、内部结构误析、避讳等几种。

5. 总结探求近代汉语词汇理据的方法

探求近代汉语词汇的理据,可以从外部和内部两个方面入手:着眼于外部的方法有审辨形音、追溯源头和探求文化;着眼于内部的方法有同义词互证、反义词互证、类义词互证、同模词互证、同源词互证以及词义系统参证。

总而言之,通过上述几项工作,本书为近代汉语词汇理据研究建立了一个较为粗略的框架,并随文纠正了以往词汇研究中的一些错误结论。

合成词理据研究是一个庞大、繁复而又艰深的课题,本书仅建立了一个简略的框架,大致展现了合成词理据研究的畛域,离全面、深入、细致的要求还有很大的距离,还有许多问题需要继续深入或延伸:

1. 更为全面地吸收已有的,特别是国外的相关成果,从中发现材料、挖掘方法、提炼理论

2. 更为细致地研究本书中所涉及的问题

(1) 认知理据中,存在隐喻或转喻关系的两个概念之间的联系究竟有多少种?应该如何充分而简明地呈现?本书并未在这些问题上做专门的探索,而是举例性地列举了一些容易理解的方面。

(2) 对因意义或形式相关而聚合的词群做更为细致且全面的观察,从而分出更为详尽的类别。例如,同义词可以根据有无相同的成分、结构是否相同等标准来分类,然后再观察不同类别的同义词在理据互证方面的作用的有无及强弱。反义词、同构词、同模词等也是如此。

(3) 更为深入地揭示词群内部形式与意义相结合的规律。以同义词为例,我们应在某一材料范围内,穷尽性地揭示同义词群在形式或意义上存在的各种联系,并挖掘形式或意义上的各种联系是否具有互证理据的作用。

3. 持续关注现代汉语新词语的造词类型和形义关系

关于特殊造词法,我们可以从具有鲜明时代特征的流行语中得到启示。

Labov 和 Romaine 认为语言的规则类型和演变方式有着跨语言和跨时间的一致性，这可以称为“古今一致主义原则”[①]。根据这一原理，在今天的语言中可以证明的演变动因应该与历史上同类现象背后的演变动因一致。因此，当代新词语，特别是流行语的构词规律对近代汉语词汇的造词方式、造词动因等有很重要的参考价值。[②]

① 参董秀芳：《词汇化：汉语双音词的衍生和发展》（修订本），商务印书馆 2011 年版，第 21 页。

② 刁晏斌对此有较为细致的论述，他说：“进行当代汉语新词语理论方面的建设，有一个非常明显的优势，应当充分利用：当代是词汇发展变化非常活跃的时期，一些在以往可能需要很长时间才能完成的某些变化现在往往在很短的时间内就能实现。比如，很多缩略词语的简缩过程和时间较以往来说是大大地压缩了（例如前边所说股市用语简缩的‘提速’），这样，就非常有利于人们对整个过程加以还原，全面把握其中所有的内外动因和机制，即通过这样一些‘浓缩’性的个案来复原整个发展过程，进而从中总结规律，形成理性认识。”参刁晏斌：《当代汉语词汇研究》，中国社会科学出版社 2013 年版，第 19 页。

参考文献

白维国:《〈金瓶梅词话〉切口语的构成》,《语言研究》1995 年第 2 期。

白维国主编:《近代汉语词典》,上海教育出版社 2015 年。

白于蓝编著:《简帛古书通假字大系》,福建人民出版社 2017 年。

白兆麟:《“馄饨”与“混沌”之家族》,《睎睋集》,安徽文艺出版社 2014 年。

包智明:《从晋语分音词看介音的不对称性》,《中国语言学论丛》(第一辑),北京语言文化大学出版社 1997 年。

曹炜:《汉语词义的显性理据和潜性理据》,《沈阳师范学院学报》(社会科学版)1994 年第 2 期。

晁瑞:《〈醒世姻缘传〉方言词历史演变研究》,中国社会科学出版社 2014 年。

陈宝勤:《汉语词汇的生成与演化》,商务印书馆 2011 年。

陈昌来、李传军:《现代汉语类固定短语研究》,学林出版社 2011 年。

陈明娥:《朱熹口语文献词汇研究》,厦门大学出版社 2011 年。

陈秀兰:《敦煌变文词汇研究》,四川民族出版社 2002 年。

陈源源:《汉语史视角下的明清吴语方言字研究》,浙江大学出版社 2017 年。

崔山佳:《“辽天”补义》,《辞书研究》1995 年第 2 期。

刁晏斌:《当代汉语词汇研究》,中国社会科学出版社 2013 年。

丁喜霞:《汉语相似语言学》,语文出版社 2010 年。

董绍克等:《汉语方言词汇比较研究》,商务印书馆 2013 年。

董树人编:《新编北京方言词典》,商务印书馆 2010 年。

董秀芳:《汉语的词库与词法》,北京大学出版社 2004 年。

董秀芳:《反问句环境对于语义变化的影响》,《东方语言学》2008 年第 2 期。

董秀芳:《词汇化:汉语双音词的衍生与发展》(修订版),商务印书馆 2011 年。

董志翘:《也论中古汉语词汇研究中的推源问题》,《汉语史研究集刊》(第一辑上),巴蜀书社 1998 年。
董志翘:《训诂类稿》,四川大学出版社 1999 年。
董志翘:《汉文佛典文献语言研究与训诂学》,《汉语史研究集刊》(第八辑),巴蜀书社 2005 年。
范崇高:《南朝小说词语考释》,《四川理工学院学报》(社会科学版)2010 年第 6 期。
范晓等:《语法理论纲要》,上海译文出版社 2003 年。
[清]范寅著,侯友兰点注:《越谚》,人民出版社 2006 年。
方一新:《中古近代汉语词汇学》,商务印书馆 2010 年。
冯春田等:《明清山东方言语法研究》,山东教育出版社 2012 年。
冯青:《〈朱子语类〉词汇研究》,社会科学文献出版社 2014 年。
冯胜利:《汉语的韵律、词法和句法》,北京大学出版社 1997 年。
高名凯、石安石:《语言学概论》,中华书局 1963 年。
高增霞:《汉语的担心——认识情态词“怕”“看”“别”的语法化》,《中国社会科学院研究生院学报》2003 年第 1 期。
[晋]葛洪:《肘后备急方》,人民卫生出版社 1963 年。
顾学颉:《元曲释词》,中国社会科学出版社 1983 年。
郭锡良:《汉字古音手册》(增订本),商务印书馆 2010 年。
郭在贻:《〈游仙窟〉释词》,《杭州大学学报》(哲学社会科学版)1981 年第 4 期。
洪波:《论平行虚化》,《汉语史研究集刊》(第二辑),巴蜀书社 1999 年。
洪帅:《敦煌诗歌词汇研究》,光明日报出版社 2013 年。
洪艺芳:《从敦煌通俗韵文看唐五代西北方音的韵类(上)阴声韵》,《敦煌学》(第二十辑),南华大学敦煌学研究中心 1995 年。
化振红:《〈洛阳伽蓝记〉词汇研究》,四川大学 2001 年博士学位论文。
黄洁:《汉语名名复合词语义认知研究》,复旦大学出版社 2018 年。
黄金贵:《古代文化词义集类辨考》,上海教育出版社 1995 年。
黄侃述,黄焯编:《文字声韵训诂笔记》,上海古籍出版社 1983 年。
黄永武主编:《敦煌宝藏》,新文丰出版公司 1985 年。
黄征:《敦煌俗字典》,上海教育出版社 2005 年。
黄征:《敦煌写本异文综析》,北京图书馆敦煌吐鲁番学资料中心、台北《南海》杂志社合编:《敦煌吐鲁番学研究论集》,书目文献出版社 1996 年。

冀东、村夫主编:《中国历代奏章选》,山西人民出版社1995年。
江蓝生:《演绎法与近代汉语词语考释》,《语言学论丛》(第二十辑),商务印书馆1998年。
江蓝生:《近代汉语探源》,商务印书馆2000年。
江蓝生:《变形重叠与元杂剧中的四字格状态形容词》,《历史语言学研究》(第一辑),商务印书馆2008年。
江蓝生:《语词探源的路径——以"埋单"为例》,《中国语文》2010年第4期。
姜亮夫:《昭通方言疏证》,云南人民出版社2002年。
蒋冀骋、吴福祥:《近代汉语纲要》,湖南教育出版社1997年。
蒋冀骋:《近代汉语词汇研究》(增订本),商务印书馆2019年。
蒋礼鸿主编:《敦煌文献语言词典》,杭州大学出版社1994年。
蒋绍愚:《词义演变三例》,《汉语词汇语法史论文续集》,商务印书馆2012年。
蒋绍愚:《古汉语词汇纲要》,商务印书馆2005年。
蒋绍愚:《汉语历史词汇学概要》,商务印书馆2015年。
景盛轩:《词源丛札》,商务印书馆2017年。
阚桂英:《徐州汴塘话音系研究》,四川师范大学2008年硕士学位论文。
亢世勇主编:《新编同义词词林》,上海辞书出版社2015年。
雷汉卿:《禅籍方俗词研究》,巴蜀书社2010年。
雷汉卿:《近代方俗词丛考》,巴蜀书社2006年。
李成文主编:《温病学派医案》(八),中国中医药出版社2015年。
李二占、苏军锋:《一部研究语言微系统的专著——〈复合词内部形式探索——汉语词语游戏规则〉》,《中国社会科学报》2010年3月9日。
李二占:《探幽发微别有洞天——评〈复合词内部形式探索〉》,《盐城师范学院学报》(人文社会科学版)2010年第5期。
李范文:《宋代西北方音》,中国社会科学出版社1994年。
李弘:《语音隐喻初探》,《四川外语学院学报》2005年第3期。
李荣主编:《现代汉语方言大词典》,江苏教育出版社2002年。
李如龙:《汉语和汉字的互动与和谐发展》,《吉林大学社会科学学报》2009年第2期。
李如龙:《论汉语词汇的多元系统》,《江苏大学学报》(社会科学版)2011年第1期。
李申:《金瓶梅方言俗语汇释》,北京师范学院出版社1992年。

李仕春:《从复音词数据看中古汉语构词法的发展》,《宁夏大学学报》(人文社会科学版)2007 年第 3 期。
李仕春:《汉语构词法和造词法专题研究》,南京大学 2007 年博士学位论文。
李仕春:《从复音词数据看近代汉语构词法的发展》,《宁夏大学学报》(人文社会科学版)2011 年第 1 期。
李维琦:《修辞学》,湖南师范大学出版社 2012 年。
[清]李渔:《笠翁阅定传奇八种》(下),浙江古籍出版社 1992 年。
李宇明:《汉语量范畴研究》,华中师范大学出版社 2000 年。
李宇明:《析字构词——隐语构词法研究》,《语文研究》1995 年第 4 期。
李宗江:《汉语总括副词的来源和演变》,《汉语史研究集刊》(第一辑上),巴蜀书社 1998 年。
梁晓虹等:《佛经音义与汉语词汇研究》,商务印书馆 2005 年。
梁玉璋:《福州方言的"切脚词"》,《方言》1982 年第 1 期。
林连通、郑张尚芳总编:《汉字字音演变大字典》,江西教育出版社 2012 年。
刘宝俊:《比较词源研究四则》,《民族语文》1999 年第 2 期。
刘坚:《联系文化和历史进行词语研究》,《中国语言学报》(第八期),北京语言文化大学出版社 1997 年。
刘瑞明:《刘瑞明文史述林》,甘肃人民出版社 2012 年。
刘瑞明:《陇上学人文存·刘瑞明卷》,甘肃人民出版社 2014 年。
刘瑞明:《〈汉语大词典〉第三卷修订建议》,《陇东学院学报》2016 年第 6 期。
刘叔新:《汉语复合词内部形式的特点与类别》,《中国语文》1985 年第 3 期。
刘叔新:《汉语描写词汇学》,商务印书馆 1990 年。
刘先枚:《楚言榷论》,武汉大学出版社 2012 年。
刘晓南:《宋代四川语音研究》,北京大学出版社 2012 年。
刘玉红、曾昭聪:《方言词理据探究刍议——以刘瑞明先生的相关研究为例》,《辞书研究》2011 年第 6 期。
刘玉梅:《现代汉语新词语构造机理研究》,中国社会科学出版社 2015 年。
龙潜庵编著:《宋元语言词典》,上海辞书出版社 1985 年。
陆志韦:《汉语的并立四字格》,《语言研究》1956 年第 1 期。
罗晓林:《〈撰集百缘经〉词汇研究》,湖南师范大学 2005 年硕士学位论文。
吕叔湘:《吕叔湘文集》,商务印书馆 1990 年。
吕长凤:《从词义与语素义的关系看三音节词的构词理据》,《通化师范学院学报》2010 年第 3 期。
马清华：《系统原理下的语言问题》，上海人民出版社 2012 年。
马庆株：《拟声词研究》，《语言研究论丛》（第四辑），南开大学出版社 1987 年。
马王堆汉墓帛书整理小组编：《马王堆汉墓帛书〈老子〉》，文物出版社 1976 年。
孟祥英：《汉语待嵌格式研究》，齐鲁书社 2014 年。
潘文国等：《汉语的构词法研究》，华东师范大学出版社 2004 年。
犍为县县志编修委员会编：《犍为县志·社会志》，犍为县县志编修委员会 1986 年。
[美]乔治·莱考夫、马克·约翰逊著，何文忠译：《我们赖以生存的隐喻》，浙江大学出版社 2015 年。
裘锡圭：《文字学概要》，商务印书馆 1988 年。
曲彦斌：《关于禅籍俗语源的民俗语源问题》，《俗语言研究》（创刊号），（日本）禅文化研究所 1994 年。
任学良：《汉语造词法》，中国社会科学出版社 1981 年。
沈怀兴：《联绵字理论问题研究》，商务印书馆 2013 年。
石毓智、白解红：《将来时的概念结构及其词汇来源》，《外语教学与研究》2007 年第 1 期。
束定芳：《认知语义学》，上海外语教育出版社 2008 年。
苏新春主编：《现代汉语分类词典》，商务印书馆 2017 年。
隋树森编：《全元散曲》，中华书局 1964 年。
孙洪德：《汉语俗词语典》（增订本），商务印书馆 2011 年。
孙景涛：《古汉语重叠构词法研究》，上海教育出版社 2008 年。
田恒金：《浅析词语理据的文化性》，《汉字文化》2001 年第 3 期。
王艾录、司富珍：《汉语的词语理据》，商务印书馆 2001 年。
王艾录、司富珍：《语言理据研究》，中国社会科学出版社 2002 年。
王长林、王勇：《“吒沙”源流考——兼论词语合流及单纯词的再复合化》，《语文研究》2016 年第 1 期。
王洪君：《汉语常用的两种构词法》，《语言研究》1994 年第 1 期。
王辉编著：《古文字通假字典》，中华书局 2008 年。
王吉辉：《现代汉语词语内部形式研究》，光明日报出版社 2019 年。
王宁：《训诂学与汉语双音词的结构和意义》，《语言教学与研究》1997 年第

4期。
王启涛：《吐鲁番出土文书词语考释》，巴蜀书社2004年。
王启涛：《吐鲁番出土文献语言导论》，科学出版社2013年。
王群：《明清山东方言背景白话文献副词研究》，中国海洋大学出版社2010年。
王绍峰：《初唐佛典词汇研究》，安徽教育出版社2004年。
王松木：《从流俗词源论词语内部形式的湮灭与重构》，《文与哲》2007年第10期。
王学奇、王静竹：《宋金元明清曲辞通释》，语文出版社2002年。
王寅：《认知语言学》，上海外语教育出版社2007年。
王寅：《语言哲学研究——21世纪中国后语言哲学沉思录》，北京大学出版社2014年。
王锳：《近代汉语词汇研究与中古汉语》，《贵州大学学报》（社会科学版）2003年第4期。
王锳：《唐宋笔记语辞汇释》（修订本），中华书局2001年。
王勇：《〈越谚点注〉商榷拾遗》，《宁波大学学报》（人文科学版）2017年第4期。
王勇：《禅籍合成词溯源》，《汉语史研究集刊》（第十七辑），巴蜀书社2014年。
王勇：《近代汉语合成词理据探寻方法——异形词互证》，《汉语史研究集刊》（第二十五辑），四川大学出版社2018年。
王勇：《论强势模式控制下的四字格创造与改造》，《文献语言学》（第三辑），中华书局2016年。
王云路：《从“声张正义”说起——论“即音求义”的多重作用》，《浙江教育学院学报》2003年第6期。
王云路：《论汉语词汇的核心义——兼谈词典编纂的义项统系方法》，何大安等编：《山高水长：丁邦新先生七秩寿庆论文集》，（台湾）“中央研究院”语言学研究所2006年。
王云路：《中古汉语词汇史》，商务印书馆2010年。
王云路：《中古汉语论稿》，中华书局2011年。
王云路：《“按（案）”词义考》，《语言研究》2013年第3期。
王云路等：《汉语词汇核心义研究》，北京大学出版社2014年。
魏红：《明清山东方言特殊语法词研究》，齐鲁书社2012年。

吴为善:《汉语韵律框架及其词语整合效应》,学林出版社 2011 年。
吴泽顺:《无学斋文存》,岳麓书社 1999 年。
[日]无著道忠:《葛藤语笺》,(日本)禅文化研究所 1992 年。
伍铁平:《比较词源研究》,上海外语教育出版社 2011 年。
项楚:《寒山诗注》,中华书局 2010 年。
项楚:《王梵志诗校注》,上海古籍出版社 2010 年。
邢福义主编:《文化语言学》,湖北教育出版社 2000 年。
邢向东、王兆富:《吴堡方言调查研究》,中华书局 2014 年。
邢向东等:《秦晋两省沿河方言比较研究》,商务印书馆 2012 年。
徐复岭:《〈金瓶梅词话〉注释、校勘拾误》,《济宁师范专科学校学报》2003 年第 1 期。
徐复岭:《明清小说词语误释举例》,《济宁师专学报》1999 年第 5 期。
徐江胜:《语义感染在词汇化中的作用》,《汉语史学报》(第十三辑),上海教育出版社 2013 年。
徐时仪:《古白话词汇研究论稿》,上海教育出版社 2000 年。
徐时仪:《试论古白话词汇研究的新发展》,《语言历史论丛》(第三辑),巴蜀书社 2007 年。
徐时仪:《〈朱子语类〉词汇研究》,上海古籍出版社 2013 年。
徐时仪:《近代汉语词汇学》,暨南大学出版社 2013 年。
徐通锵:《语言论——语义型语言的结构原理和研究方法》,商务印书馆 2014 年。
许宝华、[日]宫田一郎主编:《汉语方言大词典》,中华书局 1999 年。
许威汉:《训诂学读本》,上海交通大学出版社 2010 年。
闫玉文:《〈三国志〉复音词专题研究》,复旦大学 2003 年博士学位论文。
严辰松:《语言理据研究》,《解放军外国语学院学报》2000 年第 6 期。
杨琳:《训诂方法新探》,商务印书馆 2011 年。
杨耐思:《中原音韵音系》,中国社会科学出版社 1981 年。
杨依:《俄语历史语法概论》,华中师范大学出版社 1988 年。
殷寄明:《汉语同源词大典》,复旦大学出版社 2018 年。
俞理明:《说"郎"》,《中国语文》1999 年第 6 期。
俞理明:《汉语词汇中的非理复合词——一种特殊的词汇结构类型:既非单纯词又非合成词》,《四川大学学报》(哲学社会科学版)2003 年第 4 期。
俞理明:《汉语缩略研究——缩略:语言符号的再符号化》,巴蜀书社

2005 年。
袁宾:《近代汉语概论》,上海教育出版社 1992 年。
袁宾、康健主编:《禅宗大词典》,崇文书局 2010 年。
曾良:《词语考源疏解八则》,《厦门大学学报》(哲学社会科学版)1998 年第4 期。
曾昭聪:《理据——语言研究的新课题》,《中国图书评论》2006 年第 5 期。
曾昭聪:《魏晋南北朝隋唐五代词源研究史略》,语文出版社 2010 年。
曾昭聪:《近代汉语异形词理据研究论略》,《绵阳师范学院学报》2013 年第7 期。
曾昭聪:《近代汉语异形词理据探讨》,《钦州学院学报》2015 年第 1 期。
张赪主编:《汉语简史》,北京语言大学出版社 2016 年。
张道新、董宏:《现代汉语词义范畴论》,中国社会科学出版社 2014 年。
张海媚:《金代诸宫调词汇研究》,南京大学出版社 2014 年。
张辉、卢卫中:《认知转喻》,上海外语教育出版社 2010 年。
张惠英:《〈金瓶梅〉中值得注意的语言现象》,《语文研究》1986 年第 3 期。
张惠英:《金瓶梅俚俗难词解》,社会科学文献出版社 1993 年。
张联荣:《近代汉语词汇研究中的推源问题》,《北京大学学报》(哲学社会科学版)1995 年第 5 期。
张绍麒:《词语符号结构探索》,山东教育出版社 1992 年。
张相:《诗词曲语辞汇释》,中华书局 1979 年。
张小艳:《敦煌社会经济文献词语论考》,上海人民出版社 2013 年。
张新朋:《敦煌写本〈开蒙要训〉研究》,中国社会科学出版社 2013 年。
张永言:《关于词的"内部形式"》,《语言研究》1981 年创刊号。
张永言:《语源探讨三例》,《中国语言学报》1988 年第 3 期。
张永言:《词汇学简论》,复旦大学出版社 2015 年。
张涌泉:《汉语俗字研究》(增订本),商务印书馆 2010 年。
张志毅:《词的理据》,《语言教学与研究》1990 年第 3 期。
张志毅:《汉语词汇的贡献与词汇学的新进展》,《词汇学理论与应用》编委会编:《词汇学理论与应用》(四),商务印书馆 2008 年。
张志毅、张庆云:《词汇语义学》(第三版),商务印书馆 2012 年。
张志毅、张庆云:《理论词典学》,商务印书馆 2015 年。
赵爱武:《近代汉语象声词研究》,中国社会科学出版社 2019 年。
赵宏:《英汉词汇理据对比研究》,上海外语教育出版社 2013 年。

赵元任著，吕叔湘译：《汉语口语语法》，商务印书馆 1979 年。
郑懿德：《福州方言形容词重叠式音变方式及其类型》，《中国语文》1990 年第 5 期。
钟明立：《古代汉语词汇引论》，广东教育出版社 2015 年。
周荐：《〈现代汉语词典〉中的待嵌格式》，《中国语文》2001 年第 6 期。
周荐：《论词的结构、构成和地位》，《中国语文》2003 年第 2 期。
周荐：《词汇论》，商务印书馆 2016 年。
周祖谟：《现代汉语词汇的研究》，《语文研究》1982 年第 2 期。
朱德熙：《潮阳话和北京话重叠式象声词的构造》，《方言》1982 年第 3 期。
朱建颂：《武汉方言词典》，崇文书局 2018 年。
朱彦：《汉语复合词语义构词法研究》，北京大学出版社 2004 年。
竺家宁：《论拟声词声音结构中的边音成分》，《"国立"中正大学学报》(人文分册)1995 年第 1 期。

后　记

对词语理据的研究，是从2008年开始的。那年九月，我进入苏州大学，在导师王卫峰先生的影响下，开始关注单音词的词源问题。2011年5月，硕士学位论文《声符示源与词族构建研究》通过答辩，被评为苏州大学2011年度优秀硕士论文，这让我备受鼓舞。

2012年9月，我离开人间天堂苏州，来到天府之国成都，开始了在四川大学的学习生涯，也开启了在成都的人生旅程。俗语言研究是川大文学与新闻学院学术研究的特色方向之一，在整体氛围的熏染和导师雷汉卿先生的指引下，我仍以词语理据为研究对象，将研究时段从上古下移至近代，从禅宗文献入手，逐步扩展到敦煌文献及近代汉语阶段的其他白话文献。因此，复音词便成为研究的具体对象，"近代汉语方俗词理据研究"的论题也随之产生了。

最初的设想是在充分借鉴已有研究的基础上，认识词语理据，了解近代汉语词汇的特点，找出近代汉语词汇理据难明的原因，进而针对性总结一些探求词语理据的方法。最终形成的论文在上述各方面均做了努力，不过只有词语理据探求方面的成果差强人意。

博士期间，我备尝理据研究之路的艰辛。2015年博士毕业以后，我产生了放弃理据研究的念头，并不断尝试新的研究领域。直到2017年，硕士学位论文《声符示源与词族构建研究》（台湾花木兰文化出版社）获四川省社会科学优秀成果奖三等奖，让我重拾对理据研究的信心。2018年，我以"近代汉语词汇理据研究"为题申报国家社科基金后期资助项目，幸获立项，使我重新思考理据、内部形式的内涵以及二者的关系等理论问题。在此过程中，张道新、董宏先生的《现代汉语词义范畴论》、刘玉梅先生的《现代汉语新词语构造机理研究》等著作给了我很多启发和灵感，让我对上述理论问题产生了新的认识，并重新撰写了本书的第一、二章和绪论的大部分内容。

从萌生研究近代汉语词汇理据的念头，到撰成这部小书，正好十年。这十年里，无论是学术、教学事业还是个人家庭生活都取得了让人欣喜的发展。我深知，个人的进步离不开亲人的支持、师尊的指导、益友的帮助和领导的关怀。在此，我要感谢所有给予支持、指导、帮助、关怀的亲人、师尊、朋友和领导们！诚挚祝愿你们平安喜乐！

书稿即将出版，但研究工作仍未完成。我们对于词语理据的阐述是否正确，期待方家给予裁定。

王　勇

2022 年中秋

于成都狮子山

图书在版编目(CIP)数据

近代汉语词汇理据研究/王勇著.—上海:上海三联书店,2022.9

ISBN 978-7-5426-7842-3

Ⅰ.①近… Ⅱ.①王… Ⅲ.①汉语-词汇-研究-近代
Ⅳ.①H134

中国版本图书馆CIP数据核字(2022)第153860号

近代汉语词汇理据研究

著　者/王　勇

责任编辑/郑秀艳
装帧设计/一本好书
监　制/姚　军
责任校对/王凌霄

出版发行/上海三联书店
(200030)中国上海市漕溪北路331号A座6楼
邮　箱/sdxsanlian@sina.com
邮购电话/021-22895540
印　刷/上海惠敦印务科技有限公司

版　次/2022年9月第1版
印　次/2022年9月第1次印刷
开　本/710mm×1000mm 1/16
字　数/250千字
印　张/14.75
书　号/ISBN 978-7-5426-7842-3/H·119
定　价/68.00元

敬启读者,如发现本书有印装质量问题,请与印刷厂联系 021-63779028